U0894616

珍藏本
纪念版

汉译世界学术名著丛书

论财富的分配和赋税的来源

〔英〕理查德·琼斯 著

于树生 译

商務印書館
SINCE 1897
The Commercial Press

2017年·北京

Richard Jones

AN ESSAY ON THE

DISTRIBUTION OF WEALTH,

AND ON THE SOURCES OF TAXATION

London:John Murray,Albemarle Street,1831

本书根据约翰·默里出版公司 1831 年版译出

汉译世界学术名著丛书
（120年纪念版·珍藏本）
出 版 说 明

2017年2月11日，商务印书馆迎来120岁的生日。120年前，商务印书馆前贤怀揣文化救国的理想，抱持“昌明教育，开启民智”的使命，立足本土，放眼寰宇，以出版为津梁，沟通中西，为中国、为世界提供最富智慧的思想文化成果。无论世事白云苍狗，潮流左右激荡，甚至战火硝烟弥漫，始终践行学术报国之志，无改初心。

迻译世界各国学术名著，即其一端。早在20世纪初年便出版《原富》《天演论》等影响至今的代表性著作，1950年代后更致力于外国哲学和社会科学经典的译介，及至1980年代，辑为“汉译世界学术名著丛书”，汇涓为流，蔚为大观。丛书自1981年开始出版，历时三十余年，迄今已推出七百种，是我国现代出版史上规模最大、最为重要的学术翻译工程。

丛书所选之书，立场观点不囿于一派，学科领域不限于一门，皆为文明开启以来，各时代、各国家、各民族的思想与文化精粹，代表着人类已经到达过的精神境界。丛书系统译介世界学术经典，引领时代思想，为本土原创学术的发展提供丰富的文化滋养，为推动中国现代学术和现代化进程做出了突出的贡献。

为纪念商务印书馆成立120周年，我们整体推出“汉译世界学术名著丛书”120年纪念版的珍藏本，寄望既利于文化积累，又便于研读查考，同时向长期支持丛书出版的译者、编者和读者致以敬意。

两甲子后的今天，商务印书馆又站在了一个新的历史时间节点上。我们不仅要铭记先辈的身影和足迹，更须让我们的步伐充满新的时代精神。这是商务人代代相传的事业，更是与国家和民族的命运始终紧密相连的事业。我们责无旁贷，必须做好我们这代人的传承与创造，让我们的努力和成果不仅凝聚成民族文化的记忆，还能成为后来人可以接续的事业。唯此，才能不负前贤，无愧来者。

商务印书馆编辑部

2017年10月

出版说明

《论财富的分配和赋税的来源》是英国资产阶级经济学家理查德·琼斯（Richard Jones，1790—1855）的代表著作。琼斯于1833—1835年任伦敦大学国王学院的经济学教授，1835—1855年任东印度大学黑利伯里学院的教授，讲授经济学和历史学。其间先后担任过英国什一税委员会和慈善委员会会员。他从W.休厄尔、J.赫谢尔那里学到对各门学科的归纳研究方法，并在政治经济学中予以运用。1831年出版的这部著作，就是他运用这一方法的例证。

在本书中，琼斯分门别类地研究了地租的一切变化：从原始的徭役劳动形式到现代的租地农场主地租。他考察了劳役地租向实物地租以及货币地租的转化，考察了不同国家、不同时代以土地所有权的各种不同形态为出发点的劳役地租或农奴地租、分成制地租和印度农民地租等各种形式的地租。其中许多是李嘉图没有描述过的。琼斯便据此抨击李嘉图的学说和研究方法。他认为李嘉图的学说仅仅是抽象的推理，李嘉图的级差地租的观念并无确实的真实性，不过是政治哲学体系上的一些“妄想的假设”。

琼斯还探讨了各种土地所有制度下实际地租的情况。他指出资本主义制度对地租的最后形态有所影响。他认为，随着资本主义地租转化为超额利润，土地所有权对工资的直接影响就终止了。也就是说，直接占有剩余劳动的人不是土地所有者，而是资本家。地租的相对量仅仅取决于剩余价值在资本家和土地所有者之间的分配，而不取决于对这种剩余劳动的榨取本身了。琼斯认为特定地点地租增加的原因有三种：一是在耕作中积累的资本量增加，收获量因之增加；二是更适当有效地运用已有的资本；三是在资本量和收获量不变的情况下，将原收获量分配给生产阶级的部分减少，而分配给地主的部分增加。李嘉图仅仅分析了第三种原因，而琼斯却注意到了其余的两种。因而，马克思说："同李嘉图相比，琼斯不论在历史地解释现象方面，还是在经济学的细节问题上，都向前迈出了重要的一步。……当然他的理论中也有错误。"琼斯作为资产阶级古典政治经济学后期的代表人物，他的著作自然反映了政治经济学古典学派的衰落和瓦解，但同时他却在许多政治经济学问题上超过了李嘉图。因而他在经济学说史上的地位是不容忽视的。现将他的这一代表著作翻译出版，以供读者研究参考。

本书原著正文无章题，仅有第一卷，目录上反映的章题往往是该章第一节的节题。中译本完全根据原著译出，未予更动。

目　录

曾有人向我提意见，说我对“地租”一词没有给予正规的定义。这一点遗漏，不是有意的。对这样的一个问题，想要从定义中得出结论，几乎肯定会犯错误。但是，论述定义的使用和滥用，在这里是不合适的。我已经指出对土地所有人的报酬的起源。我已经叙说了这种报酬的发展。在这项研究的过程中，如果有任何读者真正不能理解我们在研究的东西，我感到遗憾。可是我认为，一开始就给他一个定义作为推理的根据，不会对他有真正的帮助。

序　言

各个国家贫富不同的原因，自然而然地无论什么时候都引起人类热切的注意。然而，有很长一段时期，人们认为这个问题没有什么很难理解的地方：一国人民可以致富的唯一途径是取得货币或者金银，而变穷的途径是失去这些金银。因此，使国家富起来的方法在于首先拥有尽可能多的珍贵金属，然后紧抓住不放，使存量不断增长。

我们必须在为了实现这些目的而陆续采取的各项措施中，或者（更确切地说）各种自成体系的措施中，探索从威廉征服英国到18世纪中叶各个时代的粗略的可是很明确的政治经济学。

然而，在这比较晚的时代以前，有一个时期，人们迂回曲折地通过大量的、模糊的重商主义文献，可以看到关于这些问题的朦胧的真理——一种暗示的而不是显露出来的怀疑，认为，归根到底，那累积的金银，就国家而言，也许不是增加它们的实际财富的唯一方式。可是仍然要等到加利亚尼在意大利、哈里斯在英国、魁奈在法国、尤其是斯密在苏格兰发表了各人自己的著作以后，人们才承认一项已经确立的原理，经过系统地研究和理论的证明，认为国家财富的内容可以不是仅仅限于黄金和白银，而是包括至少人们愿意用金银去交换的一切东西。

用这种新的和放大了的眼光来看，那些促进和便利或者留难和阻碍财富生产的情况，立刻成为人们急于要研究和思索的对象。在这条新路上斯密领先走在前面，自从他的时代以来，人们在这方面所做的工作决不能和他所取得的结果相比。可是对那些从事于研究政治经济学这一部门的人来说，不久又出现了另一个部门。要仔细研究那些影响国民财富的生产的情况，而不注意到和财富的分配有关的那些情况的重要性和影响，那是不可能的。并且，试图发现决定土地所有人、动产所有人和劳动者各人在年产量中应得份额的法则，就会引起大量的研究，或者（也许不如说是）大量的推测。这种推测会进行得比较认真，如果人们察觉到——他们不久必然会察觉到——有权力维持某种特殊的税收方式，使其能促进生产，而这种权力在人们制定法律、可以决定社会中不同阶级在每年创造的财富中分享的份额以前，很少有人了解。

可是，探讨过决定财富分配的原则的那些人的劳动，还没有取得像那些研究影响产量的情况的人已经取得的成功。在这项学科的最新部门方面，已经积累了不少知识，确定了许多原则，这些对理论和实践都是重要的，不管应用于特殊情况的时候可能多么困难。这些构成一些政治的真理，对这些真理的可靠性和永久性，人类中开明的和富有思想的一部分可以说是大多数已经默认。而人们试图解说财富分配的指定路线，以及阐明一些限制和决定地租、工资和利润的法则的种种努力，至今除了导致许多矛盾的意见以外，仍然很少成就；并且，在某些方面造成惊人的、令人不愉快的、讨厌的和十分有害的谬论。

有关这些论点的最早的主要著作家（法国经济学家）的学说的

萌芽，可以相当清楚地溯源于我们自己的伟大的洛克的一些草率的和肯定很谬误的意见。这一派哲学家最后幻想他们可以严格地证明，地租的一部分（净收益）构成一种特殊的基金，国家所有的税收必须完全从这里直接或者间接地取得，这种古怪的和无益的教条，出于他们之手，所根据的推理和假设似乎得出结论，认为工资数目和利润率是由一些原因决定的，这些原因使他们受不到变动的影响，并保全它们在任何可能的税收计划的作用中不被波及。经济学家的著作中有一些谬误以及很多轻率的和复杂的推理，但其中也有许多真理；有些是属于高级的，具有长期的重要性。可是这些东西也不能挽救那些真理的声誉，并且，由于和大量的谬误交织在一起，有一个时期不那么流行，因而就不那么有用，否则一定不至于如此。这一理论体系曾获得一些忠实的和狂热的信徒；可是，尽管有这些人的热诚拥护以及它本身在理论上的可取之处，人类本能的判断却厌恶它的古怪的结论；它起初受到广大读者的嘲笑，后来，除了在文献史上留下一点痕迹以外，简直被人遗忘。斯密对他的伟大学科的这一方面做的工作很少，而且就连这一点点工作也没做好。可是他的清醒的头脑未曾发出荒谬的言论，像在他以前的某些人以及在他以后的许多人的著作中那样。他小心翼翼地避免深入这种研究，这也许可以说明他意识到自己要避免的这些困难。然而，关于他这个人，确实可以说，凡是可以期望一个人的头脑能做的工作，他都做到了。他已经证明、应用、联系和增加了在他的时代以前孤立存在于他的学科中一个主要部门的那些真理，其中大多数是还没有完全研究透彻的。我们知道，这个学科本身也是由于他的著作成功而突然提高到参与人类理智努力的伟大目标的行列，并且，似乎永远不会再失去这种地位；我们必须希望，将来总有一天会做到使它的一切错综复杂的细节都能充分发挥。

在斯密之后，马尔萨斯先生是第一个为知识的进一步发展奠定基础的哲学家。最早的关于那些支配土地所有人的收入，以及在文明的最先进阶段中支配劳动者工资的法则的明显观点，[①]总可以在他的关于人口和地租的著作中看到，其中会有足够的东西使他具有一个坚强的和有创见的追求真理者的性格，这时候许多其他有才智的人的时间和劳动已经纠正了一些根本性错误和轻率的对一些原理的延伸——这些原理本身是真实的，虽然和最初发现者在新发现的热情中对它们的看法相比，适用的范围较小。可是马尔萨斯先生在后继者这方面特别不幸，经过他们的处理，他的著作未能成为一种有用的真理的上层建筑的基础，而是被用来使一团谬误显得似乎有理，尽管其中某些部分是有独创性的和无害的，但作为一个整体，欺骗性极大，并令人遗憾地非常有害。

在地租问题上，马尔萨斯先生扬弃了经济学家们的谬误，令人满意地说明，凡是土地由资本家耕种的地方——他们靠存货维持生活，能随意改做其他工作——当地质量最差的耕地的耕种费用决定原产品的平均价格，而优质土地上的质量差别是决定它们所产生的地租的标准。

这是前进了一步，走向了解那些影响很有限的一部分地租、以及在一种很特殊的社会状态中决定原产品的平均价格的原因。然

① 就地租来说，已故爱德华·韦斯特爵士应分享这种赞美。

而，李嘉图完全忽视了这些原则可以真正适用的那有限的范围，仅仅根据这些原则就推断那些支配各处土地在各种情况下产生的税收的性质和数目；并且，他不满足于这样，就根据同一狭隘的和有限的资料，着手创立一种全面的财富分配的理论体系并说明世界上利润率或者工资数目所以发生变动的原因。李嘉图是有才能的人，他提出一种理论体系，很巧妙地把一些纯粹假定的真理结合在一起；但是，只须全面地看一看世界上实际存在的一切，就可以显示它和人类以往的及目前的情况完全不符。

马尔萨斯先生的人口论一直受到更糟糕的谩骂。他以卓越的聪明才智，一下子使得全世界的人都注意到人类具有的繁殖力，一种增加人类总数的力量；这种力量，如果长期发挥到最大程度，或者即使到一种比较小得多的程度，就会显然超过食粮任何可能的增加；并且他曾说明，各国人口很大一部分的幸福或者苦难，必然总是决定于他们自己控制这种力量的程度，或者决定于人口被外部情况压低到粮食水平的方式。他所揭示的关于这个问题的事实，在关于决定各国的社会发展和社会状况的原因的研究中，必然总是占突出的地位，并且在那些目的在于说明支配一个民族的总人数的变化和每个社会的广大群众所消费的生活资料的数量的研究部门中，占最突出的地位，或者换句话说，它的工资率。可是，要创立并办好这样重要的一个人类知识的部门，不大可能是一个人的事；马尔萨斯先生的伟大著作肯定会含有许多谬误的成分，也包含一部分他有幸第一个加以论证的持久的真理。那些谬误的来源，部分地在于一种逻辑上有缺点的、他提出和研究的对人口的抑制因素的分类——部分地在于他思想上存在的某些模糊和犹豫之处，关于实际上人们可以期待道德原因的力量对人类的自然倾向发生作用、从而影响各国人口数字进展的程度。

真正著名的人物享有一种特权，他们的错误，和他们的智慧一样，会产生很多的后果。马尔萨斯先生的错误立刻引起各式各样的争论，并产生一种说法，使整个问题蒙上一层阴影，给知识的进一步发展带来了十分有害的影响——确实，比任何没有天赋能力可以预见到那种古怪的轻信和鲁莽相结合的人可能预见到的危害性更大，这两者的结合是把他的猜想推进到假定的实际结论的许多著作的特征。

把地租和人口（从它影响工资这一点来说）这两个问题放在一起，我们将发现，马尔萨斯先生所阐明的真理的萌芽已经被用来明显地支持像这些理论：(1)地球表面上土地的所有人的收益之所以存在，只是因为不同土地的质量不同，只有在所耕种的土地的生产力的差别增加时，土地所有人的收益才可能增加；(2)这种增加，总是同时伴随有农业的生产能力减低，以及生产阶级的所得减少，并且总是带来损失和痛苦；(3)因此，需要这种增加的地主的利益，总是必然和国家的利益以及社会上各个其他阶级的利益对立的。社会中又一个主要集团——农具所有人——在国家通常发展中的命运和地位，也是在几乎同样令人沮丧的精神中被决定的。劳动的生产能力方面这种低减的后果（人们认为这应该由日益增加的地租表示），据说以低减的利润率的形式影响到资本所有人；这样，他们自己的报酬，以及他们积累新基金以便雇用劳动的能力，总是在经历一种不可避免的逐渐低减的过程，同时耕种扩展到新的土地，或者增加用在原有土地上的力量。因此，这两个比较富裕的阶级中，一个担心人口增多和耕地扩大会给他带来那种建立在公众痛苦上的、引起反感的财富，另一个则感到一种逐渐的但是不可避免的腐朽趋势，这种趋势起源于同样的原因，并以同样的速度在进展。

这里所揭示的人口中最重要的部分——广大人民——的命运，还要更可怕。就他们来说，还有一种原因，一种像土地的肥力递减那样决定于不能改变的自然法则的原因，把他们不停地驱向苦难或者犯罪。作为身体的组成部分，他们被赋予一种增殖得比生活资料快的能力和倾向。他们的人数，只有靠那种使自己沦于犯罪或者痛苦的抑制措施，才可能压低到生活资料的水平，或者进入一种纯洁的精神节制状态。根据这个理论的创始人给它的狭隘定义，这种状态必然极少，因而不能靠它来限制痛苦和罪恶行为的广泛作用。

这最后一项意见实际上主要以前面提到的一种逻辑错误为基础，把那些原因归结为对人口的种种抑制；可是这项意见受到了利用，被轻率地和有危害性地推进到十分令人厌恶的结果，大大地增加那些不协调和痛苦的成分；人们认为，这些成分曾被证明在人类身上和人类居住的大地身上存在。据这一派著作家说，这些成分，随着世界上有人居住以及国家进步，必然会进入一种越来越发生作用的状态。取得这些结论的过程，实际上，含有不注意事实和过分利用纯粹推理能力可以造成的几乎各种可能的谬误。首先，他们假定，随着各国人口增长和变得比较文明，农业劳动中会有一种不断低减的能力；然后，那些靠体力劳动取得生活资料的人（土地的劳工阶级），完全靠从收入中节省下来的基金来维持。这一假设，对世界的一个角落或者地区来说尽管是真实的，但作为一种普遍的事实来说，却是虚妄的。还有，在这些主要的和致命的错误以外，再加上一种看法，认为随着国家变得人多和富裕而可以看到的利润率低减，表明积累新资源的能力在降低；这一信念，没有坚强意志敢于不顾经验、不顾世界上每个国家的历史和统计情况对真正决定各个社会中不同的积累资本的法则，是不能领会的。可是这些学说在理论上的谬误，在那些习惯于使理论观点受事实考验的人看来，尽管一定很突出，可是由于它们在实际推论中表现出来的惊人的大胆，而被冲淡。想象的农业收益不断减少——那假定的对积累进展的影响——再则，由于根据一项本身就是虚妄的事实作出的错误判断，认为人类没有相应的能力为日益增多的人数提供资源——这些论点，起初曾有人支持，摆出一副武断的科学优势的神气，似乎人类幸福的永久性和天定的自然作用的法则两者之间有一种强加的矛盾。这些论点中隐晦地但是自信地和小心地暗示，指导人类内心的那种最珍爱的道德情操，归根到底只是一团迷信，人们也许可以希望它会随着哲学的进展而衰微下去。有一些方法可以避免造物主原来赋予人类的情欲，并准备推广使用，因此最终可以使人类的聪明智慧克服上天在造物安排上的缺点。关于这种使人难受的哲学含有的大胆的细节——它的持久的遮羞的罩衣——以及关于怎样使这种哲学和一部分人口发生接触的情况，在这里不得不避而不谈。可是关于这些想象中事物的理论宣传，在某种程度上已经污染了有教养的阶级中一部分（我们希望是很小的一部分）人的道德情操。这些想象中的事物，由一些乐意的有资格的人士辛勤地传播，已经开始了那种实现自我堕落的无耻工作，并且在下等社会的一部分人中消灭了一切具有道德尊严或者道德价值的情操。凡是熟悉这个问题的人,都知道这些是毫无疑问的事实。重要的是,我们不应该低估一种肤浅的哲学理论所产生的道德影响和结果,如果我们准备主张联合起来,通过必要的艰苦努力,奠定关于这些问题的有益的真理体系的广泛基础。我们希望表明,这种真理体系可以稳妥地和巩固地建立起来。

可是,虽然它们曾有过适当的从事于有危害性和欺骗性的活动园地,假如有人认为我们提到的那种学说曾受到普遍的欢迎,那就错了。急于要提出一种理论的哲学家,有时候可能闭目不看他们周围这个世界提供的改正意见;可是广大人类各有不同的习惯,这些习惯是根据人们对于从许多原因的混合作用中发现重要的一般原则的方法的比较合理意见形成的。不需要很多敏锐的逻辑头脑就能觉察到,政治经济学中所谓普遍适用的准则,只能以最全面的对社会的观点为基础。决定那些处于不同环境下的庞大的人类团体的地位和进步、以及支配他们的行为的原则,只能从经验中得出。确实,一个人必然是肤浅的推理者,如果他仅仅靠有意识的努力,凭自己的见解、感情和动机,以及范围狭隘的亲身观察,并根据假定的推理,就期望他自己能够预测庞大的集体中所有成员的行为、发展和命运,这些人在精神或者身体气质方面和他自己不同,并受到气候、乡土、宗教、教育和政治方面各种不同之处的影响。可是,随着个人的推测第一次求助于真实存在的集体所提供的经验的结果,所有我们以上讲到的关于财富分配的准则的信念,一定会立即消失。只要我们丢开书本,请教世界上的统计图表,就会看出,那些地租最高的国家里并不总是表现农业效率的低落,而是它们那里以最小一部分人的劳动就能维持最大人口的优裕的生活。

人们承认，可以在人口和财富增长中看到利润率降低，但并不把它看作同时带来工业的任何部门中生产能力的降低，而是在利润低的国家(例如英国和荷兰)，工业的效率非常高，以及资本积累的速度非常快。另一方面，在利润率长期和经常高的那些国家(例如波兰以及欧洲和亚洲的许多比较原始的地区)，工业的生产能力几乎是众所周知地薄弱，资本积累的速度更是臭名远扬地低缓。这些事实直接导致人们作出结论，认为高利润连同巨大的生产能力和快速的积累，在人类历史上是例外而不是常规，对这个结论的仔细分析将充分显示它的正确性。

再说，看看任何一个国家的人口中不同阶层的增长率，立刻就看出:高级和中级——就是，能够几乎任意支配粮食和一切有益于健康的生活资料的那些阶级——和那些生活资料不足的人比较起来，保持独身的较多、结婚较迟，并且增加得较慢。再以国家和国家相比，也发现同样的事实。我们看到那些生活资料比较充裕的人口，不及那些公认是最困苦的人口增加得快。这些事实，对一个没有成见的观察者来说，立刻表明人类社会中存在着种种原因及其影响，在物质生活丰裕和精神生活提高的过程中，有助于节制人类增殖能力的发挥，①并且不会明显地化为痛苦，和几乎同样明显

① 我们不准备提到萨德勒先生宣布的那种自然规律，据说随着人口变得稠密，女性的生殖力就低减。关于这一点我们有几句话以后再说。目前只需说明，一个草率的观察者一定也能看出，我们现在所说的这种起节制作用的原因确实存在，并看到它们和痛苦、邪恶、或者无可指责的道德节制有所不同。要说明那些原因的性质，弄清楚它们的细节，它们的作用在不同的文明阶段和组织不同的社会中被人感觉到情况——这是一项严肃的工作，要做好其中的任何一部分，必须有广泛的和耐心的观察，以及慎重的推理。这项工作的一部分，作者以后将努力一试，深切地意识到它的重要性和复杂性。

地不会成为纯粹的罪恶行为，或者成为一种无可指责的道德节制状态。对这一事实的认识，本身就足以引起对那些沉闷的理论体系的怀疑，这些理论说：整个人类受到一种冲动的无法抗拒的支配，不断地把人类的总数推向他们所能取得的生活资料的极限，并且，甚至财富和物资丰裕也只是驱使社会逐步地可是不可避免地走向贫困的力量。

那么，在社会的不同阶层的命运和变化多端的相对地位（像在通常的文明发展中看到的那样），以及那令人沮丧的结局、经常的衰退趋势、矛盾的利害关系不断地对立之间（像比较晚的政治经济学理论中揭示的那样），存在着根本的分歧和矛盾，这些分歧和矛盾一定会使一个肤浅的观察者留下深刻印象，如果他认为值得依赖事实的话。

不必妄图否认，由于这个原因以及或许某些其他原因，一种对整个学科的厌恶情绪已经在潜入一部分公众的思想。人们已经不信任政治经济学。它的结论必须根据的事实，被认为太容易变化，并且在彼此的结合方面太变幻莫测，以致不能对它们作精确的观察或者真实的分析；或者，结果，它们不能产生任何靠得住的和永久性的一般原则。人们倾向于甚至不肯从事于研究有人提出的意见，如果他们认为结果只能使人吃惊而不能使人信服、然后就烟消云散，让位于另一套自相矛盾的谬论。

这种冷淡态度对知识的增长曾有过不利的影响，使得促进知识发展所需要的人力离开这一方面，而这种人的头脑最有能力消灭错误和推进真理。可是，稍微想一想就一定会看出，许多讨论这门学科的人所引起的怀疑，已经被不公平地扩大到这门学科本身。

一定要承认，政治经济学必须使所谓普遍适用的准则建立在经验的基础上；必须牢牢记住，凑合在一起而产生这门学科所熟悉的那些混杂的原因，只有通过反复观察各国历史上发生过的事件才可能分析、研究和彻底了解；并且（除了在极罕见的情况下）绝不能对它们进行预先计划的实验；而且，我们不可害怕那不能避免的结论，所谓关于这样一个学科的知识的进展一定是困难的和缓慢的。① 其错综复杂的程度几乎和需要研究的范围完全成比例。再说，这些问题，尽管需要慎重考虑，却完全没有什么使人灰心的地方。相反地，对一个熟悉归纳法科学走向完善境界的通常道路的人来说，我们在工作中需要研究的资料之丰富多彩，恰好给了我们理性的基础，可以抱坚定的希望。

航海术的进步和冒险精神，渴求知识、利得或者权力的心情，揭露了有人居住的地球表面上大部分地方的社会结构。现在我们可以在一次广泛的探测中看到这种结构对人类社会的财富和幸福的影响，从他们的最原始的到最先进的状态、以及所采取的各种不同的形式。在这广漠的实际观察的现有园地以外，过去时代的全面经历又加上一个园地，其范围不比前者小。确实，最能说明任何知识部门中的原理的那种事实，在人们对原理本身有一些微弱的认识以前，不大会被仔细地记录下来。因此，以往的历史学家不注意保存各种事实，这些事实现在对哲学研究者一定是非常宝贵的；

① 参阅附录中赫谢尔先生提出的一些意见（关于那些仅仅依靠观察取得资料的科学的各种不同的发展速度，以及那些能够利用实验的科学的发展速度）。承赫谢尔先生允许我在这里使用这些意见，虽然很可能在本书出版以前这些意见也许实际上还没有发表。

因此，没有疑问，在我们自己的时代，有许许多多的事件和情况每天被人忘却，旅行家或者历史不加注意，而这些资料却包含大量被人忽略的经验教训（关于这一点，本书以后将说明）。可是，当代著作家的观察结果尽管是不细心或者有缺陷，历史的广博内容到处有很多的事实，可以用来在工作中启发或者纠正我们。所以，过去和现在同时起作用为我们提供丰富的资料，用来创立一种经济真理的体系，稳固地奠定在人类实际经验的基础上。如果我们透彻地观察这些资料，朴实地和细心地据以推论，仍然会认为没有希望在政治经济学的各个部门获得正确的知识，那就完全是理智上缺乏勇气。这项任务尽管困难，我们还是可以希望终于会看清楚分配的法则，按照这些法则，土地与劳动的产物被分给在各种不同形式和不同情况下构成人类社会的各个阶级；并看清楚那些特殊的分配方式的影响范围，怎样对生产能力、以及各个国家的政治的和道德的性质和结构发生作用。

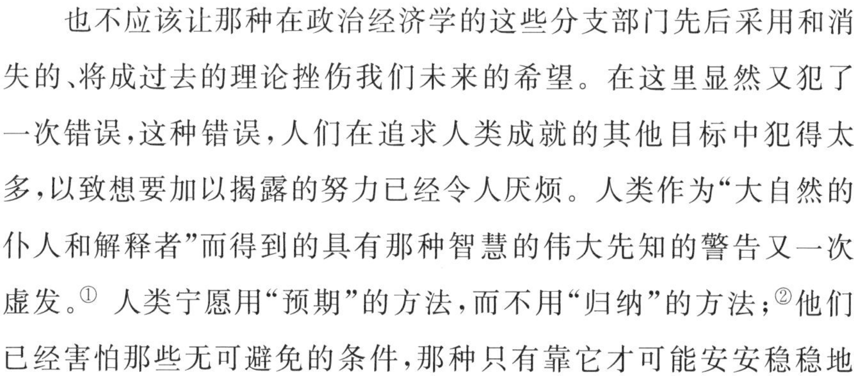

也不应该让那种在政治经济学的这些分支部门先后采用和消失的、将成过去的理论挫伤我们未来的希望。在这里显然又犯了一次错误，这种错误，人们在追求人类成就的其他目标中犯得太多，以致想要加以揭露的努力已经令人厌烦。人类作为“大自然的仆人和解释者”而得到的具有那种智慧的伟大先知的警告又一次虚发。[1] 人类宁愿用“预期”的方法，而不用“归纳”的方法；[2]他们已经害怕那些无可避免的条件，那种只有靠它才可能安安稳稳地

① Nov. Org. Ap. 1。

② Nov. Org. Ap. 26 至 30 以及随处可见。

取得知识的一定的劳动。他们在建立普遍原则的努力中，太早地放弃了必须长期地谦逊地、置身于事物中间的责任，以便提早从事于比较有趣味的工作，创立那些具有给人深刻印象的普遍性的准则，这些准则似乎立刻把研究者抬高到他的这门学问的立法者的地位，并且好像由于理智能力的某种突然表现，使得他立刻就能控制这门学问的细微的地方。

因此，人们感到缺少真理，不是因为对人类的经历和境况进行不断的和全面的研究不会产生真理(即使在这个复杂的问题上也不会)，而是因为在传播错误方面曾经是最突出的那些人已经真正完全离开这种研究工作，把他们的推理所根据的观察资料局限于自己身边的一小部分世界；然后立即着手建立一种理论和意见的上层建筑，或者全部不真实，或者，如果部分地真实，就在应用方面以及为它们搜集的资料的来源方面同样受到限制。①

包括下面一部分内容的这部著作，是按照一种不同的计划创立的，抱负不那么大，目的不那么崇高，虽然希望它还是和那些从

① 一个几乎像是固执己见的例子(但是关于一项比较次要的理论)，出现在一本讲政治学的小书里，作者M.德斯蒂·德特拉西是个相当有名的形而上学著作家。这很奇怪，因为毛病是由于一个似乎为了替它在这种情况以及一切类似情况下辩解的公式而引起的。在陈述了他作为在法国各地的一个业主的个人经验以后，他说："在有足够的观察范围时，对研究的深入就比扩大更有收获"；然后他根据一条使懒惰的空想家感到安慰的准则，宣布一项所谓普遍适用的法则，"分成制佃农"是对劣等土地使用的特殊办法，"是适合于劣等土地的"一种状况，这种说法的极端谬误，M.德斯蒂·德特拉西一定立刻就看出，或者任何水平远不及他的人也是如此，如果他曾有幸把自己的研究扩充到其他地区、国家或者时代，而不是根据有限的所收集的事实深入地猜想。M.德斯蒂·德特拉西著《政治经济学论文》第122、123页及注。我们将看到，M.德特拉西在一个论点上所做的工作，别人在整个体系中已经做了。

一开始就规定支配整个学科的准则的那种著作同样有用。我的目的曾经是发现那些决定土地和人类劳动每年生产的财富怎样分配的原则,以及这些原则在生存于各种不同环境下的人类团体中起作用的影响。我曾努力要做到这一点,要在所谓只有过去和现在的经验能在这种问题上提供任何可靠保证这一原则的指导下,进行关于未来的预测。

我从分析地租开始,因为这个问题方面一点微小的进展就足以显示世界上较大一部分国家仍然处于那种应该称为农业的状态:就是,在这种状态中它们的大部分人口完全靠农业维持生活;并且因为在这种社会状态中,土地的所有者和占用者之间的关系决定大多数人民的生活情况的细节,以及他们的政治制度的精神和形式。在追溯地租起源的情况或者使地租在发展中受到影响的种种情况时,作者首先选定并考察了几种很明确的租佃制度,世界上耕地的占用者很快就表现得分属于这几种。下一步是努力说明土地所有者和耕种者之间合同的各种形式和条件,这是对这两种人各不相同的;并说明在这种合同流行的社会中明确的影响,不管是经济的、政治的或者道德的影响。在进行这种广泛研究的过程中,显现出一些重要的原则,可以适用于整个的地租领域,从最普通的观点来看。

其次,然而是更重要的从每年产量中分得的一份,是作为劳动工资被消费掉的那一份,把它放在第二位而不放在第一位,只是因为只有在研究了大多数劳动者所付的各种地租的形式和条件以后,才可能看清楚那些影响世界上大多数劳动者所得报酬的数目的原因。

在对工资进行研究中，我一开始就求助于过去和现在的经验，使人们了解，第一，养活全世界劳动人口的基金是什么；第二，有多少人分享这项基金，是由什么法则决定的。

把这两部分的研究结果联合起来，我们可以从中获得关于那些决定各种不同阶级的情况和前景的知识。仔细观察人类社会的整个表面，就能使我们看到这些情况的前景。

首先列举用来维持劳动的基金，说明了这些基金是多种多样和各不相同的，以及在这些不同的基金中，从所得中节省下来、非常适当地称为资本的那部分，是仅仅一个部分和最小的部分。

在探讨那些分享这些基金的人数中，整个人口问题出现了，我们无法避免要研究那决定人类的生殖能力、以及使这种能力的发挥及其结果受到控制这两方面的法则。然而，要把这种一般评议的结果应用于我们眼前的工资问题，就必须提到那些用来养活劳动者的各种资金，对它们的起源和限度作好分析；并且，通过讲到由这种基金养活的各种人的历史和情况，表明那些基金的性质方面有些什么特点，对劳动者的习惯有极重要的影响；并通过这些，激发或者控制他们想要增殖的意向。

决定劳动阶级人数以及用于维持他们生活的基金的数目这两者的波动的法则，那决定在人类社会的不同阶段和不同形式下的工资率的种种情况，一经说明，就出现在我们眼前。作了这样的准备以后，并对一些特殊社会在统计、道德和政治方面实际情况具有适当的知识，我们就可以有相当信心地应用我们的关于一般原则的知识，不管是为了说明他们目前的状况，或者是为了预测他们的人口总体的未来趋势。

一年的产品归于资本所有者的份额，也是根据从我们所能进行的对人类社会总体的各种细节和变化的最全面的研究中得出的原则来探讨的。在执行这一任务中，我没有把自己局限于那些影响利润率的情况，而是把利润总体的增长作为一项同等重要或者实际上更加重要的问题。为了要了解这些数量中每一项的波动，我考察了世界上就在我们眼前呈现的积存资本的各种各样和逐渐增多的作用，首先，这种迹象可以在那些未开化的部族或者国家中找到，在它们那里可以看到野蛮人在制作自己的武器，或者种田人用很少的工具在试作最初的、不完善的耕种。然后，经过许多中间等级，进展到那些比较出色的工业和艺术的部门，可以看到人类拥有许多代人连续不断的积累，以及他们本身的贡献；并且，借助于这些积累，发挥出一种支配一切的和日益增多的生产能力，或者用来开发地球上的资源，或者用来按人类的目的改造物质世界。

在这种发展的每一步，社会都被认为获得一种新的印象和有了一种改变了的形式。为了找出那决定这些变化的法则，我们将注意资本家的成长，并看到他们作为一个特殊集团，起先简直辨别不清，然后慢慢地把自己和以前混杂在一起的劳动者或者土地所有者分开，假定国家工业这方面的份额逐渐增长，最后（在少数情况下）十分显著地和有决定性地不仅影响生产能力，而且影响国家的社会成分和政治成分。在这种研究的进展中，会注意到有各种不同的来源在逐渐增多和扩大，这会使现有的财富累积不断增多。

然后我们讲到那些决定那分给所有人的一年收入对使用的积存财富的比例，就是，决定利润率的因素。随着社会的财富增多，我们探索这方面发生的变化时，由于我们以前研究的结果，我们已经可能说明一种现象，这种现象（不管和最近流行的学说多么相反）、我们自己国家的一些例子以及少数其他例子的存在，将使我们的结论无可挑剔或者怀疑——就是，高速度的积累不断增加国家的力量，这一现象和低减的利润率携手并进。

地租、工资和利润这样地仔细考察以后，我们的主题的最后一部分已经临近，“赋税的来源”。在这里我们将首先根据历史和事实，消除以往的错误，那些错误曾导致不止一派的推理者宣扬①，每年生产和分配的财富的某些部分，具有对国家不产生收入的特点，并且取得这种财富的人，不知不觉地被赋予一种力量，可以把名义上加在他们身上的捐税负担转移给其他阶级。然后通过它的许多形式和许多阶段又一次对社会仔细研究，我们将努力指出在每一种形式和阶段中国家从劳动者、土地所有人或者资本家的所得中征取的税收是什么性质和多少数目。我们然后将争取能看出各个阶级的财政力量的限度，并测定一些“点”，在这些“点”上进一步压榨单独一个部门，结果就会是对其他一个部门或者两个部门一起的实际负担。

然后再看社会作为一个整体的税收，也许实际上可能估计国家可以在人民的共同财富中分享到多大程度而不会引起生产后退，以及限度在什么地方，超过这个限度，一切想要从人民身上征得长期的公共税收的企图就会失败，并且，如果坚持这样做的话，那就只有促使财富的来源枯竭。

---

① 洛克和那些论述“利润”与“工资”的经济学家；李嘉图关于“工资”（比较有偏见）。

毫无疑问，我们并不希望上面概述的这样大的一个领域，在一次探测中已经完全弄清楚，或者它的全部经验教训已经学到手。可是不管还有多少工作需要做，想到这样通过合理的和慎重的向经验求教而得来的知识决不会使我们失望，真是令人高兴。

即使人们现在的努力还远远不够，但至少已经用这种方法取得足够的知识，可以说明那些悲观的概念，所谓社会中存在着互相竞争的利害关系之间永久的不协调，以及一种无可避免的走向最后崩溃的趋势。这种概念，由于近年来有人在这些问题上灌输的那种似是而非的推理占了上风，而在一定程度上显得似乎有理，并流行一时。我们将首先看到世界各地在我们面前出现这一显著的和毫无疑问的事实：——无论土地所有者和耕种者之间的关系采取什么形式或者经过什么修改，地主的长期利益都不是和广大社会的长期利益对立的。我们要注意到种种情况和关系逐渐地出现，它们在文明的各个阶段和形式中使土地所有者的真正利益和社会的利益完全一致；并使拥有土地的集团的收入长期的和不断的增长不仅和他们的佃农的事业兴旺以及他们所在社会的繁荣相一致，而且依赖后者。其次，利润率的降低是一种非常普通的现象，差不多总是伴随着日益增加的人口和财富而来，我们将看到这一现象并不表示工业的任何部门中比较薄弱，而是通常会带来全部工业中生产能力增加，和更多更快地积累新资源的能力。[①] 因

① 如果任何读者因有成见而立刻认为这种说法是荒谬的，那就请他放眼看看英国在十八世纪中显示的不断增长的生产和积累的能力，把这方面的情况和欧洲那些利润一直是最高的国家中这种能力相比。我想，这里提出的意见，至少会使读者可以耐心等待正文中这种说法为事实所证明。

此，这种情况绝不是像人们轻率地担心并把它说成是国家腐朽的症状那样，而是可以证明是经济繁荣和力量的迹象。

接下去，让我们讲到人类的肉体组织中在某种情况下可能使人类的数目增加得极快的那一部分（这曾经是更可怕的忧虑的原因）。我们将看出，所谓这种生殖能力的结果会给社会上任何阶级的长期舒适和幸福造成真正障碍的假定，是错误的。

可是在我们带着在这个问题上现在可说的一点点东西继续前进以前，先要提出几点初步的意见。在这里发展形成的那些原则所根据的各种社会状态，是按照它们在世界上实际存在的情况收集得来的。因此某一部分的苦难和罪恶，我们在每一步都会看到；其中的一部分没有疑问是人类在肉体上能够很快地繁殖的结果。而且不仅如此；世界存在一天，由于这种原因而引起的痛苦，大概总要设法应付的。因此，到现在为止，可以归因于这个来源的痛苦（像地震或者暴风雨造成的那种痛苦），属于我们自己永远不能完全阻止的那种事件。两者的起源都在于天地万物的物质构成。作为对繁殖能力的这种看法的结果，曾有人确实说得不错：有些人在由纯粹物质原因造成的邪恶中看不到任何和造物主的仁慈不一致的东西，他们在对待另一些人方面过于宽容，那些人说，世界上经常存在着一定数量的苦难和邪恶，其原因属于混合的性质，一部分是道德上的、一部分是肉体上的，例如那些影响人类数目增长的原因。可是我们不可过分地使用这种比拟。单纯的肉体上的原因的作用所引起的坏事，和人类本身在产生这种坏事中就是一项动因的那种坏事，两者之间有重要的区别。在前一种情况下，必须忍受的坏事的数量是一定的和不可避免的，个别的受苦者无法逃避他

们的厄运。在后一种情况下，坏事的平均数量可以因人类的努力而或多或少地、或者无限地减少，任何个别的受苦者都不一定成为牺牲品。

地震和暴风雨做它们的被指定的工作，人类对于它们造成的破坏多少、或者受害者的命运，很难产生看得出的影响。必须承认，导致错误行为和暴力行为的那种激情，同样是造物主的工作的一部分，和产生肉体痉挛的那种模糊不清的原因一样。可是错误或者暴力的平均数量，通过良好的法律，或者由于健全的道德占优势，可以无限地减少。没有个别的强盗或者杀人凶手被认为是命运注定的牺牲者，由上天本身使他落得这样的下场。这两种重要的想法，很能有助于消除那种硬说凡是承认经常有一定数量的道德上的坏事存在的人，都有悲观的和堕落的倾向。如果把同样的区别应用于社会以及我们正在考虑的那种特殊的坏事，我们将在许多国家的统计史上找到一些令人满意的关于这一真理的迹象，就是，虽然由于人口过多而引起的国家困苦可以归因于人类肉体的组织，并因此而归因于宇宙的物质结构，并且大概在某种程度上总可以使人相信，但是，首先，那些痛苦的平均数量可以由于人类的努力以及道德原因的反作用而无限地忍受，再则，没有一个社会是注定了必然要忍受这种痛苦的任何一部分。这种对问题的看法，显然使一切开明的和治理得很好的社会欣然满怀希望，因为这种看法对它所警告的那些个人也有很清楚的教训，告诫他们做人的目标和明智之处必须总是完成自己的责任，并坚定地继续加强使自己幸福的机会，不偷看一般的邪恶行为，以免或者引起困惑不解，或者用作原谅自己的借口。

这些考虑的问题理解以后，我们就立刻可以继续研究下去。很明显，既然和工资有关系的人口问题必须占我们的研究中一个重要部分，我们就应该根据各个部门的以往历史和目前状况中包含的人类经验，从中收集关于在社会的各个不同形式和不同阶段的情况的知识，这种知识有助于使道德节制压倒人口繁殖的能力。这样的探讨会产生这些结果。首先从这个问题一般地影响人类这方面来看，而不谈工资；我们将看到，充分发挥肉体的繁殖能力的倾向在上层阶级中很容易屈服于各种要求节制生育的势力，这种势力，随着财富和生活质量提高所带来的不自然的欲望的发展而必然增强。然后把我们的观察局限于处于社会的比较不那么先进的阶段的劳动者，我们将看到那些勤劳的阶级受到另一些控制自己全部繁殖能力的人的重大影响。当人们经过那些比较原始的阶段，下层阶级，像上层阶级一样，完全听任自己心里的动机指引时，我们就又要，像他们那样，探索生活质量提高以及不自然的欲望增多的后果逐渐影响全体群众的情况，像它们总是影响社会的上层部分那样。在生活质量逐渐提高并不缓和人口增加速度的场合，我们就能把这种失败归因于环境中或者一些国家的立法中特殊的不利因素。

在进行这项研究的过程中，我们将有很多机会可以观察到，随着日益增加的繁荣而发生广泛作用的那些自然的和正常的停滞原因，从来不是不良习惯增多必然会带来的现象，更不是决定于这些习惯。上天赋予人类是非之感，所起的作用决不会和它自己的目的不相一致，而至于使堕落和犯罪成为取得或者保持人类幸福的手段。相反地，为了对人口数目的进展产生一种（在社会的任何阶段)有益的、可取的影响,所需要的那一部分自觉自愿的节制,将带来一系列有益的结果,其中有很多的尊严、精力以及理智的和道德的纯洁和崇高。这些,在作出公平的权衡以后,人们将看到其价值在很大的程度上超过那一部分邪恶,这一部分(由于人类的情况如此),将在这个问题中,和在一切其他问题中一样,跟我们人类的最明智的制度,以及我们本性中最好的和最高尚的情感与激情混合在一起。

我们对那些调节每年产品的分配的现象或者在每年产品被分为地租、工资和利润以后发生的现象的研究,进行到现在这个程度,至少已经可以说明,人们认为笼罩着这个问题的悲观情绪只是一种错觉,在一个国家的资源不断开发的过程中,没有什么不可避免的会发生腐朽或者衰退的原因,危害任何阶级的幸运,社会的任何一部分的利益都不会永久和任何其他部分的利益对立,在人类的物质构造[①]中或者在人类居住的地球的物质构造中,没有任何东西必须使那些承担高尚的,以及(如果正确理解的话)令人高兴和振奋的工作的人们心灰意懒,他们有责任要通过明智的法律和忠诚的政府,致力于取得社会各个阶级的长期协调和共同繁荣。

可是这些一般的观点仅仅是我们的问题的一部分,虽然在现今的舆论情况下,也许不是最不重要的部分。还有各种次要的真理需要发展和解释,这些真理,如果政治经济学的这一部门会成为一种可靠的和有用的指南,就必须以经验为稳固的基础。作者希望,含有许多这些真理的原则将在这里得到确认,可是我应该说

① 指“肉体”而言。——译注

明，我不大了解这个问题的范围和困难，以及我自己曾竭力主张的掌握这个问题的方法。难道我没有说过吗，我相信，要完全取得可以真正地和牢固地掌握的关于本书论述的那些问题的知识，仍然需要许多人（或许要超一代人）耐心的和辛勤的观察和工作。在这一过程中，草率地建立完整的学说体系，条件尚未成熟就想提出权威性的一般原则，可能会继续造成最需要提防的错误。

要成功地或者稳妥地达到这方面的人类知识的境界，肯定不是放任和鼓励这样的错误就能做到的。起先可以有把握取得的那种部分的真理，必然只能是狭隘的原则，根据有限的经验耐心地和慎重地琢磨出来的。合乎科学的比较单纯的而范围较广的概括，只有在掌握了这些中间性质的真理之后才可能达到。这是真正的和永久的科学必须经过的路线。从局部的和零星的观察结果，立刻就跃进到最普遍的真理；从无知和混乱状态向系统化知识的根本因素猛进，在飞跃过程中不接触到地面。这是轻率的理论家（而不是哲学家）的路线。那些常常走过这条路线的人一定知道，这样得出的一些命题的单纯性和权威似的面貌，更常常是一种警告，促使人们注意这些命题应用起来靠不住，不能证明它们具有任何真实性。

我希望，人们不会认为这些很多的警告是出于怯懦。假如我没看清楚远处有一个值得这番辛苦的目标，我就不该担负起这份平凡的任务，要推动知识之车在它的行程中前进一步。我坚决相信，总有一天，那些和整个“财富的分配”主题有关的非常复杂的实际问题，会由于应用了已经确立的和透彻了解的原则而不难解决。我也不认为这种信心带有轻率的意味。如果，在经过观察和归纳而通往真理的道路上，人们只能用缓慢的和费力的步子前进，对那些走在这条路上的人来说，能够通过一排狭长的远景，看到令人振奋的最后胜利的盛况，至少是他的特殊幸福。在看到前程如此壮丽而充满了希望的时刻，他们可能不知不觉地忘记自己的和同胞们的脆弱，而向前看到人类齐心协力，以及一代代新人日益增多的发明创造一定会赢得的胜利。

在我结束这篇“序言”以前，还应该表示我对剑桥大学以及大学印刷所管理委员会的感谢，因为他们给了我很多帮助。本书是在该所印制并由该所负担费用的。这样的援助本身是一种恩惠，可是接受这种恩惠的感情，就我的这件事来说，是大大地提高了，因为在某种程度上这是在一生中比较成熟的时期重新开始我和一个集体的关系，这个集体我至今仍然对它怀有极度的感情和尊敬，因为，由于进入了这个集体，我才有机会享受个人早年生活中最纯洁和最有生气的乐趣，并获得至少理智上的修养，对于这一点我只能觉得更加感激，因为我年龄越大越看得清楚，这些享受和修养可以给那些幸而能够有意义地加以利用的人带来什么好处。

第一卷

地　　租

第一章　主题的区分

“财富”一词对不同的思想呈现各种不同的意义，因此最好一开始就对这个名词被用来表示的意义加以某种惯例的限制。在人们已经提出的许多定义中，马尔萨斯先生的那个定义或许是缺点最少和最方便的。根据他的说法，财富是由那些对人类是必需的、有用的或者惬意的物质东西构成的。[①] 这个词将按照这种受限制的意义在这里使用。如果偶然出现偏离的情况，将加以说明。但是，应该了解，这种定义被提出来是因为可以用来限制问题的范围，而不是因为提供任何有关结论的根据。如果人们愿意对财富这个名词有一种比较全面的解释，我们必须引证的事实或者推理的结果，不会因为这种改变而受到任何影响。

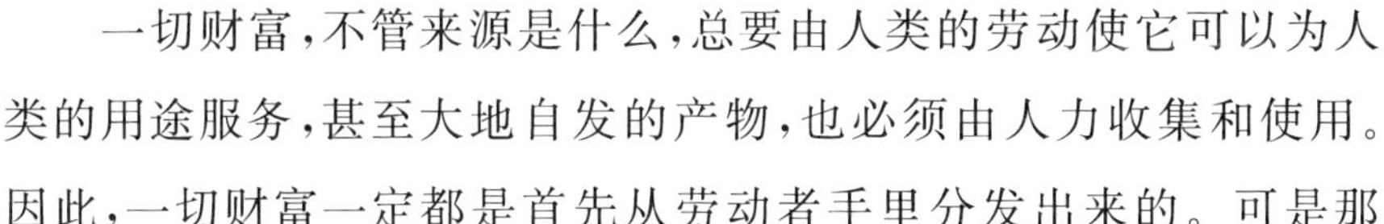

一切财富，不管来源是什么，总要由人类的劳动使它可以为人类的用途服务，甚至大地自发的产物，也必须由人力收集和使用。因此，一切财富一定都是首先从劳动者手里分发出来的。可是那

① 《政治经济学原理》，第 28 页。我认为像现在这样的定义，大体上还是比马尔萨斯先生后来在他的《关于定义的研究》（第 234 页）中采用的那种稍有改动的说法较为可取。也许这两种说法都不能防止一心要提出反对的人。然而，随便哪一种都能有助于我们现在的目的，要限制我们即将讲到一些固定范围的那个问题。

劳动者的处境很少是可以保留自己辛苦勤劳的全部产物的。不管他生存在什么状态的社会里，总有某种关系或者某种需要使他在一定程度上依赖其他的人。构成全世界劳动阶级的大部分的那些人，没有由别人积累起来的基金可以让他们从那里取得他们的日常生活资料，因此他们不得不用自己的手从土地里生产出来。如果这片土地是属于别人的，单是这种情况就使得农民立刻对土地所有者负有进贡的义务，于是产品的一部分作为"地租"被分配掉。如果在土地以外还需要其他东西来便利或者帮助他们的工作，那就必须把产品的另一部分归于这些东西的所有者，这就是"利润"的起源。劳动者所得那一份，纯粹个人劳力（不管是什么形式，或者方法，或者时间）的报酬，构成劳动的"工资"。各国土地和劳动每年的产物首先被分为地租、利润和工资这三个部分。一切其他收入都是从这三者衍生出来的。整个财富的分配问题之所以自然而然分成三个部分，可以很方便地用作本书三卷的主题，以便研究在社会的不同阶段中决定第一"地租"，然后"工资"，第三"利润"的数目的种种情况。如果我们的计划能够完成的话，我们将在第四卷中致力于探索国家在先后各个时期中通常从这三种收入的每一项中取得的岁入。

本卷将论述"地租"。

第一节　论地租的起源：关于分为初级和二级地租或者农民和农场主的地租

当人类发展到人数很多、不得不从畜牧状态转移到农业以解决生活时，如果别人手里还没有积存足够的基金可以对这批人供应每天的粮食，他们就必须用自己的手从土地里去开发，否则一定会挨饿。在这样的环境下，他们自己也许是或者也许不是工具、种子等等的所有人，但需要这些东西的帮助，他们用在土地上的体力劳动才能生产出连续不断的生活必需品；这一批积存的东西，假如用在其他方面，一定很快就会消耗掉，这样的存货，如果他们拥有的话，在他们的特殊环境下是完全没有流动性的；它不能改作其他用途，由于使它的所有者只能从土地上取得食粮的那同样的必然性，这种存货只能用来辅助耕种。对那处于这样地位的存货的报酬，像对存货所有者的劳动的报酬（或者他们的工资）那样，一定要受可以取得土地的条件的支配。如果这样的一种人居住的地面被人占用，耕种者可以被允许占用他从那里取得生活资料的那一部分土地的唯一机会，决定于他有能力付给土地所有者一些报酬。即使对人类最拙劣的劳动，土地的生产如果超过耕种者本人的生活所需，这种能力就使他有能力付出这种报酬，因此是地租的起源。全世界很大一部分居民恰恰是处于我们以上所讲的那种境况，人数多得已经求助于农业，能力太差还不能以资本的形式拥有任何积累的基金，可以用来预先支付雇工耕种者的工资。处于这样社会状态的这些耕种者总是构成国家人口的绝大多数，此中原因我们很快就可以在后面看到。既然土地是全体人口的生活所需的直接来源，所以土地方面产权的性质以及那种产权产生出来的租佃的形式和条件，为人民提供了对他们的民族性最有影响的元素。因此，我们可以在思想上作好准备，看到从各种人的特殊环境中产生的各种地租制度，它们形成把社会结合在一起的主要联系，确定社会的统治者部分和被统治者之间的关系的性质，并在全世界人口的很大一部分人的身上打上烙印，表明他们最显著的特征——社会的、政治的、道德的特征。

假如真是像有些人想象的那样，土地总是首先由那些愿意为耕种它而忍受辛苦的人占用，假如在人类历史上通常的事实是，一个国家的未耕种的土地总是对所有的人的劳力或者生活需要开放的，那么，在农业国家的发展中总会先有一段时期根本没有什么地租出现，并且，当地租确实出现的时候，情况仍然是：只要国内任何一部分土地还没有人占用，那些已经耕种的土地上的地租只能和这块土地在地点或者土质方面比未耕地优越的程度完全成比例。

这样的事态也许会出现，这是一种抽象的可能性，可是以往的历史和世界的现状提供大量证据，说明它现在不是、也从来不是实际的真理；用它作为政治哲学体系的基础，是完全错误的。

当人们开始以农业团体的形式联合起来的时候，他们似乎总是首先采用的政治概念，是一种对他们居住的地区的土地拥有绝对权利的概念。他们的环境、他们的成见、他们对公道或者权宜之计的想法，引导他们（差不多普遍地）把这项权利授予他们的共同政府，以及从政府中取得他们的权利的那些人。

在他们那里现今能够看到这种情况的最原始的民族，或许是南海岛民中的一些。那些“社会岛”的土地被占有的情况很有缺陷，全部属于君主；他分给那些贵族，凭个人高兴授予或收回。广大人民靠吃当地特有的一种块根植物维持生活，这种东西人们细心地培植，并因此可以获得贵族准许他们占用较小的部分。这样他们就依赖头头们取得生活资料，并以在其他土地上履行的劳动和服务的方式缴纳贡品——地租。[①]

在美洲大陆上，那些在美洲被发现以前曾依靠农业生活的人们的制度和惯例，也表明早期的土地完全由国家占用。在墨西哥，王室土地由那种穷得没有其他办法对国家税收有所贡献的人耕种。也有一个由大约3 000名贵族组成的集团，他们拥有明确的对土地的世袭产权。"广大人民对他们的财产的使用期大不相同。在每个地区，按户数配给一定数量的土地。这个土地由全体人的劳动力共同耕种：它的产品储存在共有的仓库里，按照各人自己的迫切需要分给他们。"[②]在秘鲁"所有的可耕地被分为三份。一份奉献给太阳神，产品用于建造庙宇，并提供举行公开宗教仪式所需的经费。第二份属于印加国王，专款存储，以备本社团维持政府之用。第三份数目最大，专备用于分给人民，维持他们的生活。然而，任何个人和社团，对于指定给他们用的那部分财产，都没有绝对的产权。他们占有的时期仅以一年为限，一年期满后按照每个家族的地位、人数和需要重新分配"。[③]

在亚洲各地，所有的君主，对他们领地内的土地都曾拥有绝对的主权，并且他们把这种主权保持得处于一种独特的完整状态，没有被分割，也没有被削弱。那里的人民普遍地是君主的佃户，君主是唯一的所有人，只有他手下官员的篡夺，偶尔暂时打破这种从属关系的锁链。这种普遍的依赖君主维持生活，是东方世界里连续不断的专制主义的真正基础，正如它是君主的税收以及他们所在

① 参见附录Ⅰ。

②③ 罗伯逊的《美洲》，第Ⅶ卷。

社会采取的形式的基础。

在近代欧洲同样的权力曾流行过，可是在这里这种权力不久就受到节制，并最后消失。那些隶属于别人的小头目，当初和大家一起拥护野蛮人侵的领袖，现在不习惯于经常依附别人和正规的政府，也绝对不适合于成为政府的支持者和代理人。然而，即使是他们这种人，一般地对于君主在理论上对土地的权利还是承认的。我们的法律语言里仍然留有关于这一点的种种迹象，臣民能要求的最高称号，是世袭土地的承租人，这种租佃的条件原来构成产业的利益范围方面唯一的差别。

受益人成为真正所有人，所必须经过的步骤，差不多各种读者都是熟悉的。我们目前只需了解，在欧洲，和在亚洲及南美洲一样，土地实际上是由君主或者人数不多的一些个人使用，那时候绝大多数的个人完全靠占用一部分土地维持生活，因此，就不可避免地成为从属于这些土地的所有人。

北美合众国，虽然常常被人们用来证明各种不同的观点，却提供另一个值得注意的关于权力掌握在土地所有者手里的例子，如果土地的占有对人民提供唯一的生活资料。联邦的仍然未被占用的领土，从加拿大边境到佛罗里达的海岸，从大西洋到太平洋，在法律上和实际上都承认它是联邦政府的财产。只有取得联邦政府的同意才可以占用，地点应由政府人员指定，并须事先缴付一笔现款。确实，这个政府不把陆续来的大批新申请人改为佃户，因为它的政策不允许这样做。它的立法者在工作一开始就有机会从东半球承袭得几百年进步文明中积累起来的经验：他们看到，年轻的政府的权力和资源，通过迅速形成一种业主，比通过创立一种国家租佃制度，可能更有效地增加。曾有人提到，他们忽略了这样一种创造国家永久性收入的方法，也许是不明智。假如他们曾坚持要这样做，没有问题他们是有这种权力的。他们的人数迅速增加，只有扩充耕种，才能维持生活。随着人们需要新的居住地来维持生活，政府在授予人民生活所需的空间时可能已经规定了条件，并且，在这样做的时候不放弃对土地的产权。假如曾经这样做的话，国家的经历，基本上和它的实际情况不同，就会比较近似于旧世界的人的经历。

英国的澳大利亚殖民地是一种无人定居的地区，范围可以和北美的荒地相比，它是公认的国王的产业。近来采取了一种处理公共土地的制度，这是绝对出售和创立永久租佃两者之间的折衷办法。[①] 被授予土地的人必须缴纳一公道的地租，可以折合一定数目的现金交付。[②]

在中非各地，人们必须取得国王或者首领的同意，然后才能耕种任何一块土地。[③] 关于耕种者后来的权利或者他和君主的关系，我们所知道的很少，可是，有必要申请批准，意味着君主有权不予批准，或者有条件地准许耕种。

因此，旧世界和新世界过去的历史和现在的状况，提供大量资料可以证明关于地租起源的那些概念的虚幻性质，这些概念的基础是假定地租绝不是耕种的直接结果，以及假定只要同时有任何

① 《移民报告》，第 397 页。参见附录Ⅱ。

② 在向那些想要定居于斯旺河畔的人提出现在这些条件时，殖民部正式宣布拟于 1830 年后实行授予土地，但只能按届时政府认为适宜的条件办理。

③ 帕克的《非洲旅游记》，第 260 页。

土地仍然未被占用，对于被耕种的部分就不会缴纳地租，除了对于它的收获超过当地人们的劳动所能得到的那一部分。

那么，我们回到这个问题，所谓在人类社会的实际发展中，地租通常起源于土地的占用，当时绝大多数的人不得不按照他们可能取得的条件进行耕种，否则就挨饿；当时他们所有的工具、种子等少量资本，在农业以外的任何其他行业中都绝对不够维持他们的生活，这一点资本，由于无法抗拒的生活必需而和他们本身一起被束缚于土地上。毋庸再说，当时迫使他们不得不付出地租的那种必要性，和他们所占用的土地在质量方面的任何差别完全无关，即使所有的土地全部等同，也不会消除。

从土地上取得自己的工资的劳动者这样缴纳的地租，用“农民”这个词表示一个靠自己的劳动从事耕种的土地占有者；或者这种地租可以称为“初级”地租，因为，根据这种地租在各国向文明进展中出现的顺序，它一定是在我们现在必须谈到的那另一种地租之前。

论二级地租或者农场主地租的起源

一个农业社会形成以后，往往不需要经过很多时间就发生劳动的各部门之间不完善的分开。手艺人和机械工起初占全部人数的很小一部分，其中有些人不久就能储存相当数量的粮食、工具和原料，使他们能够养活和雇用其他的人，取得他们的劳动成果，用来再换取更多的粮食和一切必要的东西，以便继续这种过程。这样就形成一个资本家阶级，和劳工阶级及地主阶级完全不同。这个阶级有时候(可是，就整个世界来说，很少)在土地上露面，并管理耕种。农业工人不再依靠他从土地上生产出来的作物维持生活，地主不再直接从工人手里取得他的一份，而是间接地通过新雇主的手取得。

这些地租既然在文明的顺序中总是排在那已经被指出的阶级的后面，就可以叫做二级地租，或者，因为那现在利用别人的劳动力耕种土地而由他负责地租的资本家通常叫做农场主，这些地租就可以叫做农场主的地租，以区别于农民地租。

没有疑问，在有些情况下，要确定某些个人所缴的地租属于这两者的哪一种，是困难的。可是这一情况不一定会妨碍任何人的研究工作，除了那种喜欢自己把一个问题说得玄妙难懂的人。我们将看到世界上这两种东西是显然分开的，只因两者处于一种混淆不清的状态，而单独对那些很有限的地方徘徊观望和迷惑不解，那是浪费时间，完全无益。

决定农民地租数目的情况，远不如决定农场主地租数目的情况那样复杂。就后者来说，工资数目首先是由一些和业主与佃户之间的合同无关的原因决定的，再则地租的数目受到所用资本的利润数目的严格限制。这项资本，如果利润不能实现，就可能被收回并投入另一种用途。决定那些利润的通常利润率的原因，也和地主与佃户之间的合同无关，形成一个性质不同的研究课题。就第一种或者农民地租来说，工资和地租两者的数目都是完全由业主与一批工人之间的合同决定的，工人的生活需要把他们束缚在土地上，连同他们用来帮助自己劳动并取得食粮的小量资本在一起。支配那个合同的条件的原因比较简单。

二级或者农场主地租是我们在英国最熟悉的那种，或者不如说是我们熟悉的唯一的一种；并且，正因为这样熟悉，所以各种形式的农民地租不仅在我们的调查研究中被疏忽，而且确实是完全忽视了。然而，正如前面曾提到的，和这些比较起来，世界上所有的农场主地租的总数是很小的。在英国和荷兰的大部分地方，完全流行二级地租。在苏格兰高地，二级地租现今只是正在取代比较原始的形式的最后残余。在法国，大革命以前国内大约 1/7 的土地上流行这种办法。在欧洲其他国家中，比较少得多。在整个亚洲，人们简直不知道。如果我们假定这种地租占可以居住的世界的已耕面积的 1%，我们就大体上留有很大的余地。

如果我们主要地考虑这种地租影响他们命运的人类的数目，或者当地的社会情况受到影响的那些地区的范围，那么，以各种不同形式出现的农民地租就会十分有趣和重要。如果我们愿意把这些问题的讨论作为一种科学问题，其主要兴趣在于发挥分析与结合的能力，也许那第二种（或者农场主地租）可能不是不配受到它所受到的特别注意。

第二节　论各种农民地租：关于这些地租分别称为劳役地租、分成制佃农地租、印度农民地租和爱尔兰小农地租

劳动者为了自己的利益而被束缚于耕种土地，因为他只有用这种方式才能取得工资以维持生活，但是他缴付的地租的形式和数目是由他自己与业主之间的直接合同决定的。这些合同的规定

有时候受当地国家的法律的影响，并且差不多总是受当地的长期惯例的影响。这一切的主要目的是为业主取得收入而尽可能不给他引起麻烦或者风险。

尽管共同受到一些重要原则的支配，这一类地租的各种细节当然是几乎变化无穷的。可是人们在相似的处境中会采取十分相似的手段，广泛的农民地租可以分别为主要的四大类，其中包括(1)劳役地租，(2)分成制佃农地租，(3)印度农民地租。

我们将发现这三种占有着旧世界中邻接的大片大片的地方，从加那利群岛(大西洋)到中国海岸和太平洋，每一种在自己的范围内不仅决定地主和佃农的经济关系，而且决定人民大众的政治和社会情况。

此外还必须加上一个第四种——爱尔兰小农地租，或者从土地中取得工资的劳动者缴纳的地租，可是用货币支付，像在爱尔兰以及苏格兰的部分地区那样。这一种的人数不多，可是英国人对它特别感到兴趣，因为它流行在姐妹岛上，以及已经产生了影响，并且似乎可能还要有一个时期对爱尔兰人民的发展和环境发生影响。

第二章　劳役地租或者农奴地租

第一节　劳役地租或者农奴地租

未开化民族的地主通常不喜爱也不适合做监督劳动的工作，如果他们通过收取产品地租一定能够得到自己合用的必需品，他们总是把全部耕种工作压在农民身上。可是，他们可以放心地这样做，说明佃户本身具有一定的技能以及自愿地和经常地从事劳动的习惯，他们也必须在一定程度上是可靠的。然而，在文明进展的某一点以下，绝大部分的人不具有这些资格。这时候他们由于人数众多而不得不从事农业，可是仍然具有野蛮人的许多特性，并且还没有能够实行定期缴纳产品地租或者货币地租，因为他们愚昧无知，不能耐心辛勤劳作，以及没有远见，会使业主冒着很大的挨饿的危险，如果他本人和全家的生活都靠他们这些人按期完成任务来维持的话。

不管他们可能多么厌恶劳动，在社会的这个阶段，他们必须负担一份从事耕种的工作。但是，他们可以设法避免为工人生产食粮的任务，那些工人是这项耕种的工具。他们通常指定地产的一部分给工人专用，让工人自己从中取得生活所需，自己负担风险。业主对这样交出来的土地，抽取一定数量的劳动力作为地租，这项劳动力将用在产业中仍归业主掌握的其余部分上。这是土地所有人一般地似乎喜欢采用的方法，那时候工人还处于这种半开化的状态，同时还没有资本家存在。

在社会群岛中，头目们分给佃户土地大约每人60英亩。对这些土地缴付的地租，包括根据头目的安排在他的不出租的田地上做完若干天的工作。[①] 他们或许是实行这种占有和耕种土地的方式的最不开化的民族。在新西兰和澳大利亚岛民中间注意到他们的环境需要，产生了一种制度，对人们是有启发的，这种制度在欧洲曾经差不多普遍流行，并且至今在欧洲很大一部分地方仍然流行。

有点和这些办法相似的办法，在我们的西印度群岛的一些地方的黑人和业主之间存在。

可是劳役地租实行的范围最广，而且传播到广大的许多国家，并在那里主要地流行的，是东欧的一些国家，德国沙漠地带的居民和维斯杜拉河那边的荒地。入侵东罗马帝国的某些部落，在他们入侵时期前曾开始部分地依靠农业维持生活，可能当时他们还不知道这个制度，可是不管这曾经是怎样，他们在西欧的征服中确实非常广泛地建立了这种制度。当他们自己的偏僻地方，他们从那里迁移过来的荒地逐渐有人定居的时候，这是在那里普遍流行的耕作土地的方式。现今在那里还流行。在他们的莱茵河以西的征服中，它紧抓住当地人民原有的习惯，在他们的法律中曾留下深刻的痕迹，然而在某些特殊地方却徘徊不前。可是从欧洲的这一部

① 参见附录Ⅲ。

分，一些国家的特殊情况，以及各国文明的进步，排斥了这种制度，代以业主与佃户之间其他形式的关系。在莱茵河以东的国家中，这种制度仍然居主要地位；不是完全不可打破，并且到处显示逐渐的或者即将到来的变化，可是仍然在形成社会的结构，并对各阶层人民的勤惰和贫富有极大的影响。

这些劳役地租，只要把农奴一词的通常用法略加引申，就可以都称为农奴地租。

正如劳役地租或者农奴地租已经逐渐退出西方那样，它们的解体也是在它们仍然流行的一些国家的极西地区中发生得最早。因此，要看到它们的全面状态，我们必须立即到欧洲的东部，并且从俄国开始，可以从那儿起看到它们在形式上和精神上逐渐衰退，经过匈牙利、利沃尼亚、波兰、普鲁士和德国，到莱茵河，在莱茵河的边界地区这种地租分化为种种不同制度，已经不是原来的面目。

第二节 劳役地租或者农奴地租在俄国

在俄国，定居在土地上的农民，从业主手里领得若干土地，数量或多或少，按照业主的意见或者方便而定；从这些土地上农民取得他们的工资。他们每周必须在地主的不出租的土地上工作三天。这种义务可以说是轻的，假如不是因为它会引起的结果。在俄国这种占用土地的方式确立了农民全面的人身奴役，他已经连同他的家属和后代一起成为地主的奴隶。这也是业主和他的佃户之间类似的关系的结果，只要是这种关系曾在半野蛮人民和脆弱的政府中间流行过的地方。[①] 从俄国以西的那些国家，一度曾是普通的同样的奴役状态在逐渐消灭。在俄国，正如在它的最后据点那样，它仍然全部存在。

不难追溯劳役地租发展的步骤，它这样广泛地造成了农民的奴役状况，使欧洲在中世纪时期布满了一种属于农奴身份的人。一种未开化的人，靠自己在配给的土地上劳动维持生活，碰到农作物歉收或者战争破坏就会受到极度贫困。地主通常能从他的仓库里给他们一些救济，对这种救济他们只能用额外的劳动来偿还，而没有其他办法。由于这个和其他的原因，农奴过去和现在都必须永远把自己的将近全部时间用在他们的地主身上。[②] 除此以外，他们还主要地依靠地主保护，免受外来人以及自己人相互之间的侵害。地主从他自家的法庭上解决他们的争端并惩罚他们的过错，他的权威一般政府无法代替，最后总是由习惯批准，等于法律。苏格兰高地首领的管辖权力没有其他来源。在他们身上是由所谓血统关系使其享有尊严，同时也受到节制。在其他地方这种权力没有受到这样的调节。他们的时间和他们的人身像这样听任他们的上级摆布，这种佃农没有方法抵抗进一步的侵犯。最普通的一项似乎是确定供给农奴生活的地主有权利从农奴原来被派去工作的土地上将他完全撤回，随意放在别处使用。此外还有一项谅解，

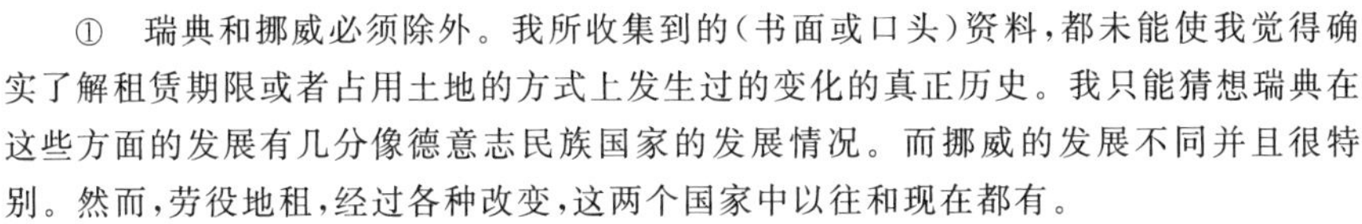

① 瑞典和挪威必须除外。我所收集到的（书面或口头）资料，都未能使我觉得确实了解租赁期限或者占用土地的方式上发生过的变化的真正历史。我只能猜想瑞典在这些方面的发展有几分像德意志民族国家的发展情况。而挪威的发展不同并且很特别。然而，劳役地租，经过各种改变，这两个国家中以往和现在都有。

② 参阅布赖特对甚至现今在匈牙利仍然发生的情况的叙述，虽然奥地利政府曾插手干涉，在一定程度上保护农民的权利。布赖特的《匈牙利》，第114页。参见附录Ⅳ。

一个农奴从他的地主、雇主和裁判的庄园逃走，是一种犯罪行为和伤害行为。这一经法律和习惯认可，农奴的锁链就套上，他就成为奴隶，一个主人的财产。在俄国他仍然是这样，可是先后的一些修改在别处已经重新赋予他一个自由人应有的至少某些权利。

农民向实际的奴隶状态下降的过程，也许不都是完全循着这里说明的路线。劳役地租起源于欧洲的那些国家，在他们靠农业维持生活以前就熟悉家庭奴隶制度，他们的最初的佃户中有些人肯定已经是奴隶。可是当我们看到，不是一部分处于奴隶状态，而是一个完全农业国家中的全体农民的时候，那就不可能不相信这样广泛的奴隶状态已经逐渐地包围了他们的全族。俄国人自己说，他们的农民所受的束缚，迟至沙皇鲍里斯·戈当诺夫在位时期才发展到全面——他 1603 年登上宝座。[①]

在俄国的格鲁吉亚各省，地主从农民那里取得产品地租和劳役的混合报酬：农民每周只给地主工作一天，并付给地主他们在租地上生产的作物的 1/7[②]。除了这个和也许一些其他局部的例外，俄国农奴绝大多数是实际的耕种者，对他们的租地缴纳劳役地租（名义上是每周三天），可是事实上他们的情况已经变成一种完全人身奴役的境况，业主的要求，虽然受习惯的影响，实际上只靠他自己的克制。这些劳役地租的货币折合（一般地主可以允许折

---

① 博尔廷将军受到卡萨林二世的鼓励，要（在俄国）发表关于奴隶制度在俄国的起源的一些研究，既然他的结论如此，它一定有很好的根据。博尔廷将军说，在鲍里斯·戈当诺夫的时期以前，俄国唯一的真正奴隶是从敌方俘获的犯人，以及农民是在那个时代以后沦为奴隶的（Asservis）。斯托奇，第Ⅵ卷，第 310 页。

② 参阅甘巴，《俄罗斯游记》，第 2 卷，第 84 页。

合)，像人身奴隶缴纳的钱一样，被称为“obroc”或者“abroc”，是完全武断的，由主人按照他自己对奴隶们的能力的猜想来决定。①

可是即使在俄国，农奴的束缚，虽然比别处较为全面，但是就一个大集团(或许农民的一半)来说，却处于变化很快的状态。这种变化是政府引起的。范围很广的皇家领地的存在，也许可以认为是文明落后的一种标志。在欧洲的其他部分，通常会发现这种领地和人民在财富与人数方面的进展对比起来是小的。俄国君主的领地是广大的，也许还大于他的全体臣民的产业。这一事实用皇家农奴的数目可以表明，1782 年这些农奴中有 1 050 万名属于君主。从这样众多的人那里榨取劳役地租，也就是使用他们，正如他们被臣民用于种植产物，为了他们的主人的利益，并且是在主人的监督之下，这一番工作显然超过了任何政府的管理能力。因此，部分地由于事实的必要，以及部分地出于一种明智的政策，俄国政府曾尝试在皇家领地上建立一种不同的耕种制度，包括差不多完全废除劳役地租，和一种自愿的和很大程度的修改君主(作为农奴所有人)的权力。君主的农民居住的村庄被组织为一种机关，周围的土地由这些农民耕种，负担一笔很公道的固定地租，农奴们可以

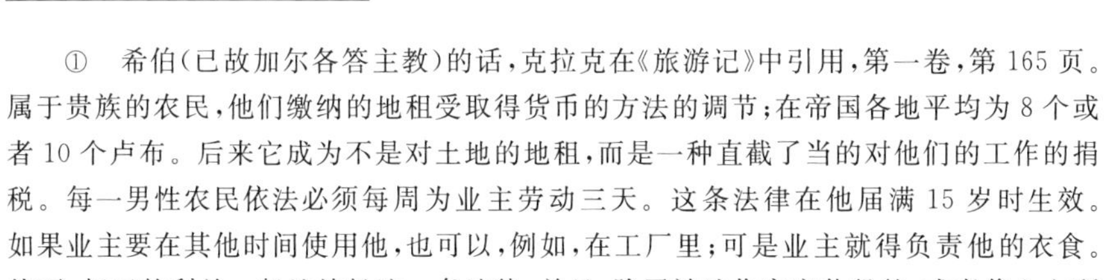

① 希伯(已故加尔各答主教)的话，克拉克在《旅游记》中引用，第一卷，第 165 页。属于贵族的农民，他们缴纳的地租受取得货币的方法的调节；在帝国各地平均为 8 个或者 10 个卢布。后来它成为不是对土地的地租，而是一种直截了当的对他们的工作的捐税。每一男性农民依法必须每周为业主劳动三天。这条法律在他届满 15 岁时生效。如果业主要在其他时间使用他，也可以，例如，在工厂里；可是业主就得负责他的衣食。然而，相互的利益一般地放松这一条法律；并且，除了被选作家庭仆役的，或者像上文所说在工厂里工作的以外，奴隶缴纳一定的地租，就可以允许他用一周的全部时间为自己工作。主人有责任为他提供一所住房和大小相当的一份土地。

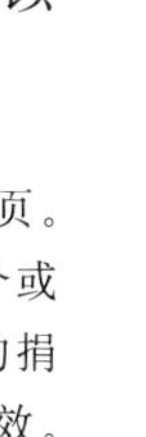

有保障地为自己购得动产和转让给别人，还有更重要的一项权利，并且不是总是可以让与给比较自由的邻近国家中（例如在匈牙利）他们的同类人物，就是，他们可以购买或者继承土地。[①] 在那特别为管理他们的机关而设立的法庭里，由全体选出的两位农民和皇帝的官员坐在一起，并同样有发言权，[②]可是使用他们的人身服役的权利还没有完全取消。农奴附属于土地，禁止离开自己的村庄，除非持有特别许可证，这种许可证，即使准予发给，也是有限期的。俄国帝王拥有为了他们自己的利益而经营的制造厂和矿山。皇家土地上的农奴还是会被迫离家，到这些地方去工作。有时候他们被租给这种类似的事业，如果主人认为这样做是得策的；在某些和俄国联合的外国地区（虽然不是近来在俄国本部），他们可以被卖出，或者被送给别人，或者随同土地一起赠用一个时期，受惠者是法院有心要让他们发财致富的一些个人。假如帝国的这一大部分人口能彻底得到解放，完全摆脱压迫，并且能够聚集和保存资本，俄国很快就会有一个第三等级[③]，和效率高的耕种者集团，逐渐地适合于使它的庞大的土地资源发挥作用。皇家土地上的佃户的情况，大体上，似乎已经比个人的农奴的情况优越，[④]可是他们的情况改善的进展，由于一些不会很快就失去影响的原因而受到阻碍。不管俄国的皇帝可能多么诚心地要摆脱奴隶主的特点，他们显然

---

① 这项权利是1801年给予的，到1810年皇家的农民已经买了价值200万卢布的土地。在同一时期中，所有的其他各种人（不是贵族）购买的土地仅仅价值3 611 000卢布，以同样的纸币计算。

② 关于对这些修改的比较详细的叙述，参阅斯托奇，第Ⅵ卷，注XIX，第266页。

③ Thirdestate，第三等级，常指法国1789年大革命前的资产阶级。——译注

④ 斯托奇，第Ⅳ卷，第299页。

将不得不在几代人的时期中保留有暴君的性质，并且有点危险，他们的政府形式的通常缺点会损坏他们作为地主的真正人道的努力。俄国政府官吏的薪给向来是菲薄的，压迫和榨取仍然折磨着广大农民，皇家农奴的境况有时候还不如邻近的贵族的奴隶。[①]

在此期间，俄国农民向来以此出名的思想麻痹似乎在消失。现任皇帝即位以后不久，皇家的佃户拒绝缴纳地租，并且个人的农奴拒绝履行习惯的劳动。一项布告出现了，谴责他们妄想可以完全豁免地租和劳役，并且，以一种真正东方的格调恐吓他们，如果胆敢再以这种问题向沙皇告状，一定严惩不贷。可是我们切不可根据因为这种紧急问题而颁发的文告中的粗暴措词来评断俄国法庭的举动。沙皇对待自己的农奴的精神，迄今为止显然是仁慈的。他们的政府的形式在理论上是恶劣的，可是俄国现今不能提供材料可以构成任何不可能是更坏的政府，并且这样的一种人民的情况的逐渐改进，不管我们看到它前进得多么慢，在君主的手里可能比在他们自己手里或者在他们的主人那些贵族手里毕竟靠得住一些。

第三节　劳役地租在匈牙利

在匈牙利，只有贵族可以成为土地所有人，通过继承或者购买。他们构成800万人口的大约1/20。[②] 在其余的居民中，大多数是农民；因为在1777年匈牙利国内只有30 921名工匠，他们的

① 斯托奇，第Ⅳ卷，第296页。

② 布赖特的《匈牙利》，第110页。匈牙利的人口根据上次的统计达到将近1000万。

人数据说没有增加多少。① 这些农民占有这个国家的耕地面积的大约一半，②都缴纳劳役地租。

直到玛丽亚·特里萨女王当政为止，他们的情况差不多和俄国农奴的情况相似。他们都隶属于自己在那里出生的地产上，有义务承担完全无限的劳役和抵偿。女王作出了榜样，诚心诚意地试图提高他们的品质，并改善他们的环境。这个榜样在一些邻国中被人效法，确实是富有热情，即使不是总是判断正确或者取得成功。女王自己的努力的结果极不美满，而且不是完全没有危害；可是必须记住，这方面的努力受到匈牙利宪法对地主能够造成的影响的束缚很大，阻挠或者修改了她提出的用来解放佃农的一些措施。

根据她的一项敕令，人身奴役和附属于土地的制度被废除，宣告农民“转变为自由人”。另一方面，他们被宣布为仅仅志愿的佃农，地主可以任意开除他们。可是一种土地方面的权利，尽管他们作为个人不能享受，却设法让他们作为一个团体可以取得。每个庄园上的土地，在指定用于养活农奴以前，被宣告在法律上永远归于此项用途。这些土地被分成一部分、一部分的，每一部分的面积35至40英亩，称为一套。③ 每套土地的业主应该得到的劳动力的数量固定为每年104天④。业主可以分割这些“套”，随意把其中

① 在1777年，匈牙利国内手工业者、他们的仆人和学徒的总数共计30 921人。这个数目，根据比较晚近的局部的计算，似乎没有增加多少。布赖特，第205页。

② 同上书，第113页。

③ 这种“套”的大小在匈牙利的不同地方似乎不同，大概和土地的肥力成比例。

④ 此外他必须供给4只家禽、12个蛋和一磅半奶油，以及每30个农民必须每年供给一头小牛。他必须为住房又付一个弗罗林；必须砍柴一 Klafter，并搬送回家；必须在他家里纺6磅羊毛或者麻，材料由地主自备；并且在4个农民中，业主有权利要求所谓一次长途旅行，就是他们必须运20 centner(每 centner 相当于100法兰西磅)的重量，两天的行程往返；除了这一切，他们还必须缴纳自己全部产品的1/10给教会，1/9给地主。

任何小的一部分赐给一个农民，可是他只能按照土地的大小规定劳役：半“套”地的52天，1/4的26天，对较小的数量则按比例计算。

玛丽亚·特里萨的敕令仍然继续是匈牙利农奴的“大宪章”。可是土地所有人对他们的佃户的人身和财产的权力，废除得很不完全，农民的生活必需，使他们时常不得不向地主借粮食债，他们欠下了重债，需要用劳役偿还。还有许多种惯例应该用麻、家禽等等缴纳的东西，增多这一项目的内容。业主保留任意使用农奴的权利；对他们的报酬，不是供应生活所需，而是大约相当于他们的劳役的实际价值的三分之一。[①] 最后，执法权仍旧掌握在贵族的手里；[②]当一个外国人走近这些贵族的府第时，首先引起他注目的景象是一种低的柱式框架结构，上面绑着一个农奴，这是他的主人认为只适合于对他用鞭笞抽打，因为所犯的过错不是十分严重，还不需要正式审讯。[③]

可是，尽管女王敕令中的规定这样不完善地保障了农民的利益和自由，这些规定对业主却是使他们极端为难的。各个庄园的一部分不可改变地用于维持劳动者的生活，但这一点在范围和需要方面并不固定，而是决定于敕令发表时恰巧定居在那里的农民的人数。在某些庄园上，像可以预期的那样，专用于农民的土地能养活的劳动者多于现在所需要的人数。在这个范围内，劳役地租

① 布赖特，第115页。

② 斯托奇，第Ⅵ卷，第308页。

③ 参阅布赖特。

对业主就毫无价值，并且，除非他有一处邻近的产业可以使用这些农奴，他将一无所得，除了农奴应该给他的亚麻、家禽和小量产物。一些庄园完全被无用的劳动者占据；在另一些庄园上劳动者却太少；由于有许多关系仍然结合着农奴和他的地主，不同的业主之间互相交换是罕见的，另一方面由于农民不愿意离开像现在这样附着于土地的关系，自由劳动力更为罕见。所有这一部分的办法显然是笨拙的和不适当的：大概这种办法起源于女王想要保障农民在土地方面的一点利益的愿望，和贵族们不喜欢确立农奴的独立地位两者之间的一种妥协。国会起初只是暂时同意这项敕令，期待着人们能想出什么较好的东西。[①] 根据施马尔茨的话，似乎是君主方面想要使农民（作为一个集团）可以占用一度曾由他们耕种的土地，这种类似的尝试，在德国各地是普通的，并且起源于对贵族的耕地免征直接税；归到农民手里的土地，国家立刻可以征税。因此各地区存在着许多法律，禁止业主重新占用，而不保障任何个别佃户在此项土地上享有一定的利益。这种法律必然造成在土地方面复杂的和不规则的利害关系，并且在许多场合不规定权力属于哪一方面，这种权力可以作为大多数明显改进的充分根据。

然而，由女王用敕令建立的这样一种制度，在匈牙利各地仍然差不多普遍存在，目前还没有改变的希望。

① 没有疑问，是地主们自己造成有关方面防止他们再从农民手中收回土地，因为他们曾设法做到了对国家缴纳的税比农民所缴的少。结果，国家就反对佃农们团结在地主绅士们的周围，共同设法逃避税收。

第四节　劳役地租在波兰

波兰的农奴，在瓜分以前，处境似乎和匈牙利农奴在玛丽亚·特里萨的敕令以前的处境很相似，和俄国奴隶的处境差别不大，假如还有一点差别的话。[①] 可是由于波兰的厄运，劳役地租制度现今在以往构成这个王国的各部分中以形形色色的经过修改的面貌出现。在瓜分的强国所侵占的部分，地主和佃农之间的安排曾受到各个强国在自己的领地里采取的一些大不相同的措施的影响，同时在现今可以称为波兰本部的地区（后来这里成为俄国的一个省），产生了一种这里特有的制度。

1791 年斯坦尼斯劳斯·奥古斯塔斯和那些国家，为了对付俄国可能的袭击，在准备着一种没有希望的抵抗；这时候当局采用得太晚的新宪法确立了农民完全的人身自由。这一项恩惠始终没有取消。这一次的宪法没有给他们带来其他的好处：它没有为他们取得在所占用的土地方面任何利益；它甚至没有像匈牙利的规章那样，明确规定某一部分土地应该专用于养活他们这个阶级、可是它让他们自己尽可能和地主安排他们的契约。农民发现自己倚赖地主生活的程度仍然未见减轻，于是没表现出对这种恩赐有很大的感激之情。他们担心现在这样会使他们被剥夺了向地主要求帮

① 直到卡西米尔大帝在位时期为止（大约 14 世纪中叶），波兰贵族对他们的农民操着生死大权。三天的劳役地租是通常的地租。伯内特的《对目前波兰国家的看法》，第 102 页。

助的权利,如果遭到灾难或者疾病的话。这项损失,他们认为,超过政治权利方面有所增加的价值(在他们看来,这种权利仅仅是有名无实的)。自从他们发现自己和所定居的庄园的主人之间的关系实际上没有什么改变,他们的旧主人,出于权宜之计或者人道主义,一般地继续像往常那样,有时候给予援助,他们才习惯于自己作为自由人的新角色。

可是,自由这份礼物,虽然被赠予一种沉沦已深的人,他们不理解它的价值,却已经在他们中间发挥了重要性。波兰农民获得解放以来,法律方面又一项改革已经取消了贵族们独享的可以拥有土地的权利,并引进了一种新的地主阶级。这些人大体上在推进耕种方面比他们的前辈较为勤快,他们的企业已经增加了对劳动力的需求。这一点的效果已经以在这样经营的土地上唯一的方式表现出来,就是工资增多了,这是由于根据较少的劳动后备而配给的土地增多,以及千方百计地鼓励农民利用自己的自由,迁移到最需要他们的劳动力的那些庄园上去。①

① 参阅雅各布先生的"第一次报告",第 27 页。这个报告的"附件"中有波兰庄园管事们编造的一些详细统计,和布赖特的书合在一起,呈现一幅劳役地租制度在波兰和匈牙利的实际运行的完善景象。关于这种制度产生的举止态度和精神面貌,读者可以参阅伯内特的书。在波兰、奥地利以及德国的其他部分,业主的领土,连同他的工具、牲畜和各种资本,有时候按低的货币地租出租给一个佃户,连同向农奴要求并使用他们应该提供的劳动力的权利。在波兰,高级佃户常常是家族中年龄较轻的一支,偶然也有陌生人。然而,这样以另一个人替代作为领地的耕种者,结果农奴的劳役地租(我们现在的目的)仍旧完全和以往一样。人们认为这是一种损失很大的处理领地的方式:农具和资本,像可以预料的那样,通常在租借期满时已经损坏,现今这种办法已不广泛地采用,虽然根据雅各布先生的"第二次报告"来看,似乎现今在德国的西北部还流行。然而,今后可能证实,这是过渡到一种不同制度的踏脚石,并且,如果对农具和资本的破坏能够有效地防止,大概是会这样做的。

第五节　劳役地租在利沃尼亚和爱沙尼亚

利沃尼亚广大农民的境况是值得注意的，因为这呈现一项深思熟虑的实验的结果，说明什么是逐渐把农奴佃农改变为自由民的最好的方法。

直到亚历山大在位时期为止，利沃尼亚农民的境况和俄国奴隶的境况相似。耕种者奴隶般的情况在女皇卡萨琳时代曾引起一些注意，她曾鼓励她治下的文人发表关于最好怎样逐渐改变这种情况的意见。德博尔廷、德凯沙罗夫和德斯特鲁诺夫斯基，先后写了有关这个问题的作品。最后这位作者的著作是用波兰文写的，译成俄文，它详细叙述了应该采取的措施，以便准备和推进被人视为一项伟大的和有益的改良。这些想法也不是限于文人，或者个别的人。1805 年爱沙尼亚国内的全体业主一致同意对他们各自庄园上的农民实行一些初步的规章，他们声明这些规章是为农民的最终解放铺平道路的。这些规章得到皇帝的正式批准。应有的改革在利沃尼亚开始得早一年，并且似乎是由于有些人认识到变革的重要性，以及这些变革需要逐渐施行的实际原因。他们的目的似乎是逐步提高农奴的地位，并且，在地位继续提高中，保持对农奴很多的控制，部分地为了农奴自己的利益，部分地为了确保业主们的利益。起初给与农奴的个人自由远不如匈牙利和波兰人的自由全面，因为他仍然附属于土地，没有权利选择自己的工作或者住处。可是在一开始那些完全依赖土地为生的人就被赐予比自由本身更重要的一种利益，一种以往在匈牙利和波兰不给他们

的利益:每个个体农民在他耕种的那份土地上被授予一项牢靠的利益。

皇帝最后使这些规章成为法律的敕令,于 1804 年颁发。利沃尼亚的农奴被宣布为他所占用的土地的世袭农场主。地租以劳役计算,此项劳役应在业主的领地上完成,并应使农民还留有至少 2/3 的时间可以自由使用。如果这种劳役地租折合货币缴纳,所付的数目是有限的和固定的,并永远不得增加。租赁契约应按照这些条件订立,不能取消,只有在欠租两年的情况下才可以撤消租赁,而且必须在法庭作出决定以后,这个法庭应指示这项租赁应由违约拖欠者的继承人接手承租。在业主的树林中砍伐木柴和建筑材料的权利,也保留给农奴。他可以购买动产或者土地作为财产,以及按照自己的意见结婚。

但是,尽管享有这些特权,他仍然是属于土地的。他已经不能离开土地出卖,只是随着土地一起卖出去,或者不如说,由于强迫占领他的份地而产生的利益随同庄园的其余部分一起卖出:他应受笞刑十五鞭的惩罚。

大体上,这些规章说明了制定者的通情达理。农奴的解放是不完全的,可是,假如立刻就放弃对这样未开化的一种人的劳力的一切控制,也显然是太鲁莽了,业主们本身的生活以及国家的全面开发,在一个时期内还必须依赖他们。[①] 这种实验有希望产生的成功的结果,我们不能期望它立刻出现,可是看到十五年中产生的

① 关于一种好心好意的但是判断错误的试图,实行仓促的和全面的解放的不良结果的实例,参阅伯内特,第 106 页。

显然很少的效果，却是令人不快。冯哈伦 1819 年旅游利沃尼亚时说："沿着贯穿利沃尼亚的公路上，可以看到相隔不远的一些污秽的小酒店，门前通常停放着农民的许许多多破旧的马车和雪橇，他们非常爱好白兰地和其他烈酒，每天在这种地方消磨几个小时，完全不关心他们的马，任其在外面经受恶劣天气的折磨，这些马和他们自己一起属于乡村的绅士或者贵族所有。他们接受大约这个时期颁发的敕令的态度，最最清楚地证明了这些人沉沦于野蛮状态的程度多么深。这些野蛮人不愿意靠自己努力工作养活自己，竭力抗拒此项敕令，以致最后把执行敕令的任务交给武装部队办理。"①

因此，利沃尼亚的农民接受他们的新特权的态度，比波兰人还要不通情达理，虽然他们可以得到赠与财产和可靠的生活资料，如果他们愿意出力的话。后来他们不满意的情绪似乎朝一种不同的方向发展。据说他们曾构成农民的一部分，尼古拉斯大帝的敕令就是针对他们的，此项敕令指责那些农奴想要立刻摆脱一切地租和劳役。

第六节　劳役地租在德国

我们将更好地了解劳役地租在德国的目前状况，如果我们先回忆一下其他国家中类似的制度没落的趋向，在那些国家这种制

① 《唐·胡安·冯哈伦等的记述》，第Ⅱ卷，第 38 页。唐·胡安对敕令的日期有误解，它是 1804 年以后由亚力山大大帝颁发的，为了部分地解放利沃尼亚的一些农奴。

度已经逐渐消失。因为我们然后才可以看清楚这缓慢的破坏过程的每一步，这一过程的进展，现今德国在它的不同部分以许多不同的阶段显示出来。

我们可以用英国作为这样一个实例。撒克逊人最后建业以来，历时已经1 300年。其中的800年已经过去，诺曼底人在这里定居了已经200年，广大耕种者的很大一部分仍然完全处于俄国农奴的状况。①

在以后的300年中，农奴为了分配给他们的土地而负担的无限制的劳役地租逐渐被折合为明确的劳役，仍然可以用实物缴纳，并且他们有合法权利，可以世袭保有他们的不动产使用权。这样程度的变动成为普遍，或者农奴的人身束缚取消，至今还不到200年。我们法院里记录的农奴对土地使用权的最后要求是在1618年，詹姆士一世的第十五卷中。或许在此后一些时候还有这种情况存在。这种要求以实物缴付规定劳役的权利最后停止时，是悄悄地和人们感觉不到地实现的，而不是通过成文的法律；因为，当其他的个人劳役在王政复辟时期都被废除时，登录不动产保有权者对个人劳役的权利却是例外，得以保留。②

在整个德国，土地方面现在正发生类似的变动；也许没有什么地方是做得完善的，而且在某些大地区里这些变动显得还处于很落后的阶段。简短地叙说一个地区的情况，就可以使其他地区的情况容易理解，当然必须考虑到不同地区在实际上和措辞上无穷

① 伊登，第Ⅰ卷，第7页。参见附录Ⅴ。

② 第12卷，查尔斯二世，C24。

的变化。

领地的土地，那些在匈牙利、波兰和许多德国地区仍然由贵族们自己耕种的土地，一般地在汉诺威被租赁给那种占用领地作为农场的人，收取货币地租，并可以享受农民佃户必须完成的劳役。这些较大的佃户，以"总管"的名义，行使重要的土地管辖权，这种权力仍然被授予贵族，甚至在君主的领地上仍然存在。[①] 总管他们自己通常不是实际的农场主，而是律师或者政府官吏，这种人是似乎拥有资本可以做这种事业的唯一的阶级。他们有时候居住在城镇，雇用"管家"料理他们的很大的农庄。[②] 这些管家是德国国内最好的实际农场主，通常受过良好教育（往往是在农业学校里），在一般的和专业的知识方面，不比世界上任何一种田地经营者差。

假如德国的土地是普遍采用这种管理方法，就会对德国的实力和繁荣大有益处。可是据一般的约计，最大一部分(4/5)被一种统称贫下中农的人所占有。这些人用另一种名称来说就是农奴，他们在波兰、匈牙利和俄国构成为贵族服劳役的佃农。人们回忆法律时（像以前说过的那样，这些法律是为了财政目的而制定的），在许多德国地区，这些法律禁止任何土地的业主耕种曾经由一个贫下中农种过的任何土地，这一命令的传播和他们所占土地的比例似乎不算特别大。在汉诺威的某些部分，这些人现在以两种不同的阶级出现，有着许多不同的小派别。他们被称为男农奴(leibeigener)和贫下中农(meyers)。这种男农奴处于英国农奴的

① 霍奇斯金，第Ⅶ卷，第5页。"总管往往联合起来"，等等。

② 霍奇斯金，第Ⅶ卷，第90页。

境况，这时候他的劳役地租已经不是任意决定的，但仍然用实物缴纳，在他对份地的继承权已经被承认以后。男农奴缴纳劳役地租，折合实物支付，并耕种地主的土地，每年若干天，把地主的木材搬运到家，在地主需要时完成其他劳役，并且在播种土地的方式上必须忍受一些最难于负担的和使人烦恼的限制，在这方面必须妥善安排，总要留出 1/3 的土地休耕，以便地主的羊群到那里去放牧。可是他保有这块土地的条件仍然是固定的，并传给他的子孙。他的处境很像利沃尼亚地主们不久以前给农奴佃户安排的那样，除了他不附属于土地。

有些贫下中农佃户的劳役地租已经折合为货币地租或者谷物地租，在某些情况下还有折合为一定部分的作物的，虽然他仍然有义务要做一点轻微的劳役。地主不能增加地租，也不能拒绝续租土地，除非佃户的继承人是一个白痴，或者拖欠地租；可是，因为这种租地方法很多是新式的，地租往往达到差不多土地的全部价值。这种租用办法在逐渐取代男农奴的办法，采用这种办法的佃户的地位很像英国的登录保有不动产使用权者，如果他已经停止履行实物劳役，并且在他离开工作以前地租已经变成仅仅是有名无实的数目。贫下中农在转让租地使用权时须缴付罚金。

在某些情况下，全部产业被贫下中农和男农奴占用，地主根本没有作为领地的土地。

德国各地的贫下中农差不多全是自由的：被许多关系束缚在土地上，他们已经不是地主的财产，或者在法律上被限制在他们的地点。可是他们得到这种自由，不像在英国那样，是由于他们的锁链逐渐磨损，而是由于他们的君主坚决的努力。一位妇女，丹麦的索菲娅·马格达伦娜，于1761年作出了这种精神的最早的榜样之一。1770年到1790年之间，先后效法者有巴登的马格雷夫和其他一些次要的王子。1781年，约瑟夫二世废除了德属奥地利自治领地的奴隶制度。1810年以来奴隶制度在普鲁士以及晚近在梅克伦堡已经停止。[①]

比较高级的人已经有许多代分享欧洲的一般文明。由于他们厌恶下等人的卑微堕落的处境，后者才获得解放，摆脱了个人的奴隶身份。在某些情况下，此事的全部价值，他们还感觉不到。在他们成为自由人的时候，他们有的变成小地主，但须缴纳一种永久性的地租。关于他们怎样在普鲁士硬被赋予这种特性，我们以后还有机会谈到。

第七节　劳役地租在苏格兰

现在已经追溯了从俄国到莱茵河的劳役地租制度，[②]我们可以丢开这一方面。这个制度的一鳞半爪在莱茵河西面确实仍然存在；大部分是一场已经过去的风暴和洪水的遗迹；可是这些遗迹散布得稀疏，已经使社会的不同等级之间的关系不具有任何特殊的形式和面貌。

然而，这些残存的一鳞半爪中，我们最感兴趣的一种，以很原始的形式，存在于我们自己岛上的一个角落。在苏格兰北部，首领

① 施马尔茨，第Ⅰ卷，第104页。

② 在莱茵河以西一些德国地区的很贫瘠的土地上，据说仍然盛行劳役地租。

似乎始终未能完全实行产物地租或者货币地租，就是信任他的手下人，让他自己负责生产他本人和全家的生活所需。各首领因此把大量领地掌握在自己手里，他的国家的剩余部分都分配给本部族的次等绅富（Tacksmen），这些人再把这种土地分给一般佃户，他们用劳役、家禽、禽蛋以及家庭生产的东西缴纳规定地租的一大部分，完全和匈牙利农民缴纳的一部分东西相同。在他们的地租清册中，劳役作为一个突出的和重要的项目包括在内。地主的利益已经使得他们从1745年起以广大的牧羊业者代替上述这种佃农。旧的佃农似乎懒散、无知和效率低，他们的境况非常困苦；可是这些北方的农奴，精神上始终没有被个人奴役所驯服，恋恋不舍自己的家园，并且，我们知道，只是通过一种困难的和痛苦的过程，才做到把他们迁走。

斯塔福德侯爵的代理人曾发表一项说明，记述了现今萨瑟兰发生的变化，其中对于这种制度在那里产生的习惯、性格和种种情况作了很有趣味的描绘。[①] 然而，其最后遗迹正在很快地磨灭，对现今存在的绅富的少数租佃满期时，劳役地租将终于从大不列颠消失。

人们说到欧洲各地农奴应服的劳役，通常总作为封建的劳役，并且把农奴和地主的关系作为封建制度的一部分。这是完全不正确的。起源于军事防卫计划的封建关系，对当时居住在西欧的野蛮民族的环境是必要的，也适合于他们的习惯。封建制度下封地

① 愿意彻底了解苏格兰高地旧的份地和耕地的方式的精神，以及1745年以来实行的剧烈变动的结果的那些人，可参考塞尔扣克勋爵1805年发表的著作，书名《关于苏格兰高地现状的研究，谈谈移民的原因和可能的后果》；读者会发现该书有见地、有趣味和对人有启发。

赐予者经过周密考虑然后根据一定的条件放弃他自己对让给臣属的土地的全部所有权。劳役地租方面的目的只是产品一项:这种劳役地租,在欧洲和在社会群,起源于一种对粗野人有此必要的耕种方式,如果要向他们收取任何地租的话。地主从来不是有心地放弃他自己随时可以收回他的农奴占有的份地。虽然,长期以来,习惯和规定都准许农奴要求世袭占用的权利,以便确立他们自己的地位。封建制度,连同它的兵役方案以及分得很细的效忠程度和有限的服从,始终没有能在普鲁士以东取得多大进展。可是,恰恰是在欧洲的东部,劳役地租流行得范围最广和时期最长。假如这是适合于劳役地租的地方,那就确实不难说明,由于他们的土地使用权和刀剑而成为自由民的那种封建臣仆的人数增多,阻碍了劳役地租在西欧地面上那么单独地流行,像以往和现在都在东欧这部分流行那样。

第八节　农奴地租概述

我们已经论述了现今仍然流行的各个国家中的农奴地租,以及这种地租受到时间和环境的不同影响。也许可以在简短的概述中回忆这种制度所共有的最显著的特征,并且把我们提到的那些事实所提示的一般原则集合为一个观点。这个计划,我们将于陆续讲到农民地租的其他各部分时,放在一起研究。

工资对地租的依赖关系

农奴地租制度的最显著的特征,是它和各种形式的农民地租所共有的一点，就是，它造成的劳动工资和地租之间严格的关系。农奴构成东欧重要的劳工主体。农奴的实际工资，他每年消费的财富，决定于他能从配给的土地上得到的东西；这又部分地决定于土地的多寡和肥瘠，以及部分地决定于他能给土地的培养。可是他能为自己的目的而发挥的劳力，受到他作为地租缴给地主的东西的限制。当然在不同国家中这是不同的，并且有时候常常是在同一个国家，有时候直接地和公然承认地，有时候间接地并几乎是不知不觉地不相同。

这样，在匈牙利，农民名义上每期应该负担的劳役的天数，由于许多其他应付项目（都是微不足道的，有些则很不明确）被折合为劳役而致使实际上加了一倍。还有，在大多数地方，地主的权威使他能用很不公道的价格，在正式欠他的劳役以外，任意占用农民的时间和劳力。凡是占用农民的时间增多的地方，农奴自己的地一定耕得不好，在超过某一点以后，地主的榨取每加重一次，农民份地的产品（他的实际工资），就一定减少。

那么，要了解农奴劳动者的情况以及决定他们的工资实际数目的原因，有必要详细说明他们和地主的合同，以及这个合同实际上是怎样解释和执行的。他们所付的地租的性质和数目，对劳工阶级的收入和境况的积极影响，是劳役地租制度的存在的最重要的影响之一。然而我们将看到通过有些不同方式而产生的同样影响成为各种形式的农民地租的特征。

农业劳役的低效率

劳役地租或者农奴地租制度的另一项显著的特征，是这种形式的租佃制度所特有的。就是，它在腐蚀工人的勤劳习惯以及使他们成为效率低的耕种工具方面独特的影响。

依靠在自己的份地上劳动取得食粮，但是有义务在另一个人任意作出决定时就离开这里到别的土地上去工作，其产品他自己却不能分享——处境如此的农民自然不愿意劳动。如果，由于长期使用而产生了一种感情，觉得自己是个合伙业主（至少在他占用的那块地上是这样），这种不愿丢下自家的工作而到别处去干强迫劳动的情绪，就因为一种受压迫的意识而加剧，于是变得更加固执和怨愤。对这种没有促使努力的动机而只是害怕鞭打的人，决不能期待他们出力工作。因此，农奴劳役极不可取，这一点在它流行的欧洲各地已经开始被人彻底了解。

俄国人，或者不如说那些看到过俄国作风和习惯的德国著作家，陈述了关于这一点的几项有力的事实。他们说，两名米德尔塞克斯割草者一天所割的草和六名俄国农奴所割的草一样多，并且尽管在英国粮食价钱贵而在俄国粮食价钱贱，英国农庄主花半个戈比[①]割下来的草，俄国地主需要花三四个戈比。人们认为，普鲁士国务顾问雅各布证明了在一切东西的价格都便宜的俄国，农奴的劳动力却比英国工人的劳动力贵一倍。[②] 施马尔茨根据他自己的知识和观察，对普鲁士的农奴劳役的生产力低作了令人吃惊的说明。[③] 他说，很清楚，在奥地利一个农奴的劳动力仅仅等于一个

① 戈比(kopeck)：俄国辅币名，100 戈比等于 1 卢布。

② 施马尔茨，《政治经济学》法语译本，第 1 卷，第 66 页。

③ 施马尔茨，第Ⅱ卷，第 103 页。

自由雇用的工人的劳动力的 1/3。这样的计算,见于一本高明的关于农业的著作(我曾有幸被允许摘用其中的一些片断),被应用于实际目的,以便决定耕种一定面积的庄园所需要的劳动力人数。劳役地租对农业人口的勤奋努力的不良影响确实非常明显,以致在奥地利本身,向来任何一种改革建议都不容易推行的,也纷纷有人提出改变劳役地租的方案和计划,和在德国北部的一些比较容易激动的地区同样受人欢迎。

劳役地租对全国经常的工作还有另一种坏影响:农奴的懒惰和疏忽往往会腐蚀那些可能和他们接触的自由劳动者。施马尔茨说,"强迫劳动的存在,使人们沾染上懒惰的习惯,凡是由强迫劳动做的工作都做得不好,在流行这种劳动的地方,散工以及甚至家务仆役工作都做得不好。"①这些劳役地租所形成的习惯的有害影响的一个引人注意的事例,最近发生在德国的北部。一条新路这时候正在建筑中,它将把汉堡及易北河和柏林连接起来;它经过构成德国北部很大一部分地区的不毛砂地,筑路的材料由那些孤立的花岗石块供给,这些砂的表面上有这种材料存在是一项出名的地质学之谜。这些石块,运到路线上,由工人敲碎,成为所需要的大小,工人中有些是普鲁士的自由劳动者,其他的是梅克伦堡地区的男农奴,这条路经过该地区的一部分。他们按敲碎若干获得一定数目的报酬,所有的工人报酬相等。然而那些男农奴起初不同意敲出普鲁士人通常定额的 1/3。工人们被混杂在一起,当局希望那些比较勤快的工人的榜样和所得报酬会激励那种懒散的。却出

① 施马尔茨,第Ⅶ卷,第 107 页。

现了相反的效果，男农奴不改进，而其他工人的干劲却看得出地松懈了，并且，在向我提供资料的人（监督筑路工程的英国工程师）对我讲话的时候，工人们又分成一股一股地工作起来，故意地保持着分散。

在普鲁士，1811 年以前，全部人口的 2/3 由这种男农奴构成，或者由一种奴隶身份的农奴佃农构成，后者处于更落后的状态。[①]在东欧和北欧的其他部分，类似的阶级构成更大的一部分人口。在他们的身上，或者作为主要人物，或者作为最基本的工具，负担着使土地可以生产的任务，这是唯一的一种还没有推进到任何重要程度的产业。社会的这一大部分的生产性劳动者，他们为别人工作时不愿意始终出力，在自己的份地上工作缺乏技术、资料和精力，对他们范围内的土地和劳动力的每年出产一定有极坏的影响，会使他们的国家处于比较贫困和政治上脆弱的境况。这方面损失重大的程度，和用在军事方面的人力与生命的代价低廉，仅仅部分地抵消。

对劳役的监督效率极低

劳役地租制度的又一项特殊性大大地加重了这种低效率的坏影响，这似乎是农奴劳役的分不开的特性。这种特殊性是松懈的监督，就是，地主的协助不周到；地主由于他们作为自己的领地的耕种者的特质，必然是农业人口的工作的向导和指挥者。

俄国的、波兰的、匈牙利的，或者德国的贵族，当他们没有被本

① 雅各布的《德国》，第 235 页。

阶级的特权和习惯所腐化，而是因此变得比较高尚的时候，就会不注意耕作劳动的详细情况，以及或许还要更少地注意节约资本和使用资本的手段。[①] 庄园中生产的种子由佃户的劳动力播种下去，到时候再由他们把收获的作物送进地主的粮仓。这种过程马马虎虎地反复进行，到最后土地被弄得非常贫瘠，[②]只要还有取得一点点产物的希望就继续搞下去。这些工作的设计和指挥都愚笨和疏忽，在执行中也是如此。

当然也有例外，少数个别的地主热心地致力于改进农业这也许总是会有的。当一个同样实行租佃制的民族占领英格兰的时候，征服者的大臣罗伯特·德鲁洛斯，因为在他的领地上实行一些改进而出了名，这些改进措施的效果卓著，以致当时的历史家使他的名字传诸后代，作为一个对公众福利有贡献的人。我们现在看看东欧的各个国家，会发现少数现代的罗伯特·德鲁洛斯，可是，那些贵族地主，享受着特权和地位，由于贪图军人和官吏的地位会带给他们种种利益和习惯而从事于军政工作，对于这一班人，假如我们期望他们会变成一心一意从事于耕作的人，那是没有希望和不合理的。

他们还有一个办法，就是教育和雇用能干的和懂得科学管理的人，并且，在几处属于富有地主的大地产上，这个办法做得很细心，成绩也很好。可是培养和雇用这样的一种人，首先费用很大，

① 俄国政府，希望补救这最后一项缺点，设立了一家银行，专门为了贷款给贵族们，用于改进他们的地产的耕作。这一试验没有成功。人们注意到贵族们突然变得比较爱花钱了，可是他们的庄田仍然是老样子。斯托奇，第Ⅳ卷，第288页

② 雅各布的《第一次报告》。

再则是差不多无用，除非能够大量供给他们资金作为实行他们学来的先进制度的手段。这些情况把这样的管理人员所经营的地产的数目局限于狭小的范围；并且，仅仅考虑大的地区，稳定地应用于农业的智力和技能之贫乏，以及对满怀委屈的广大农民的劳动使用不当，成为由农奴佃户负责耕作的制度的另一项引人注目的特征。

独立自主的人数少

以上刚刚指出的两种情况说明，由于工人的懒惰和劳动指导者的效率低，所以由农奴耕作的国家的农业产量，和这些国家的范围比较起来，是极小的。因此，即使在所生产的原粮全部在家里消费掉的地方（由于其他原因，这种情况是罕有的），在广大农民吃饱以后，被养活的非农业人口的数字不大。

我们已经看到，普鲁士全部人口的 2/3 是贫下中农。在欧洲东部的其他部分，和农业没有关系的各种人的数目还比较小，和他们地区的范围或者人口的总数比较来说。在匈牙利，我们曾注意到只有 3 万名手艺人，而居民有 800 万，并且，没有任何地方，那里和土地没有关系的那种人的数目，达到在比较好的制度下耕作的国家中可以见到的标准。

地主可以对佃户行使的权利

劳役地租制度的另一种显著的和重要的影响是为了使这种制度有任何程度的效率而必须不断地加以强迫，以及这一情况使地主手里可以掌握专断的权力，不管租佃条件有什么可能的修改。

我们已经看到，农奴在欧洲各地发展的一个阶段，他们曾经几乎普遍地同时是实际的奴隶。这种极端的事态已经确实有了改变，除了在俄国一处。可是地主对农奴的权力，通过司法机关的作用而行使，在那里贵族是审判官，所以地主的权力仍然是专断的。只要劳役制度为了任何实际目的而存在，情况很难不是这样。既然大的领地是由许多佃户应该提供的农业劳役耕种，必要的工作一定被推迟，受到妨碍，并且往往完全停顿，如果向独立的法院提出诉讼是解决和一个不愿干的或难驾驭的工人的争执的唯一方式。[①]所以司法权向来是地主们很少肯放弃的(假如曾经有过的话)，即使在农奴的个人自由已经得到承认的地方。匈牙利的贵族仍然通过他们的官员行使刑事的和民事的裁判权。甚至在德国，那里一般政府的权力已经有较大的发展，劳役地租制度腐败解体的程度较深，整个国家到最近为止属于领地的法庭很多，都是分开的并且设立的机构非常之多，以致其中有些所谓法庭的管辖权据说只包括一所住宅，和屋檐滴水标志的一条线范围以内的地方。[②] 在君主和大地主的地产上，这种权力通常由总管执行，他们作为佃户或者管家负责管理领地。

在欧洲的西部，例如在法国，贵族的骄傲以及政府的纵容或者

---

① 参阅雅各布的《德国》，第 342 页，那里有一个实例，关于怎样使地主的权利，在他们碰巧不得不经过法庭的时候，受到挫折。撒克逊人的法庭，在他们有机会干预地主和佃户的纠纷时，似乎被英国法院因此受人尊敬的那种维护自由的倾向所驱使，并且，他们在处理问题中似乎也很有我们自己的一些法律程序的精明之处。

② 霍奇斯金，第Ⅶ卷，第 6 页。在汉诺佛，这些微小的祖传法庭已经废除，可是迟至 1819 年，皇家领地上仍然有最少 160 处地方法庭，此外还有那些属于个别地主和属于城镇的。

懒惰,使得这些法庭仍然存在,尽管耕种者和地主之间改变了的关系早已使这种法庭没用,可是在欧洲的西部却真的少不了它们,并且,在君主充分注意到这些渺小的法庭不方便时(他们似乎不总是这样),他们也不敢剥夺地主们所有的对佃户的权力,同时他们的领地还有很大一部分完全用劳役地租维持生产。地主的这种管辖权的有用之处非常自然地伴随着劳役地租的存在,以致我从文件中看出,在丹麦领地的某些部分(那里对这些地租已经普遍实行了折合),地主们曾自动地向君主提出完全放弃他们的司法权。

但是,一个农奴,如果还有人有权利要求他提供时间和劳动力、而这种权利又是由提出要求的人来解释和执行,那么,他最多只能算是半个自由民,即使这时候他已经不完全是奴隶。

贵族的权力和影响

农奴在他们的租佃条件经过各种修改之下总是受地主的支配,这必然使极大的权力和影响掌握在地主集团的手里。土地所有者本身可以享有程度大不相同的政治自由。我们可以注意到,他们完全对君主无所畏惧,过着波兰贵族的那种肆无忌惮的放纵生活;或者,当他们和别的国家在一位强大的君主之下联合起来,像在匈牙利那样,还能保持他们这个阶级的特权,享有一定程度的独立自主,政府不敢随便惹动它,尽管要压倒它也许是可能的。或者,像在俄国那样,我们可以看到他们的处境如此,以致用法律限制君主的权力是没有人想到的。在所有这些不同的情况下,贵族对人民大众的权力还是造成一种道德上的影响,一般的政府一定会感觉到,并且,如果不服从它,也必须在一定程度上予以照顾。

由于这种影响，甚至俄国皇帝的专制政府也受到一种未公开承认的可是强有力的抑制，足以显出它和亚洲的专制政治不同，确保种种形式和习惯可以发挥有益的支配作用，甚至可以为怪癖和不公道规定适当的限度。在这种占用土地的方式的害处之中，这一项政治影响必须辨别出(在作用于一个强有力的一般政府的时候)它是人民的利益的源泉，这些利益是重要的，虽然不是十全十美的。它许多世纪以来在欧洲的一大部分避免了无限制的专制政治。

随着一般的政府变得衰弱，这种贵族的影响当然会表现得比较活跃和占优势，然后没有疑问就有一些事例，说明它成了一种国家的祸害。

这种国家的政治组织中缺少人民大众的影响

不依赖土地的各种人的数目少和重要性小，任何一个阶级(像我们的农庄主)不在土地现场这一情况本身，农奴们凄惨地依赖地主，这些使得劳役地租流行的国家的组织中一个第三等级的任何真正的影响完全不起作用。这样的国家的政府必须由君主与贵族分享——可能分得很不平均;他们在不同程度上互相控制，可是公众的权利只能以他们的联合权利为基础。回溯我们自己国家的历史，我们注意到，虽然一种类似的制度在英国流行，缺少任何有能力的第三等级，使我们的政府成为君主政体和地主贵族政治的一种拙劣的混合物，在剧烈地斗争，每一方都想要到时候消灭对方。正是这同样的缺少一个第三等级，使得要在许多国家中建立真正英国式的宪法非常困难，我们最近曾着到常常有人试图这样做。东欧的人民要能建立自己的政府，其关键内容真正像英国的政府那样，首先必须经过一段时间，以便把一些大不相同的成分引进它们的社会因素。到那时候为止，我们还会看到一些君主和贵族更多的好心好意的尝试在失望中结束。当社会经过了必要的变化，我们可以大胆预言，农奴地租将被替代而不复存在，除了也许以某些过时的形式和名称出现。这些过时之物，像英国的登录不动产保有权那样，其中所有的生气和力量已经消失。

什么东西决定劳役地租的数目

农奴地租或者劳役地租的价值，地主从分配给农奴的土地上得到的利益，部分地决定于所取得的劳动力的数量，和部分地决定于使用这些劳动力的本领。因此，地主可以增加他的农奴使用的土地的地租，或者通过向他们取得更多的劳动力，或者通过更有效益地加以使用。

如果农奴不得不提供更多的劳动力，他实际上是被压到更辛苦和更卑贱的地位，他干活变得更勉强、更懒散和效率更低，地主从增加的劳役中所得无几，社会通过地租增涨毫无所得，因为，如果地主保有的土地受到额外的培养，那些由农奴保有的土地，因为抽出了一部分劳动力，一定耕得比较差。增加农奴占有的土地的地租的第二种方法，更有技巧和更有效益地使用佃户的劳动力，不会带来什么损害。这会使国家的收入毫无疑问地增多。地主们占有的土地生产较多的东西，而农奴们占有的土地生产的东西不减少。可是地主作为一个集团不适宜于促进农业的科学，或者改良它的经营方法的细节，因此这种增加农奴占有的土地所提供的地租的方式是罕有的。如果指望它作为地主阶级的收入广泛增加的来源，那会是空想。

从劳役地租改为产品地租总是可取的

一切想要向农奴强取越来越多的劳动力用来增加劳役地租的企图都是空想的性质，以及地主作为一个集团对于通过更好地使用农奴应该提供的劳动力来增多收入这项工作抱有反感，使我们断定，以产品地租或者货币地租来替代，是可以大大地和长期地增进农奴主人的利益的唯一步骤。看了欧洲东部当时的情况，而不看到地主们本身怎样深刻地感觉到这一点，那是不可能的。监督农业操作这项任务使人厌倦，效果难以确定，以及地主和佃户的关系的负担沉重的性质，使得他们在无论什么地方都渴望改变环境。在这些动机以外，我们还必须加上：第一，某些地区中农奴的规定权利逐步增加到世袭占有他们的配给土地，这使得他们成为更加难以驾驭的和对主人利益更少的佃户；再则还有西欧的榜样，这是东部的地主们所熟悉的，西欧向他们介绍一种地主，那些人摆脱了自己产业的管理问题给他们带来的几乎所有的烦恼和困难。对于地主们希望变革的心情，一些政府热烈赞成。想要把政府的权力和保护扩大到广大农民身上，并提高他们的效率，以及通过这样做而增加国家的财富和财政来源；这种愿望曾导致许多君主总是愿意合作，往往还带头结束农奴个人的依赖状态，并修改他们的租佃条件。在君主与地主们受明显的利己心支配的这些原因以外，我们必须加上其他一些给他们的品格和时代增添光彩的动机，怀疑这种动机的存在，只是假装一种冷酷的智慧，也就是，地主方面一种慈善为怀的愿望想要提高人数最多的、应该由他们负责照顾的

一个阶级的生活状况，以及地主们不喜欢自己的周围尽是一种可怜的依赖别人的人，他们的堕落和苦难，反映对地主本身的一种耻辱。这些心情已经产生了关于劳役地租问题的激动不安，此刻正在欧洲流行劳役地租的很大一部分地区发生作用。从俄国的皇家土地，经过波兰[①]、匈牙利和德国，在十八世纪以内或者现在，有许多计划在进行中，或者立刻或者逐渐地废除租佃制度，或者大大地改变它的影响，并改进它的性质，并且，如果国家或者地主们的愿望或权力能够废除这个制度并代以一种较好的制度，它将从欧洲的地面上消失。但是，农奴的实际贫困以及劳动习惯的退化，给任何全面的和突然的广泛变化带来难以克服的障碍。在他们的不完美的文明和半野蛮的疏忽中，由于有了必要，地主们自己不得不种植他们一家人将赖以生存的产物。这种必要性还存在；佃农们还不成熟——有些时候，不比他们在1000年前成熟多少——还不能把生产和缴纳产品地租的责任委托给他们。可是，既然不同地区以往的发展和实际的情况不同，它们适应目前变化的能力在性质上和程度上都不同。因此，在关于改变农奴佃户和地主的关系的计划中，可以看到很多不同的东西。这种多样化的情况，表现在玛丽亚·特里萨的敕令中，表现在把利沃尼亚贵族的意见定成律例的法令中。这些步骤所产生的改进是可贵的，如果它们为比较先进的社会中各有关方面都想望的两项重大措施铺平道路的话，也

① 在牛津大学贝利奥尔学院的伯内特先生的著作《对波兰现状的一种看法》中（以前已经引用过几次），读者会看到关于波兰农民那种令人厌恶的道德堕落状态的一些稀奇古怪的详细叙述。该书作者曾在一个波兰人家当过家庭教师。

就是，第一，普遍地把农奴的配给地上应缴的地租折合为产品，然后在地主自己占有的领地上建立一种佃农制度，能够解除他们的耕种任务，而缴纳产品地租或者货币地租。可是这些结果是困难的和遥远的。在英国这种变化实现的方式，是最不费力的和稳健的。它是许多世纪发展的结果，它不知不觉地就发生。我们熟悉的那种农奴逐渐地具有登录不动产保有权者的性质，缴纳固定的捐税，这些捐税又慢慢地被折合为货币。在此期间，自由人口的发展增加了雇佣劳动者的人数，由于他们的帮助，地主们不用农奴劳动力就可以耕种领地，一个中间的农业资本家阶级的增多和逐渐繁荣，在经过一段时间以后，提供了一批人适合于完全解除地主经营农业的责任，使他们能用从国内商业增长以及非农业阶级为他们的产品提供的市场中得来的钱缴纳地租。一个和这个相似的过程已经在德国西部进行着，虽然在那里还远远没有完全结束。被奴役的农奴已经成为有固定劳役的自由农奴。这些农奴在逐步变成贫下中农，他们的劳役被折合为产品或者货币，少数几个[①]自由劳动者存在，被自种领地的地主所雇用，在这些领地上一种新的佃户有时候开始取得所有权，垫出必要的资本，缴付货币地租，使土地所有人不须参加任何一份耕种工作。

在此期间，更东面的国家的统治者和地主，看到这一过程在他们自己那里简直还未开始，并知道这也许需要几百年才会完成，难怪他们对于自己的进步过程这样迟缓感到不耐烦，决心要预先防止目的不明确的变动进展缓慢。

---

① 他们的人数确实很少。

普鲁士政府以这种精神采取了非常果断的和广泛的措施。在普鲁士的很大一部分地区，农奴们曾取得规定的权利，或者可以世袭占有他们的配给地，或者可以终身占有；这些权利，虽然还有缺陷，却使得明显的改变难以着手。随意地宣布农奴仅仅是佃户，会显得非常苛刻，或许不可能大规模地这样做而不引起暴力行为和骚动。宣布他们是所占用的土地的业主，对土地所有人的正当要求不公道。政府采取了中间路线。1811 年易北河以东的劳役地租被禁止，并决定那些已经取得对配给地的继承权的农民应付给地主产品的 1/3，那些仅仅有本人终身占有权利的应付给地主产品的一半，农民应自筹资金并负担一切费用和捐税。[①]

这些地租是重的：产品的一半、佃户提供资金并负担一切费用，在欧洲是最重的地租，除了那不勒斯的分成制佃农所付的地租，他们的土壤和普鲁士的沙地不能相比，实际上其生产力之高和容易耕种的程度是别处都比不上的。难怪有些农奴不愿意接受这种办法，虽然它解除了他们实际的奴役，[②]并保证了他们的所有权。

这种办法有两个重要目标：改善农民的生活状况，以及在地主中促进优良的农艺。它的近期的效果曾经是把国家的地面分给一种必须缴纳沉重地租的小业主，和一批耕种自己的领地的大地主。

① 关于这种普遍折合的条件，已经发表了各种不同的说法。然而，曾任普鲁士国王顾问和在柏林任法学教授的施马尔茨必须被认为是没有疑问的权威。施马尔茨，第Ⅱ卷，第 105 页。

② 个人奴役在法律上从 1810 年 11 月 10 日起已经不存在。施马尔茨，第Ⅱ卷，第 103 页。

农民的生活状况最初会有所改善(假定他们不会被地租压垮),是十分清楚的,但是他们将来的发展值得忧虑。他们的处境恰恰是那种使他们想要增殖人口的情欲①受到抑制最少的,这些抑制性的动机和愿望能够控制高级的或者比较文明的人的增多,并且,如果不及时防止他们的配给地被分成太多的小块,他们就可能在很少几代人的时期内变得比他们的祖先作为农奴更加困苦,而且肯定是在困苦中更没有希望和没有办法,因为他们将没有地主可以作为求助的对象。同时一种自由劳动者将毫无疑问成长起来,在他们的帮助下地主们可以在他们领地上实行一种较好的耕作方法,可是他们仍然必须提供资金、经营管理和科学,而且在其中的头两项方面,我们担心,作为一个集团,他们会总是能力不足。他们必须比以往由农奴帮助耕作时垫出更多的现金,这一情况将增加他们的困难,并增加他们失败的可能性。毕竟,耕种的工作对他们是不适宜的。他们的目标永远不会完全达到,除非有一种佃农出现,能够垫出必要的资金和承担一种货币地租。这些可能在普鲁士慢慢地出现,即使在那儿比在某些周围的国家中应该出现得不是那么慢。已经相当明显,广大农民不会富裕得可以垫出必要的资金和承担一种货币地租,因而这些必须从其他阶级当中涌现出来。这些阶级的比较人数和共同财富都少,并且他们能够成为一个幅员广大的国家的全部领地的农场主的过程,确实一定是缓慢的。

① 人口会以极高速度增多的倾向,说明这些忧虑不是出于想象的。参阅雅各布的《第二次报告》。

在此期间，德国各部分之间在这方面会有重大的差别。不是作为代理人而是作为佃户占有土地的那种代理人，在某些州里已经普通，在另一些州里人们却几乎还不知道。那些地区当然会由于变动得迟缓而得利最快和最多，这些变动正在适应它们现在所处的环境，并为一种新的和较好的事态提供某些因素。其实际变化不是由自发的进步作好准备的那些地区，恐怕有一个时期会使那种好心好意的希望赶快改进的政治家大大地失望；实际上他们的力量还不充足，不能稳步前进。

然而，丢开个别的事例，而观察在欧洲大部分地区到处仍然占优势的全部劳役地租，或是完整的或是处于解体的不同阶段，那就十分明显，必须再过很长一段时期，那些新的社会要素才可能完备，较好的事态才可能成熟，那时候这种租佃方式最后一定会出现。因此，古老的农奴地租制度，方式有所改变，可是影响持久不变，会使这种方式的特征留存在那些慢慢地从它的腐朽中发生出来的不完善的制度上。东欧未来的发展、财富的来源和力量，以及社会制度和政治制度所有的要素，将继续主要地受着地主与土地耕种者的关系中现在发生的逐渐变化的影响，这些关系长期以来构成社会赖以维系的结合力。然而，地球上最重要的地区的这较大一部分的发展，在几代人的时期中一定是一种使人深感兴趣的景象。对我们是这样，对欧洲近邻以及所有的国家都是这样，实际上我们长期以来在欧洲文明的发展过程中保持领先的地位。我们看到占有我们这部分地球的东部和北部的广大人民，充满着一种新的生气和力量，开始获得清新的才智和一种比较不受束缚的干劲，以及更有效率地发挥他们的庞大国土的精神上和物质上的潜

力。他们已经在欧洲取得一种地位,和他们的自然资源的范围似乎相称,向来是现代世界文明的仓库的那些国家的命运,将来和这些强大邻邦的发展历程一定会引起的事件有分不开的关系。我们不能不看到那种历程的方向决定于劳役地租制度中现在和将来的变动;并且,确实是为了这个原因(如果不是为了其他原因的话),那个制度应该受到所有的可能致力于说明"地租"的性质、并考察它对不同国家的特性和命运的影响。

确实,有些人珍视所谓政治经济学,主要地因为它使人能看出周围的物质环境怎样发展或者影响他的道德品格,这些人会从还要更高的水平上热心于找出一种制度的影响,这个制度产生于那种共同的需要,它在各个国家的成长中有很长一个时期把人口的大多数束缚在自己耕种的土地上;这种制度,世代相传地实行了很久,已经在人类中这样大的一部分人的政治、理智和道德面貌上留下了它的特殊痕迹。①

① 在最初写下这些话的时候,我还没有看到雅各布先生的《第二次报告》,从那时候起这项报告已经用一种适合于普遍发行的形式出版。这位先生最近曾到现场来过,用极其敏锐的和富有经验的眼光考察了东欧农业地区的实际情况和可能的发展。他得出的结果和我大胆地根据一种比较模糊的和一般的对他们的环境的知识所得出的结果非常相似。劳役地租的影响仍然占优势;地主们普遍缺乏资金;农民耕种者,自从他们对地主的依附关系的奴役性减少以后,人数迅速增加:20 年来从普鲁士政府的强有力的措施中产生的对农业以及社会总的构成的微弱的有利影响;旧的耕种制度中一切突然变化到处都会遇到的困难;欧洲东部的未来发展,由于人们在作出种种努力,将来在类似的情形下出现的时候,似乎很可能不会比在我们这个国家里快得很多,这些都是可以非常满意地归功于雅各布先生对当地的知识和根据的问题可以支持我在这里已经提出来的那些意见。参阅《第二次报告》(散见书中各处),特别是 140 页和以下各页。

第三章　分成制佃农地租

第一节　分成制佃农地租

分成制佃农是一种农民佃户，他们用劳动力从土地上取得自己的工资和生活。他们缴纳一种产品地租给土地所有人，从这个土地上他们取得粮食。地主除了供给佃农居住生活在那里的土地以外，还供给农具和牲畜等帮助他的劳动。因此，人们可以认为缴给地主的报酬由两个不同部分构成：·部分是农具和牲畜等资本的利润，另一部分是地租。

垫出的资本通常数量不大。其内容包括种子，一些粗糙的工具，农民制造的其他工具的原料，土地本身提供的可以由他用于其他方面的那种原料，建筑木材、石料等等，并且有时候包括一些耕畜。如果没有土地的生产力以及泥土的作用的帮助，这种资本一定会或者完全不够用于长期维持任何工人的生活，或者，改变为某种其他形状，就会能够暂时维持很少的人。然而，当用来帮助土地的特殊能力时，这少量的资本就足以使人数很多的劳动者集团长期维持他们自己；并且在他们的劳动产品中地主分享一份。拥有土地因而使他能取得的产品（没有这土地他就不可能取得），是国家的劳动力的年产品中归于他(作为土地所有者)的一份。这是地租。其余的是利润。在文明比较先进的阶段,在各个特殊情况下容易决定地主从分成制农场取得的收入中地租占什么比例,利润占什么比例。在较为原始的阶段,就比较困难,可是我们以后将有机会谈到这个问题。

这样一种佃农的存在说明,和产生农奴地租的那种境况比较起来,人民大众有了一些进步。他们受人信托,担负起为地主提供食粮和每年收入的任务,而不需要地主监督或者干预他们的工作。

那么,分成制佃农在本领和品格方面一定比农奴高明一些,农奴只有在地主的直接控制下劳动时,地主才能有把握地依赖他们,因此,他们的地租不是用产品而是用劳役缴付的。可是资本和生产工具由地主垫出,以及把耕种工作完全交给实际劳动者安排,仍然显示当时还没有资本家这个中间阶级;还没有人能够从自己的积累中预先垫出劳动者的食粮以及帮助他们劳动的工具;并且因此他们自己负起指挥农业的责任。所以,分成制佃农这种制度表明一种社会状态,和流行农奴地租的社会比较起来,是先进的,和那种已经出现的由资本家缴付地租的社会比较起来,是落后的。

这种分成制正在世界上许多不同部分兴起,有时候附加在我们已经评论过的农奴地租制度上一起研究,更多的时候是附加在我还待考察的印度农民地租制度一起。然而在欧洲大陆的西部,在意大利、萨沃伊、皮德蒙特、the Valteline、法国和西班牙,单纯的分成制佃农是最普通的,正是在这一点上它们非常明确地影响耕

种的制度以及社会上不同等级之间的重要关系，这些制度和关系发源于土地的占用。它们是由罗马人引进那些一度是罗马帝国省区的国家，为了找出它们在欧洲的根源，我们必须暂时回头看看传统的古老国家。

第二节　分成制佃农地租在希腊

希腊，在它最初为可靠的历史提供资料时，大部分是分成小块财产，由地主的劳动力耕种，而由奴隶的劳动力协助。可是在我们还未看到这种情况怎样导致实行分成制地租的经过以前，应该指出，即使在那个时代已经成为古老过时的一种制度，在希腊的许多地区仍然可以看到它的遗迹。

来自其他国家的入侵(关于这方面的详细情况，学术性的争论没有结果)，在人类还未有可靠的历史纪录以前，已经使希腊的一些个别地区充满了外国主人。这些人，至少在某些情况下，发现原有的居民熟悉农业，这种辛苦的劳动他们不愿意参加(或者本领不够)。因此，他们把农民改造为一种特殊的佃农，和近代欧洲的农奴佃户在这一方面不同：虽然隶属于土地，是一种土地奴隶，可是他们缴纳的不是劳役，而是产品地租，并且，在一些值得注意的实例中，不是属于个人，而是属于国家。这些佃户在克里特被称为 Perioeci, Mnotae, Aphamiotae；在拉科尼亚被称为 Perioeci 和 Helot；在阿蒂卡被称为 Thetes 和 Pelatae；在塞萨利被称为

Penestae；以及在其他地区用一些别的名称。①

这种佃农在克里特必须向政府缴纳产品地租，这使得该岛的立法者能够在各个地区设立公共餐桌，自由民和他们的家属可以免费就食。② Lycurgus 在拉塞达蒙成立或者改革了这种机构，由奴隶劳动的产品供给；并且，凡是能够看到公共餐桌的踪迹的地方，至少这些餐桌可能是由一种类似的佃农供给的。

在阿蒂卡，Thetes 或者 Pelatae（这种佃农在那儿的名称）的存在，对国民的一般习惯并不发生这种影响，不像它在克里特-斯巴达和其他的多里亚国家那样。当他们由索伦恢复了个人自由时（虽然不是恢复公民的政治权利），这个改变没有产生引人注目的结果。③

确实，只需略微注意一下，就可以看出他们过去在雅典人当中

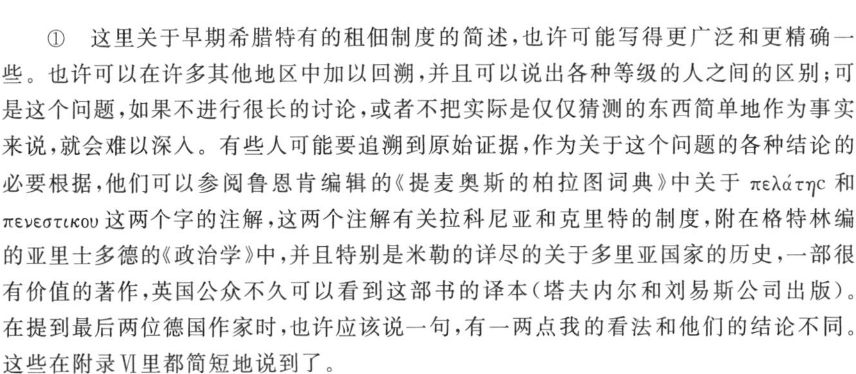

① 这里关于早期希腊特有的租佃制度的简述，也许可能写得更广泛和更精确一些。也许可以在许多其他地区中加以回溯，并且可以说出各种等级的人之间的区别；可是这个问题，如果不进行很长的讨论，或者不把实际是仅仅猜测的东西简单地作为事实来说，就会难以深入。有些人可能要追溯到原始证据，作为关于这个问题的各种结论的必要根据，他们可以参阅鲁恩肯编辑的《提麦奥斯的柏拉图词典》中关于 πελάτηc 和 πενεστικου 这两个字的注解，这两个注解有关拉科尼亚和克里特的制度，附在格特林编的亚里士多德的《政治学》中，并且特别是米勒的详尽的关于多里亚国家的历史，一部很有价值的著作，英国公众不久可以看到这部书的译本（塔夫内尔和刘易斯公司出版）。在提到最后两位德国作家时，也许应该说一句，有一两点我的看法和他们的结论不同。这些在附录Ⅵ里都简短地说到了。

② 亚里士多德的《政治学》，第Ⅱ卷。

③ 然而，Boeckh 的意见似乎是，在阿蒂卡历史上某一个时期，它的领土上所有的耕种者都是 Thetes（第一卷，第 250 页，英文本）。他们也许是这样，可是，我认为，不可能读了色诺芬（希腊哲学家、历史家，公元前 431—350 年）的《大事记》而不觉得相信在他的时代这种事态的记忆本身已经消逝。Thetes 在久已不是它的唯一的耕种者之后还继续作为一个阶级在国内存在，如果他以往曾经是这样的话。

存在；他们的境况现今或许已经无法研究。Μορτὴ似乎是随便使用的名称，对作为地租缴纳份额以及由 Thetes 留用的份额都是这样。地租通常是产品的1/6，所以它的名称是 εκτημόριοι，有些时候是1/4，这种地租就叫做 τετραχίζειν。塞萨利的 Penestae 是一个相似的佃农集团。除了这种特殊的佃农[①]占用的地区以及属于城镇的土地以外（后者似乎常常按货币地租订约租赁若干年），希腊的土地很普遍地由自由民拥有，利用奴隶的帮助，耕种小规模的产业。

奴隶很多。像希腊人那样分布在粗野的自由民的小部落里的人，周围是一些类似的部落，他们大概显示出世界上见到过的人性中最高度的好斗性。人们往往说得不错，在这样的一种社会状态中，家仆奴隶的出现表明举止态度变得温和得多。当武士民族发现了怎样可以使俘虏的劳动力有助于他们自己的舒适享受时，他们就把俘虏保留下来。在未曾发现这种方法以前，他们处死俘虏。在北美印第安人中，没有一个人的劳动力会养活他本人而有余，在一个奴隶身上得不到利润；所以，除非这个俘虏被选作儿子或者丈夫这个角色，担负起保护和养活一个失去了家长的家庭的任务，他总是被杀掉。波斯边境上的鞑靼人屠杀所有的落到他们手里的真实信徒，而保留所有的异教徒和不信宗教者，因为他们自己的宗教禁止他们使真实信徒当奴隶，并允许他们随意使用或者卖掉一切其他的俘虏。

希腊人用他们在频繁的战争中获得的俘虏做各种卑贱的和费力的工作，并且，认为这种工作没有奴隶就不可能有人担任的想法

① 参见附录Ⅵ。

非常普遍，以致连他们的最敏锐的哲学家似乎也绝不怀疑这种想法的正确性或者是否公道。亚里士多德说，一个国家由许多家庭构成，而一个家庭必须包含有自由民和奴隶才是完全的，[①]并且，在选择他认为最完善的和最能导致人类幸福的政府形式中，他主张他的领土应该由不同种族的和没有志气的奴隶耕种，这样的人可以对劳动工作有用，以及靠得住没有任何要造反的意向。[②] 非洲的情况现今在这一方面很像当时希腊的情况。有一个晚近的旅行家曾对一位非洲的首领说明在英国没有奴隶。他的这位听众大声说，“没有奴隶，那么你们要用仆人时怎么办？”

在希腊，耕种的劳动最初是由主人和奴隶分担的。在产业小的时候一定总是这样；因此在拉齐奥是这样。辛辛纳特一定会在他的四英亩土地上挨饿，假如他曾信赖奴隶们可能从这块地上取得的产品，而不亲手扶犁。可是随着文明在希腊前进，产业扩大了。业主留恋城市；在那里深得人心的政府提供积极的工作给人做，有雄心壮志的目标使人向往，同时对那种懒惰和骄奢淫逸的人供给种种娱乐，由人们的兴趣和才智使其更加引人入胜，好像是仅仅属于那个时代和那种人似的。这种娱乐和消遣使得希腊的许多领导人物迷恋不醒，甚至不肯抽出一点必要的时间和精力来指挥自己的家庭奴隶。[③] 仍然亲自管理农场的那些人，一定觉得这项

① 《政治学》，第Ⅰ卷，第3章。

② 亚里士多德的《政治学》，第Ⅶ卷，第10章。如果这些不能得到，亚里士多德表示希望能得到具有同样意向的野蛮的Perioeci（农奴、分成制佃农和奴隶的复合物）。

③ 亚里士多德的《政治学》，第Ⅰ卷，第Ⅳ章。那些能够逃避这些烦恼的人，雇用一个管事来做这项工作，他们自己则从事于政治或者哲学。

工作难做和有危险。色诺芬遗留下一幅精确的关于希腊有身份的人怎样耕种自己的地产的描绘。在《大事记》的一段对话中，苏格拉底叙述他和伊斯霍马胡斯的一次谈话，此人，所有的男人和女人、外国人和本国公民都承认，是个有成就的和善良的人。伊斯霍马胡斯详细说明他的家庭经济中主要地为他博得这种普遍赞美的详情，并仔细说明他怎样管理自己的家务、妻子，以及最后他的产业。在对话的进展中，似乎伊斯霍马胡斯的产业距离雅典很近，他常常骑马到那里去，个人很关心它，非常小心地监督它的一切安排。一方面耕种是在这种人的监督下进行，一方面业主们摆脱了亲自劳动的必要，自由、有学问和富裕，勤勉地把自己的智力用在农业上，农艺发展很快，于是有许多关于农业的著作家先后在希腊各地出现，他们的著作显示了应用于开发土地资源的大量聪明才智以及耕作的实际进步。

可是那些破坏这种管理土地的制度不声不响地在发生作用。甚至伊斯霍马胡斯也不得不在很大程度上依靠他的监工（这些原是奴隶，受过慎重的训练作为地主的管家，像罗马的维利奇）。然而，各处领地不是全像他的那样可以从首都骑马前往；距离较远的必须差不多完全托付给这些负责管理的奴隶，他们的管理，除非他们这些人和所有其他同样受托的奴隶完全不同，一定是普遍地疏忽和很糟。随着希腊也统一起来（先是由于马其顿的影响，后来是罗马的影响），个别地主拥有的土地自然而然地扩充到较大的地区范围，由奴隶代理人管理而能获利的情况一定越来越不切实际。最后引进一个佃农，他从土地所有人那里领取土地和农具等资料，负责向土地所有人缴纳一定比例（通常是一半）的产品。地主最后放弃对耕种工作的干预。这些新佃农被称为 Mortitae，并且在希腊仍沿用这个名称。

这些新佃农开始替代地主自己耕种的确切日期，人们不知道。有人认为这发生在他们和罗马有联系以后，以及 μορτιτὴς不是一个古希腊的词，而是拉丁短语 colonus partiarius 的译文。可是我们可以非常清楚地看出，导致罗马佃农制产生的那些同样的内部原因在希腊发生作用，以及有可能这种新佃农在那里出现得和 coloni partiarii 在罗马人当中出现得同样地快，假如不是更快的话；再则 μορτιτὴς这个词起源于 μορτὴ，这个字我们已经看到是阿蒂卡的古老的 Thetes 缴纳的产品地租的名称。不管怎样，希腊的地面总是逐渐被这样的一种佃农所占有；他们经历了穆罕默德的征服而仍然存在，土耳其大官们的土地，在现今这场动乱之前就由希腊的 Mortitae 或者分成制佃农很广泛地开发了。①

第三节　罗马人当中的分成制佃农

分成制佃农被引进意大利的原因，和最后确立他们在希腊的地位的原因完全相似。罗马人开始时和自己的奴隶分担耕种的辛苦。随着产业的范围扩大，业主成为他们曾帮助干过的劳动的监

---

① 参阅由默里出版的《希腊革命的历史纲要》，第 9 页。“欧洲土耳其的基督教农民为土耳其地主劳动所根据的表面上的条件，并不难以忍受。这些条件是土耳其采用的许多惯例的一部分，其实际办法和现今在欧洲所有的较穷的国家中仍然很普通的一些办法相同。在扣除了大约七分之一作为皇家的土地税以后，地主得到余数的一半或者更大的份额。根据他曾供给的种子、资本和耕作工具的多寡而定。”

督者。在这个阶段，农艺在罗马受到深入的研究，就像在希腊那里农业在同样阶段中曾受到一班有本领使它大大进步的人的研究那样。五十名希腊农业著作家的作品是罗马人熟悉的，还有几个迦太基人的著作。后者这几个人中，有一位玛戈，他的著作，遵照元老院的命令，有幸被译成拉丁文。罗马的关于农业的著作不及希腊的多，可是全是著名人士的作品，首先是监察官卡托，并包括瓦罗和弗吉尔。那伟大的诗人在他的时代的务农者之中绝不是本领最差的，甚至曾在几行值得注意的诗句中主张轮种某些作物，并以豆类和绿色作物替代休闲，这是我们自己的时代最重要的改进的主要根据。

随着帝国扩大，领地的规模也增长，当这些领地分散在各个地区，从不列颠和西班牙到小亚细亚和叙利亚的时候，地主身上负担的监督耕作的任务变得沉重和效率很低，[①]甚至好好地训练管家的工作也放弃了，土地在某种程度上交给一种次等奴隶酌量处理。直接的后果是产品大大地减少，以致人们认为某种古怪的和未知的原因在削弱地球本身的生产力。甚至在比较著名的罗马人中，有些人谈论连续的长期天气不好，还有另一些倾向于迷信，说是世界老了，力量在衰竭；他们的祖先收获的丰饶成果是世界的青春力量的产物；后来它的生产力枯竭，是世界衰老的征候。[②] 科拉迈拉比较清楚地看到生产减少的真正原因；他在时常被人引用的一段话里叙说了那些遥远的农场上奴隶们做的坏事，这些农场的业主

① 科卢梅拉，第 1 卷，第 1 章。

② 同上。

不容易常常去察看；虽然他本人愤怒地主张农业需要有比较广泛的实践，作为一种最自由的和最有用的技艺，他在结论中却主张所有的这种领地或者庄园都应该租赁出去。①

于是一种佃农逐渐占有意大利和各省区的地面。这种佃农有不同的等级，其中分成制佃农似乎总是受人欢迎，并且他们承佃的条件似乎是最公道和最便利的。普利尼，似曾先对他的佃户试用某种其他方式的合同，发现了结果不好，才在一封信中宣布他决心采用分成佃农制度作为最好的补救办法。他说，“我能想到的唯一补救办法是，不用货币积储我收入的地租，而以实物计算，以及派几个仆人监督耕作，和照管我应得的一份产品，因为确实没有一种收入比这更公道的了，这是由土地、气候和季节控制的。”②

这样受褒赞的制度，终于在帝国的各地流行；并且在欧洲的西部，始终没有被帝国衰亡所带来的动乱完全消灭。确实，在许多情况下，野蛮人最初的暴力行为吓得一切正常的劳动力逃避他乡，他们不得不把劳役地租和一种农奴引入他们造成的这片荒凉。还有封建制度以及它产生的那种人数众多的落后的奴仆，改变了国内很大一部分的职业和工作。但是，尽管有一个时期浓厚的乌云掩蔽着罗马文明的残迹，它的影响仍然始终没有完全消失。语言、习俗、外省人的法律仍然存在，这些因素最后争取到发生影响的地位，把它们的特性的很大一部分传给了已经在西欧兴起的那混杂

① 科卢梅拉，第1卷，第1章。

② 普利尼的《认识论》，第9卷，第37页。根据另一封信，似乎地主向佃农供给的最费钱的生产资料是奴隶。

的一批人。在不同国家中程度不同，可是在所有的主要王国里足以区别它们的居民和莱茵河东面的比较原始的种族。

分成制佃农这一类大概始终没有在任何地方被完全消灭，而且，随着时间软化了征服者的性格，以及把一定程度的信任和安全感引进他们和属下耕种者的关系，勤奋的习惯开始回到它原先的用武之地。这总是地主可以达到的一种目标，如果他能够用产品地租和一个他可以把全部耕种工作托付给他的人，替代一个像德意志或者斯拉夫农民，这种人的劳动他只有在亲自督促和监视时才可以依靠。因此分成制佃农自然而然地发展。地主的领地一般地落到这种佃农手里，于是他们重新取得对西欧农业的那种广泛的——虽然不是全部的——占有权，这些土地我们看到他们仍然保留着很大一部分。

第四节　分成制佃农地租在法国

高卢省在它的一切社会关系方面受到各种侵入以及最后野蛮人的优势的剧烈影响。封建的土地使用权的逐渐建立以及农奴和劳役地租的引进，是更换主人的两项最重要的影响。封建的土地使用权的数目和种类，由于分封的习惯做法而增多到离奇的程度，这种做法在英国曾被制止，可是在欧洲大陆上广泛流行。封建领主的权利，以及这种权利所引起的地租和劳役，曾有法国律师列为300种，他们说可以再分的细目是无限的。[①]

① 《财政词典》，第Ⅶ卷，第115页。

这些增加出来的权利中，没有疑问有些是依附在农奴对地主的比较简单的关系上的，因为，随着封建制度为人民所熟习，它所产生的一些观念和术语延伸到用于许许多多的关系和事物，和这个制度本身原来的目标完全不相干。这样，在欧洲大陆上用货币或者谷物计算的年金作为封地赐予受赏者，有时甚至使用若干货币，在英国，登录不动产保有权者（这种人我们可以明确地追溯到农奴或者奴隶），可以让他向主人宣誓效忠和表示敬意，很像军用佃户那样，这种惯例做法仍然存在。还有这样，在我们的大学校里被授予学位的人向副校长致封建的敬礼。由于类似的滥用封建仪式，在法国有些农奴终于进入封建领地佃户的行列，他们之间的关系是一种封建的关系。

可是除了像这样逐渐同化于一般奴仆的那些农奴以外，还有其他的农奴，他们的奴隶状态和俄国耕种者现今的奴隶状态同样明显与不加掩饰。有一个时期他们的人数相当多，在几个省区继续生存到革命时代。我们要先讲一点关于这些人的事，然后再讲那种分成制佃农。他们这些人在君王、世俗的个人和神职人员的领地上都有，用的名称是“Mainmortables”，并且和“Serf”这个名称用起来没有差别，似乎被认为与农奴同义。他们是附属于土地的，如果逃走，就会由法庭干预把他们抓回来交给主人，他们的人身以及他们后代的人身都是属于主人的。他们不能遗传财产，如果取得一些财产，本人死后主人可以没收它。这种权利严格行使，有些惊人的事例使得路易十六作了无力的尝试，想要实现部分的解放。地主行使他们追诉权，曾迫使国王的法庭勉强把已故公民的财产交给他们，虽然这些公民曾在法国各地的城市里（有些人甚至就在巴黎)作为受人尊敬的居民长期定居，可是据查明，他们原来是提出要求者的领地上的农奴。这些可怜人的境况和其余的人之间的强烈对照，使人难以忍受，可是，尽管路易十六的天赋仁慈似乎被这种情况所激发，他也不敢做得过分，只是对他自己领地上的农奴给予自由，并间接地废除追诉权，禁止他的法庭扣押或者没收农奴的人身或者财产，如果这些农奴已经在自由地区定居。在这位不幸的君王所公布的关于这个问题的文告中，他宣称这种奴隶状态在一些省区存在，包括他的很多臣民在内，并表示遗憾他自己财力不足，不能为全部农奴赎身。他说他尊重财产权，不能干涉农奴和他们的主人的关系，但表示希望他的榜样和法国人民独特的博爱精神，在他的统治下导致全体臣民的完全解放。[①]

然而，要回到我们眼前的目标，分成制佃农。尽管有由一般奴仆和农奴承担的耕种，而且有一个时期没有疑问达到很大的范围，分成制佃农在革命前拥有法国地面的七分之四。[②] 另有六分之一或者七分之一归资本家所有，由他们自备工具和缴纳货币地租。[③] 其余部分由地主掌握，或者由农奴佃农或封建佃农掌握。

法国的分成制佃农占有田地所根据的条件，一个时期和另一个时期大不相同。这些变化并不立刻就引起观察者注意，因为名义上的地租和佃农在名义上的份额变动很少，分成制佃农仍然很

---

① 关于这一文告，参阅《财政词典》，“Mainmorte”词条项下。

② 这是杜普雷斯·圣莫尔的算法，得到杜尔阁的同意。亚当·斯密说是六分之五。杜尔阁，第Ⅵ卷，第209页。斯密，第Ⅶ卷，第92页。1812年版本。阿瑟·扬认为是八分之七，第Ⅰ卷，第408页。

③ 阿瑟·扬，第Ⅰ卷，第402页。

普遍地取得产品的一半，他原来的名称"Medietarius"就是从这里衍生出来的。可是，尽管分成制佃农名义上缴纳同样的地租，他自己的一份产品却可能以两种方式减少。由于他有义务要承担较大的公共费用；或者由于他分得的份额减少了。通过这第二种收入减少的方式，我不能意识到法国的分成制佃农损失很大。50 英亩对一个分成制佃农来说，不是一种不平常的规模，在贫瘠的地区，这 50 英亩包含数量大得多的土地。[1]

由于第一种减少他分得的产品的方式，就是，由于增加他必须负担的公共支出，分成制佃农受累的程度对他自己的生活舒适和农业的繁荣两者都非常有害，这一情况，对于把农民变成革命期间那些不顾一切的捣乱工具，起了很大作用，他们在许多事例中确实是那样。

人头税这一种税收，法国的古代文物研究者认为可以追溯到奥古斯塔斯大帝的时代。[2] 我们知道，这种税是封建的无政府时期中贵族们向奴仆征收的，是由统治者作为统治者而征收的，就是，在他自己的领地范围以外，早在 1325 年就这样，1444 年，在查尔斯七世的统治下它成为一种每年征收的税，后来继续是王国税收的主要部门。[3] 本来打算按照纳税人的财力征收，并且在原则上和征收方式上都很有缺点，可是，即使这些缺点或许也不会使它

① 然而，应该提到，阿瑟·扬得出了一种不同的结论。他说，"人口那样众多，以致发生的苦难在有些地方极大。"第Ⅰ卷，第 404 页。他举了一些例子：但可以疑问，这些是否不是小业主或者封建佃户。

② 《财政词典》，引言，第Ⅶ部分，第Ⅲ卷，第 637 页。

③ 《财政词典》，第Ⅲ卷，第 638—639 页。

完全令人不能容忍，假如不是因为数量逐渐增加，最后差不多吸收了农民每天的面包。假如有一种说法就他们的情况来说是真实的，对这些可怜的人就好了。近来有人抱着很大信心作为一种普遍真理提出：某些生活习惯在一群人口中一经养成，他们的生活资料如果减少，接着总是人口增加的速度减缓，和结果工资增涨，这使得人们恢复以前的境况。他们的命运有所不同。当法国农民对生活资料的支配力减少时，他们的习惯便会改变，但他们的人数并不减少。总是可以看到一些人乐于占有一块分田制租田，“因为（正如德斯塔特·德特拉西在描述他们的苦难时所说）总是有一些命中注定的穷人”。

人头税逐渐产生广大农民的堕落的方式，杜尔阁[①]担任利穆赞州州长期内，在他和大臣们的通信中作了动人的和毫无疑问是真确的叙述。

他首先指出，当耕种者真正取得他的产品的一半时，他就有办法逐渐成为一个小资本家，以及最后提供生产资料和缴纳货币地租，然后他说，假如这种税从一开始就加在土地所有者身上，事态的这种自然发展就不会被打乱，就会使土地所有者可以享受他的收入，而完全不需要操心，可是所收的税最初是一种人头税，并且很轻，贵族们豁免，随着税额增多，变得有必要按照耕种者的财力比例征收，根据他们占用的范围来决定，这种方法使贵族们的特权可以避免；虽然征税不多，分成制佃农却需要紧缩使生活舒适的事

① 沃邦在《皇家的什一税》以及《法兰西详细情况》中说得比较详细和生动，可是不如杜尔阁的描写那么只能适用于分成制佃农。

物来应付，可是捐税不断增加，耕种者所得的部分减少很多，以致最后他们陷入苦难的深渊。他说，这些想法说明怎样可能使耕种者堕入深渊，然后他们在这种极度苦难中在利穆赞和昂古木瓦以及或许其他“贫苦耕作”的地区生存。他说那种苦难如此深重，以致在领地的大部分，耕种者纳税以后手里剩下的不过 25 镑到 30 镑，供每个人用一年（不是以货币计算，而是计算他们消费的一切东西的价值）；常常他们所有的东西还值不到这个数目，当他们实在活不下去的时候，地主有责任帮助他们维持生活。他又说，有些地主最后才看出，他们名义上的免税，与其说是对他们有益，不如说是对他们更加有害；曾经完全毁灭了他们的耕种者的一种税收，回过头来又整个地压到他们自己身上。可是误解自身利益的幻想，在虚荣心的支持下，长期盘踞在人们的头脑中，直到事态过度发展，搞得地主们会找不到人耕种土地，如果他们还未同意和他们的分成制佃农共同缴纳税收的一部分。这个惯例曾开始传入利穆赞的一些地方，但没有多大发展：地主只是在否则就找不到分成制佃农时，才同意采用这样的办法。即使在这种情况下，分成制佃农的生活还是被压到最低水平，①仅仅免于饿死而已。

这种税显然没有从劳动者的肩上转移到雇主的肩上，直到前者已经逐渐被压到最低限度的生活，才开始转移，并且那时候转移的程度也只是仅够维持这种最低生活。

① 因此，即使在这种情况下，分成制佃农总是被压到最低生活需要的水平，让他们不至于饿死。杜尔阁，第Ⅳ卷，第 277 页。提交理事会的备忘录，《杜尔阁的著作》，第Ⅳ卷，第 271、272、274、275 页。

革命把这些分成制佃农中许多人改变为小业主，可是在法国这种分成制佃农仍然很多，并且他们的境况似乎已经变得好一些，也许还不及人们可能预期征税制度改变会带来的好转的程度。德斯塔特·德特拉西先生——学院委员以及皇帝统治下法国的贵族——说他自己40年来是一处由分成制佃农耕种的领地的地主，他对分成制佃农的境况作了悲惨的叙述，并说他熟悉一些分成制租田，在人们的记忆中，这种租田从来没有从自己的一半产品中供给佃农的粮食。既然他们的说法是关于法国现今存在的这种租佃制度的最可靠的记述，我附带提到它。①

“他们设立人们通常说的领地或分成制租田，而且他们用于这方面的土地往往相当于或超过大农场的土地，如果包括那些空闲的土地，则情况更是如此，而一般在这些国家里，这种空闲土地并不少见，而且这种土地也并不是完全没有用处，人们用作牧场或临时耕种麦、谷等作物，以便使经常耕种的土地得到休息。”

“这样，地主不得不自己给这些土地配备牲口、农具和耕种所必需的一切，并安排农户在这土地上居住。农户除了自己一双手外，再别无所有，这样对于他们的劳动的合适的报酬办法一般是付给他们一半的收获，而不是付给他们工资。因此，他们就被称为分成制佃农，或五成制劳动者。如果土地十分贫瘠，这一半收获显然不足以养活耕作所需的人们，他们甚至难以糊口。不久，他们就负债累累，地主不得不把他们撵走。但是，地主总能找到代替者，因

① 德斯塔特·德特拉西：《论政治经济学》，第116页。

为走投无路的不幸者总是有的。那些被撵走的人就是到了别的地方，也遭同样的命运。据我所知，自古以来，这种分成制租田从来没有靠收获的一半能养活它的耕种者。”

根据《外事季刊》上一篇文章（发表在本书付印期中），似乎尽管自从革命以来小业主的人数增加，据推测分成制佃农仍然耕种半个法国。他们的实际境况，由于税收制度方面发生的变化而有所改善的，似乎很少。并且，他们所受的痛苦，由于一种中间人的发展（这种人向来多少总是有一些的）而加剧，他们不改变实际耕种者占有土地所根据的条件，缴付一项货币地租给地主，压逼佃户使他的这笔交易有利可图。法国分成制佃农的境况已经相当充分地讨论过。这会使我们能够比较快地评述其他国家中存在的同一种租佃制度，仅仅在一些地方性特点上和法国的不同。

第五节　分成制佃农地租在意大利

罗马和拜占庭皇帝在意大利的势力是逐渐地和缓慢地衰落下去的，盖世英名的余荫似乎在古都的周围地区暂时起着防护的作用。意大利人的语言和历史都表明，由于最后的更换主人以及种族混杂而在帝国的原址中产生的习惯方面和社会结构方面的变化，远不如在边远地区发生的那么剧烈和普遍。在意大利的许多地区，大概分成制佃农始终没有绝迹，现在耕种土地的农民和他们是一脉相承的。伦巴第的大牧场，坎帕那的广大地带，沿海出现的沼泽地，都被资本家占有，因为，凡是有大群牲畜需要养活的地方，农民或者地主都供应不起。可是，尽管有这些和也许其他的例外，意大利（从阿尔卑斯山脉到卡拉布里亚）还是布满了分成制佃农。[①] 意大利的分成制佃农比法国的少。他们的范围，无论在什么地方，都是受地主认为符合他自己的利益所支配。如果他的目的是他自己的地产需用的人手不应该少于全面耕种所需要的数目，因此这就是他的目标，不应再多。一个分成制佃农和他的家庭成员能够经管的亩数，必须在很大程度上决定于作物的方向和耕种的方式。在法国，一度在北欧普遍流行的作物种植制度，仍然广泛流行，就是，在土地能负担的时候播种谷类作物，然后休耕或者和一些荒地一起暂作牧场。根据这样一种计划，一户人家需要并且也能够处理很大一片土地。在意大利，罗马人所实行的作物轮种办法仍然在推行。维尔吉尔主张的豆科作物在广泛培植，往往用可耕地的产品饲养牲畜。根据这样的制度，用少得多的土地就能使一家人有工作可做和养活自己。分成制佃农总是愿意把土地再分成小块。为了我们现在就需要说明的原因，那些促使人们自愿不早婚的动机，尽管影响各国的上层阶级以及一些国家的各个阶级，对于以自己生产的原产物的形式取得劳动工资的广大农民，却很少有多大影响的。分成制佃农是这样：他们的增殖，像我们已经看到的法国的情况那样，通常是继续下去，直到由于生活无法维持才不得不停止，或者，像常常发生的那样，由于业主们的政策是拒绝再分割土地，这些土地上的劳动力供给已经超过他们认为对

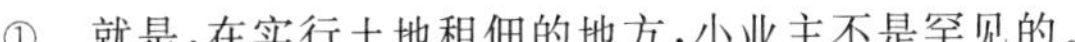

① 就是，在实行土地租佃的地方，小业主不是罕见的。

自己有利的程度。[①] 意大利各地的分成制佃农农场的规模不同；托斯卡纳的农场包括10英亩左右。可是在那不勒斯这种农场不超过5英亩，那里的佃户缴纳产品的2/3作为地租。当地的气候和土壤使他们能这样做：气候允许他们不用在别处绝对是必需品的许多东西，另一方面十分肥沃的土地在五年中生产八次收成，田地里同时有可以获利的果树和葡萄树丛林提供荫蔽。然而，尽管存在着这些有利条件，5英亩地的产品的1/3只能给农民一种极苦的生活，还要时刻受到一个需要钱用的政府以及拥有各种可以为害的权力和特权的贵族的榨取。托斯卡纳的分成制被认为比较境况最好，靠近佛罗伦萨的这种佃农看上似乎生活很安逸，据说这是部分地由于制造草帽，从事于这项工作的人很多。可是距离城市较远的，他们的情况就很糟；他们的粮食既粗劣又不足；并且穷得永久对地主负债的状态，因为借了粮食或者受过别种帮助。[②]

考克斯先生访问了 Valteline，还有吉利先生晚些时候在沃杜瓦人的地区住过，他们对分成制佃农的穷困作了悲惨的记述。在他们人数最多的西班牙的省区，据说极其贫苦。加那利群岛上的耕种工作掌握在他们手里。

在阿富汗斯坦，有一种佃农叫做 Buzgurs，[③]他们似乎没有任何方面和西欧的分成制佃农不同。这是在亚洲的一个独特的例

① 然而，在托斯卡纳的某些地方，当地的风俗是只有长子可以结婚，可是这种限制一般地没有能阻止意大利的分成制佃农的人数增加，直到完全等于业主们的需要，并且，在许多情况下成为对农业的真正负担。

② 阿瑟·扬的《法兰西和意大利游记》。参见附录Ⅶ。这些书里有很多关于伦巴第和托斯卡纳两地区中分成制佃农的境况的详细资料。

③ 埃尔芬斯顿的《考布尔》，第Ⅰ卷，第471页。

子，在那里这种租佃制度，虽然有时候部分地和印度农民有亲缘关系，或许在其他地方都没有以它的纯粹形式存在的。可是阿富汗斯坦是一个古怪的地方，在那里，由于它的地理的和政治的特殊性，世界上其余地方差不多所有的民事制度的一鳞半爪，继续在一种接近于无政府状态中同时存在。

第六节　分成制佃农地租概述

分成制佃农和农奴比较起来，显然前者具有许多有利条件。人们把照管耕种的全部责任托付给他，这一情况不仅表明社会中对他的优越评价，而且给他的境况带来很大的改善。我们已经看到，农奴被强迫的劳动使人想起主人方面简单化的强制的一种动力，没有这种动力，耕种工作简直无法进行。可是分成制佃农可以免受地主那种使人恼怒的监督，并且他们的关系所根据的条件没有规定这样一种简单化的权利是必要的。分成制佃农之中，没有疑问，有许多一度曾是奴隶，他们一般地（我相信，普遍地）已经几代是自由民，并且他们在那里生存的各国的君主到现今为止，在大多数情况下都能够运用皇家法庭的权力，有效地保障他们的人身和财物。

分成制佃农的另一项有利条件，实际上恐怕不及可能希望的那么多，它是这样：既然地主所得的地租决定于产品的数量，防止佃农的精力或者财力由于受到压迫而减少，显然符合地主的利益。一个饿得半死的分成制佃农在耕种方面必然是恶劣的代理人，而耕种的效率正是地主的收入的决定因素，收入上的损失地主一定

要分担。可是杜尔阁称为“误解自身利益的幻想”的那种东西，或者，用简单易懂的话说，地主们的贪婪与无知，使佃农不能获得这种想法可能给他带来的一切利益。例如，尽管人头税在法国能够向佃农征收，我们已经看到他们是被迫负担的，虽然这种税累得他们濒临饥饿的边缘。在其他国家中，或者土地的再分割太细，地主分得产品的比例增加，或者在捐税方面佃农的负担繁重，使得他们陷入严重的无法自救的沉沦状态。然而他们和地主在事业方面的共同利益始终不曾完全没有影响。在极端困难的时候，佃农有一个保护人可以投奔，此人为了他自己的利益不能让佃农消灭，或者甚至不能让佃农受苦超过一定的程度。[①] 在灾难严重的季节里，由地主垫借粮食和其他必需品，几乎是普遍的情况。

可是，如果分成制佃农与业主之间的关系和缴纳劳役地租的农奴佃户与地主之间的关系比较起来，有一些优点的话，前者也有一些它本身独特的很严重的不便之处。在耕种的产品中存在的利益分歧，几乎弄糟每次想要改进的尝试。佃农不愿听从地主的建议，地主不愿把更多的生产资料托付给一个有成见的并且通常是很无知的佃农。佃农害怕新事物，是当然的，他只是依赖一种他所熟悉的耕作制度生存，一次实验失败就可能使他挨饿。然而，这种畏惧思想，使得有关方面几乎不可能把改良措施引进分成制佃农的业务实践。阿瑟·扬亲眼看到一些业余农学家在他们自己的庄园上做的许多尝试。在结束他的陈述时，他说，在分成制佃农看

① 杜尔阁。德斯蒂·特拉西。阿瑟·扬。

来，这个国家的共同制度必须坚守，不管它好坏。[①] 一方面佃农害怕制度改变，另一方面地主就犹豫不前，抱着同样有害的消极态度，不肯采取为了有效地推进任何制度而必需的步骤。当工具等生产资料由一方提供，而由另一方用来谋取他们的共同利益时，很自然地这收用的一方会有些浪费和粗忽，那提供的一方则会嫉妒不平。(杜尔阁说)那些地主只是因为无法避免才提供工具等资料，他们本身并不富有，他们所提供的就只能以最最必需的东西为限，因此，一个地主为了他的分成制佃农的耕种工作而提供的工具等资料，和由资本家经营的地区中那些农民所用的东西，无法相比。[②] 然而，根据其他方面的材料，我们知道，分成制佃农的资本肯定比不上的那种资本，它本身也是极少的。[③]

凡是地主穷困、疏忽或者不在本地的场合，情况当然坏得多。杜尔阁评述道："在歉收的年头，地主不得不接济分成制佃农的食粮，因为恐怕损失他已经借出去的一切。这种管理的方式要求地主这方面不断地注意和经常住在当地；因此，如果被人看出一个地主的事务有些混乱，或者他本人有任何原因不得不暂时离开，他的佃农们就停止为他生产任何东西。寡妇和未成年者的庄园通常逐渐变成荒地"。[④] 如果我们想到由于服兵役或者其他原因而不得不外出的地主的人数，加上寡妇、未成年者和那些自己的事务被搞乱了的人，种得很糟或者根本未曾耕种的庄园的数字会确实大得

① 阿瑟·扬的《法兰西游记》。

② 《杜尔阁的著作》，第Ⅳ卷，第 267 页。

③ 阿瑟·扬。

④ 杜尔阁，第Ⅵ卷，第 203、204 页。

可怕，我们思想上就有了准备，听到别人说什么“有些地区民穷财尽的境况”和“许多租佃庄园因为缺乏牲畜以及地主没有能力提供农具而被抛弃”。[①]

显然，分成制佃农的地租可以由于两种原因而增加，由于佃农的本领或者干劲提高而造成的全部产品增多，或者由于地主所得产品的比例增高，产品本身的数量则仍然一样。地租增加而产量停滞不变时，国家一般地无所得；它的纳税手段以及维持舰队和军队的手段，完全还是以前那样。发生了财富的转移，但是没有增加，可是当分成制佃农的地租因为产量较多而增涨时，国家就相应地变得比较富裕，它的纳税能力以及维持舰队和军队的能力增加了，发生了财富的增加，而不是仅仅原有的东西从一只手转移到另一只手。这样的一种地租的增加也表明另一种财富的增加，范围相同并益处较大，这在分成制佃农自己的收入增加中可以看到，他分得的产量的一半和地主分得的有了完全同样程度的增加。

地租在分成佃农制的基础上存在，完全不是依赖土地有不同的质量或者所使用的农具和劳动产生不同的收益。任何一个国家的地主，有少量的农具，有若干土地，足以使一伙雇农养活他们自己，他就会作为土地所有人继续从分享那些雇农的劳动产品中得到一份收入，虽然国内所有的土地在质量上完全相等。

在实行分成佃农制的国家，主要集团的人们的工资决定于他们缴纳的地租。产品的数量决定于土地的肥力、分成制佃田的范围以及分成制佃农的本领、干劲和效率，然后决定于那产品的分配

① 杜尔阁，第Ⅳ卷，第302页。

（他的工资决定于怎样分配），决定于他和地主的合同。同样地，这种国家里地租的数目决定于工资的数目。产品的全部数量像以前那样决定于地主所得的一份（或者地租），决定于他和劳动者所订的合同，就是，决定于作为工资被减去的数目。

在三大类的农民地租中，分成制佃农地租流行的范围最小。实行分成制地租的一部分耕地，比主要实行劳役地租或者印度农民地租的耕地少得多。可是前者所在的国家长期以来是先进的文明人聚居之地，并且很可能还要世世代代作为人类的知识和艺术的最出色的宝库。

这些也是农业国家：就是，它们的有生产力的人口绝大部分是在农业方面就业的。因此，他们富裕的程度一定主要决定于他们农业的成功，而他们农业的成功将在很大程度上决定于占用土地的条件的性质，以及他们的佃农的特点。

不仅一个国家的财富，而且社会的构成，以及社会中不同阶级的范围和各自的势力，都受到农业效率的强烈影响。全世界非农业工作中养活的各种人的范围，必须决定于耕种者在养活他们自己所必需的粮食以外生产的数量。例如，英国的农民生产的粮食足以养活他们自己，并使他们自己的人数增加一倍。现在这种庞大的非农业人口的存在、它的雇主以及那些买卖它的劳动的产品的人的财富和势力，非常显著地影响英国人中间政治力量的真正成分、他们的实际宪法和他们的国民性与习惯。我们不妨说，在大陆邻邦中可以看到的许多政治现象，正是由于那里没有这样的非农业经营者集团以及他们的存在会带来的财富和势力。如果那些邻邦的农业会变得效率很高，使他们能养活一大批非农业人口，完全可以和我们自己的农业相比，他们就或许可以接近于一种社会的和政治的组织，像在这里看到的那样。无论如何，他们会有这样做的力量的。要记住，我不是在发表意见，说这样的接近有什么可取之处，可是绝对没有问题，这种变化一定会在他们的习惯和制度上以及在国家的力量和对外的影响上产生显著的效果。

根据我们已经有的对分成佃农制的内在缺点和以往效果的看法，我们有理由可以假设：在农业效率方面以及农业人口和非农业人口的相对数字方面，不会发生很显著的变化。因此，分成制佃农地租的实际流行、这种地租的修改、在某些情况下逐渐向各种不同的占有形式发展，在另一些情况下这个制度顽强地抗拒时间的冲击，甚至不顾那些情愿放弃这种制度的人的愿望和努力；所有这些情况，都是应该研究的，如果人们想要看清楚欧洲一些最有趣味的国家，或者要推测它们的政治制度和社会制度，或者彼此作为国家的相对力量和权威的未来变化。

在这些应该受到慎重研究的要求以外，我们再加上一项同样重要的要求（这已经顺便提到过），就是，分成制佃农地租（与其他农民地租制度相同）和这种地租流行的国家中绝大部分劳动人口的工资之间的严格关系。这个关系使这种地租的影响和人类大家庭的舒适、特性和境况发生密切联系，单是这一点就足以使他们（在一切细节和变化方面）受到政治家和注重实际的慈善家的深切关怀。

第四章　印度农民地租

第一节　印度农民地租

印度农民地租，除了少数例外，是亚洲独有的。[①] 这是产品地租，由一个从土地上生产出自己的工资的工人缴纳给作为地主的统治者。这种地租通常为佃农这方面带来一种靠不住的权利，可以继续占用他的一份土地，只要他缴纳规定的地租。这种地租起源于统治者作为他的领地内唯一的土地所有者。这种权利，我们已经看到，在某个时期，已经得到大多数国家的承认。在欧洲这种权利已经不存在或者成为有名无实，可是亚洲的一些统治者，还是像长期以来那样，继续作为农民佃户的直接地主，这些佃户在他们领地范围内的土地上维持生活。偶然出现一些迹象，使我们会认为在世界上那些地方曾有过一种事态，那时候对土地的权利一定和我们现在看到的不同：可是这是一项古老的事物，遥远模糊，令人难于查究。在历史上可以回忆的时期以内，亚洲所有的伟大帝国已经遭到外国人的蹂躏；现在的这些统治者对土地的要求以他

① 这种地租曾由亚洲人引进欧洲的土耳其。在埃及还有，或许今后可以在非洲查出根源。

们作为征服者的权利为基础。位于中亚细亚大盆地外缘的中国、波斯和亚洲土耳其,已经先后被那里的部落入侵所征服,其中有些国家还不止一次。甚至中国在这种时刻似乎也难避免又一次被征服的危险。凡是这些西徐亚王国的入侵者曾定居的地方,他们都建立了一种专制形式的政府,他们自己欣然服从其统治,同时他们再迫使被征服国家的居民服从。

他们采用的政治制度的一致性是一项显著的特点;并且,如果和日耳曼游牧部落制定的法规对照来看,就更加引人注目,这些游牧部落,在旧世界的西部,占有的一些国家比他们自己的国家较为富裕和开化。曾有人认为,不同之处可以说是由于鞑靼人早先作为游牧部落的习惯。可是日耳曼民族也是由游牧部落构成的,他们的制度之所以不用必须在这个原因以外的其他原因中去找。也许大部分可以在他们的发源地的不同性质中找到。生活在家乡丛林的严密而固定的环境和沼泽地中,这些日耳曼人,在不是真正有战争的时候,是相当安全的;我们知道,他们的军人服从的习惯松弛了,并且喜爱那种粗犷的和疏懒的自由,这种自由,那些好战的野蛮人,除了在必要的时候,绝对不肯放弃。阿富汗人的一些部落显示值得注意的关于不同程度的服从权威的例子,这种服从是游牧民族中在各种安全或者危险的情绪下产生的。他们只是缓慢地和局部地放弃游牧的习惯:在一个他们感到安全的国家,一年的部分时期内他们定居不动,在当年的另一个时期他们迁移到遥远的牧场。在安全和宁静的时候,他们的制度和古代日耳曼人的制度同样的自由,并且在许多细节上和后者显然非常近似。他们开始迁移时,就开始感到可能遭遇危险,以及有必要把力量联合起来,

于是立刻改成一种专制的政府：一位可汗，在安定和太平的时期不掌大权的，立刻被授予最高权力；他们觉得没有他就毫无办法，尽管根据个人的意见他曾希望留在内廷，或者在别处工作，但由于群众的要求，已经被召回接受他们的拥戴，充当他们的领导。① 可是中亚细亚的鞑靼人居住在广漠的平原上，四面受到骑马的敌人的威胁。保卫众人的财产和生命这项任务是经常的运动，他们的军事服从的习惯没有一刻放松的间歇：他们生在这种习惯中，死在这种习惯中。可能在他们成为外亚细亚的美好帝国的主人时，他们发现在有些情况下统治者对土地的权利已经确立，不是作为一个疏远的或者有名无实的长官，而是作为实际的和直接的所有人。这样的权利可能是以往一些征服者的遗物，或者在一些较远的事例中的种种情况的发展，类似那些导致非洲、秘鲁，或者新西兰的土著在他们从事于农业时承认统治者有权利可处理这个国家占有的领土。不管怎样，肯定鞑靼人已经在各处或者采用或者建立了一种政治制度，非常容易地和人民方面服从的习惯以及领导人方面的专制权力结合起来：并且他们的征服已经或者引进或者重新建立了这种制度，范围所及，从黑海到太平洋，从北京到 the

① 埃尔芬斯顿的《考布尔》，第Ⅱ卷，第 215 页。这些人被集合起来驻入营帐时，由他们自己的 Mooshirs 管理，不需要向可汗请示汇报，并且，当他们分散在国内各地时，他们生活在没有任何人管理的情况下。可是，在计划作长途行军时，他们就立刻服从可汗的指挥，在必须经过一个敌对国家时，可汗就被推戴为 Chelwashtees 的首领，掌绝对权力，成为整个部落尊敬和关心的对象。在行军中可汗的重要性，从有一次 the Nauser 的行为中可以得到证实。那一次朱纳斯可汗（他们现在的首领）不肯同他们一起迁移。他要和亲属二三百人一起留在达芒，帮助瑟沃可汗抵抗 Vizeerees 部落；可是他的决定引起部落中极大的不安，大家说不可能没有自己的可汗一同远征。他们的意见非常诚恳，以致朱纳斯最后不得不放弃他原来的计划，而同他们一起行军到霍拉桑。

Nerbudda。在整个农业的亚洲(除了俄罗斯),这同一制度流行。既没有资本也没有资本家能够从已经积累的存货中提供大多数人民的生活所需。农民必须有土地可以耕种,否则一定挨饿。因此国家的主要部分总是依靠伟大的统治者地主作为取得粮食的手段。在人民的其余部分中,最重要的一部分,如果可能的话,更是依靠别人的:他们作为军人或者文职人员这种角色依靠向农民征收的税款的一部分维持生活,这一部分是他们的首领作为恩赐指定给他们的:中间的和自立的阶级没有;伟大和渺小,完全是他们自己描绘自己的说法,都是那主人的奴仆,他们的生活资料完全决定于他的喜怒。漫长的许多充满了令人厌倦的压迫的世纪的经验,已经足以证明,这样一种事态,一经确立,倾向于使它所造成的专制政治永久存在。

虽然一种类似的制度在亚洲所有的伟大帝国中流行,但各个帝国表现了自己所作的明显的修改;起源于气候、土地,甚至政府方面的不同;因为专制主义本身就有各种变化。关于这些改变,在这里只须略陈梗概。

第二节　印度农民地租在印度

似乎很可能,古埃及人和印度的婆罗门教偶像崇拜者有共同的起源,可是他们来自何处,或者他们那些独特的制度是在什么环境中发生的,都只能模糊地猜测。在印度,自从婆罗门僧侣领导或者伴随的民族入侵以来农民地租就存在,也许时期还要长。印度教信仰者的圣书中根据征服的权利创立了统治者对土地的所有权。

“由于征服，土地成为神圣的帕拉萨·拉马的财产；由于赠与，成为萨盖·卡斯亚帕的财产，并由他托付给克沙特里亚斯（军人阶级）取得保护，因为他们有防护性的财产；这种财产总是由强有力的征服者掌握，而不是由耕种土地的臣民持有。可是每年的产物由臣民取得，但须缴纳每年的税收；国王依法不得于当年将土地赐给、卖给或者转让给另一个人。可是，如果协议是这样说的，‘你可以享用此项土地若干年’，那就按照准许的年数执行，在这若干年中国王不应该将此项土地赐给、卖给或者转让给另一个人；然而，如果对方这个臣民不缴税，原来的使用许可既是有条件的，现在由于违反条件当然取消。可是，如果没有订立特别协议，而另一个人想要取得这块土地，规定缴纳较多的税收，那就可以根据他的申请予以批准①。”

印度的各种统治者（本土的和外来的）的习惯做法，曾经很准确地符合这种常常被引用的法规的精神和文字。以往在和平时期发展起来的、人民可以取得暂时的所有权的那些次要的权利，一直都是不稳定和不完善的。可是统治者的权利是最强者的权利，当内战或者外来侵略把一位新主人带来某一地区时，他的宝刀非常明确地重新建立统治者所要求的一切权利。

统治者分取的产品的比例，根据这种或那种理由不断地改变，就是，在他表面上想要以什么一定的比例为限的时候。法律似乎规定为1/6，可是实际上这种法律或者规定，统治者完全不顾。斯

① 科尔布鲁克的《印度法规汇编》，第Ⅰ卷，第460页。

特拉博说过，在他的时代，所谓法律规定，这里的希腊文字只须牵强一点解释，地租就可以似乎是产品的1/4或者3/4。莫卧儿征服者征收地租的比例，根据土地的质量而差异很大，特别重视对水的控制。但是实际上从来没有一种固定的地租率曾长期流行。

在印度人的政府下，曾有一种意向要让许多次要的可以占有土地的权利以及和收税有关的职务都成为世袭的。其中最重要的是莫卧儿帝国时代大地主的职务。担任这些职位的人，受委托在大小不等的地区中征收赋税，有权利分得税收数目的1/10，有时候还有土地分给他们，并赋予很大的权力。他们很习惯于借出种子和农具帮助耕种者，规定用产品偿还。若是子承父业已经有几代人担任这一职位，这种地主和他手下的那些人之间的情谊和利害关系很深和很牢固，以致更换一个地主，除非因为严重的行为不端，或者因为无力缴纳统治者的地租，地主本人和农民就会认为这是一种专制暴君的压迫行为。农民一般地都是共同占有他们的土地，集合为一些村落，有他们自己的办事员，这些办事员把耕种者和做买卖的人分别应得的一份产品分发给他们。村中的职务和各种行业成为世袭的。还有实际耕作者农民本身，比那些上级办事员更不会在自己的土地所有权方面感到不能安心。只要统治者的一份产品照常缴纳，搅乱地位低下的生产代理人的情绪，对他没有好处，而抓住这些人对他自己有极大的利益。为了同样的原因，抵押或者出卖所有者权益的要求，可以让它成立。

可是所有这些次要的权益，只有在和平时期并且在稳健的统治者手下，才受到尊重，而这些在印度是罕有的。到现在为止，这

个国家不幸看到接二连三地出现一些短命的帝国：这些帝国先后成立时的骚乱还未平息，人民已经被它们衰弱和腐朽的结果所折磨。还没有任何真正有能力的全面的政府存在的时候，首领们的明显利益以及通常他们的目标是依据某种固定的制度行事；限制他们自己的强征暴敛；保护农民，并通过合理地保障有关各方的利益，鼓励耕种。那些莫卧儿皇帝根据这种精神行动，一方面对土地上施行一种权力，没有真正的限制，除了他们给自己划定的范围。可是，随着帝国变得衰弱，属下的一些首领，伊斯兰教徒或者印度教徒，开始在他们的地区内行使不受控制的权力，他们的贪得无厌和暴力行为似乎通常完全不受政策或者原则的约束。立刻一切制度、温和主义，或者保障都完了，强加的灾难性的地租，常常在行军途中在大刀长矛的威胁下征收，老百姓在绝望中试图抗拒时受到火烧和屠杀的残酷镇压。

像这样的局面，在印度的古代史上常常一再出现，紧接着短暂的宁静的间歇之后。这些当然造成惨重的损失。这个国家的肥沃领土有一半始终未曾耕种，虽然聚居着众多的人口，对这些人来说，容许他们在相当的保障下使土地有所生产，就是幸福。印度农民通常是最贫困的，他们的耕种工具效率最低。

英国人成为莫卧儿皇帝在孟加拉的代表时，他们首先把自己作为土地所有人的权利扩大到极度；并忽视（向英国政府纳税的）印度地主和印度农民的那种次要的要求，他们的做法被认为是压迫的和专横的，虽然也许严格地说不是不合法的。在他们的观点和感情上已经发生了重大的反应，看出有必要使耕种者恢复信心；他们急于要摆脱有人指责他们不公道和专横的恶名，他们表现得很愿意丢掉自己的土地所有者的资格，仅仅保留土地统治者的资格。结果达成了一项协议，根据此项协议，莫卧儿帝国时代的农民取得一种从来不属于他们的资格，成为那些印度农民的直接地主，在这些农民和最高政府之间，这种直接地主以前仅仅是代理人，但是代理人享有许多不完备的可是规定的对他们的职位可以世袭的权利。政府不征收地租，而满足于取得一种固定的和永久性的税收；此项税收应由这些新地主负责。

作出这种安排时没有疑问是有一种公平合理甚至慈善的精神的。然而，似乎现今人们一般地承认，对地主的权利要求估计过高了，假如给他们的照顾较少，而对印度农民的保障和自主照顾较多，那样的解决办法就会比较合适得多，而且同样的公平或者宽厚。

第三节　印度农民地租在波斯

东方的专制政府中，波斯政府也许是最贪得无厌和最肆无忌惮地不讲原则的；然而这个国家特殊的土壤对亚洲的一般印度农民地租制度采用了一些有价值的修改，使那肆无忌惮的政府不得不以很大的耐心对待君主的权益以次的各种在土地方面的权益。

旧世界的最值得注意的地质特征之一是那一大片沙漠地带，使那些在它地面上漫游或者在边境上居住的部族不知不觉地养成一种独特的性格。这个地带形成非洲西部太平洋的海岸，并构成撒哈拉大沙漠，这有助于长期隐蔽地球上那一部分的中心地区，避免了欧洲人好奇心的窥探。接着它形成埃及的地面，除了尼罗河流域，跨越阿拉伯荒漠，到叙利亚、波斯和上印度；并且，从波斯向北转，在穆谢德和赫拉特[①]之间穿过厄尔布尔士和帕拉波米森山脉，这些是高加索或者喜马拉雅山系的一部分；向东北流经鞑靼里，并绕过中国的北端，最后据说沉入太平洋的波浪。波斯领土的较大一部分，或者由这个沙漠构成，或者处于沙漠的边缘；带有那种焦躁的和不毛之地的特征，以致在靠近的地方一眼望去看不出它的界线。[②] 这种土地只有通过灌溉才能使它可以生产。可是，弗雷泽说，在波斯水是大自然的一项最稀罕的恩惠；那里的河又小又少，不常见的溪流只能应用于很有限的耕种。在最好的一些地区，一小部分的耕地像沙漠中的绿洲，对比之下周围的一切显得更加阴郁。[③]

天然的泉水和河流既然不够维持人民必须赖以生存的耕种，波斯人花了大量的劳动力和费用建立人造的水源，叫做“地下水道”(cannaut)。他们在小山的山坡上凿出长长的一系列、一系列深度不同的井，由一条沟渠把这些井通联起来，把聚集在这些井里的水引到最低的井里，然后水流分布到受益的田地上。这些工程，总是成本高而重要，有各种不同的规模；据说一系列的井有时候每套长达36英里，以及在乔拉桑有一条地下水道，一个骑士肩负长

① 关于这些在波斯和鞑靼里边境的沙质地的路线，参阅弗雷泽的《霍拉桑》，第253页。

② 弗雷泽。

③ 弗雷泽，第163页。

矛可以骑在马上进去[①]；比较通常的，沟渠小，一连串井的系列全长不超过二英里。凡是用这样或那样的方法把水浇到地面上的时候，东方植物滋生那种欣欣向荣的景象就出现。假如由于战争、或者压迫、或者意外事故、或者天时关系，人类工作的成绩遭到破坏或者疏忽，丰饶的景象就会消逝，到处又是一片荒凉。从设拉子到德黑兰这段路线上的耶兹迪哈斯特平原，一度曾以美丽富饶闻名。弗雷泽 1821 年经过那里，曾这样地评述。"耶兹迪哈斯特平原，在我们的路线上一直延伸到科迈沙，将近这里的地方呈现了一幅波斯国内繁荣普遍衰退的可悲景象。大村落的残迹散见于各处的很多，商队或者旅行队客店和庭院的像骷髅一般的墙壁都说明比较美好的当年，这些像是对王国和政府的'死的警告'，全部平原上到处设有土墩，标志地下水道的路线，这些地下水道一度曾是财富和肥力的来源，如今全部堵塞和干涸，因为既没有人也没有农事需要它们的帮助。"[②]尼沙普尔地区是另一处著名的波斯耕种事业的中心。弗雷泽先生（讲起他收到的关于这个地方的资料时）说，"又据说在尼沙普尔的不同部门，他们估计有 14 000 个独特的村落，全

① 这或许是虚构的故事，可是这些"地下水道"一定有时候放出很大量的水。弗雷泽第一次在考泽伦见到，他说这种"地下水道"常常被人说起，它差不多是唯一的一种需要花钱的改良措施，仍然在波斯实行着，因为这样取得的财产有保障、利润大、也不很远；实际上这种水道最普通是由有权位的人建造的，他们把这样地弄到地面来的水以很高的价钱出售。考泽伦流域最近建成几处水道；人们对这种财产的价值可以有一种概念，如果了解在达拉克的一条小溪一年获得 4 000 卢比的收入，还有最近考泽伦的行政长官 Kulb Anee Khan 开的一处地下水道，提供的水流至少比前者要大五六倍。除了别的用途以外，它还有助于灌溉一处果园，那里有一些国内最好的桔树（又酸又甜）、柚子、酸橙和石榴树。弗雷泽的《霍拉桑》，第 79 页。

② 弗雷泽，第 118 页。

有人居住，由 12 000 条地下水道和 18 条来自山间的小河灌溉。这种宏伟的细节毫无疑问是大大地夸张了，不过是重复对这个地方在高度繁荣时代的传统说法，现今没有这样庞大的人口或者农业存在，大多数村落灾难深重，平原上残存的一些地下水道的遗迹，本来还可以有助于差不多证实上述情况的，现在也堵塞和干涸了。"①

波斯君主的主要收入来自土地的产品，而君主是这些土地的最高所有人。尽管贪得无厌和强取豪夺的习惯蒙蔽了他们的眼睛，他们还是看得出，人们绝不肯花那么大的成本像这样从沙漠中夺取一块块耕地，保持生产，除非创业者觉得真正可靠，他们对这些耕地的产权今后会受到尊重。因此，根据波斯的法律，凡是在从来没有水的地方把水弄到地面上的人，君主保证他对受益的土地享有世袭所有权，同时，他应以产品的五分之一作为地租缴给国王，其余部分任听所有人作为业主自由处理，但须完成地租任务。如果他愿意按货币地租计算把水出租给有土地的其他人，而这些土地已经用产品缴过国王的地租，那么，水的租金就归他自己所得，国王的利益仅仅是这些土地所获得的额外肥力，这一部分肥力的产品国王分享。在有产业的波斯人中，最多的是那些担任公职的人，建造地下水道是人们爱做的一种投机事业，乡村中人也往往联合起来建造，这些是最好的证据，说明君主对这方面的保证是忠实地做到了。

然而，适当地考虑到，波斯统治者方面，因为人工灌溉所必需

① 弗雷泽，第 405 页。

的支出、而不得不对次要的权益作了比较慎重的照顾，这些统治者对他们自有领土的管理方法和我们曾经看到的在印度流行的很相似。居住在乡村的印度农民共同种地，或者由他们自己分成一份一份的耕种，他们在土地上的权益是世袭的。弗雷泽先生说，“最初的关于财产的习惯法的规定，有很多地方考虑到对农民的保障，乡村人民的权利至少和地主的权利受到同样的保障，他耕种自己的一份土地的主权是从他所属的乡村一开始就递传下来的，既不能争辩也不能不承认，他不能放弃，那村中的地主也不能驱逐任何农民，只要他行为端正并缴纳他应缴的一份地租。”①

现今向农民征收的地租是产品的 1/5；它有过变化，各个王子按自己的意见征收的标准不同，比较特殊的有努舍范和蒂莫尔。波斯人现在说，根据古老的惯例只应征收 1/10，另一份 1/10 是因为有关方面应允取消杂税而农民同意缴纳的；但是，尽管附加的 1/10 已经征收，杂税还是和以前至少同样沉重。②

在这些世袭的耕种者之上有一名“二号地主”，常常被弗雷泽称为“一村之主”，他可以享受产品的 1/10。在这个人身上立刻可以看出莫卧儿帝国时代的印度地主（Zemindar）。可是，虽然“Zemindar”这个词原来是波斯语，似乎现今在波斯并不常用。对这种中间权益世袭继承的权利，查丁说，在他的时代向国王承租 99 年的做法才开始实行。伯尼埃明确地否认在波斯曾有过土地私有权这种东西。这一种人的权益自然会在波斯逐渐增加和长期

① 弗雷泽，第 208 页。

② 弗雷泽，第 211 页。

存在，甚至比在印度发展更快，由于需要垫钱办好灌溉，这种钱通常都是由他们垫的。他们可以取得产品的1/10的权利，似乎现今和收税的职务完全分开，以致波斯君主的妒忌心有时候甚至禁止他们居住在自己的村子里，据说是防止他们欺压农民，[①]更可能是为了避免他们在抗拒政府官吏的敲诈勒索中的干涉，因为他们应付这种事比农民们自己出面效果较好。[②]

在波斯有些人夸口（或许是事实），说这些产业已经在他们家族的手里多年。假如波斯确实有一个地主集团，在遗产的继承方面和这些人在他们的有限权益方面同样有保障，国王的专制主义就会立刻受到束缚。可是当强有力的统治者地主征收产品的1/5的时候，那些有权利向一些和自己同样是世袭的佃农们征收1/10的人，就不大可能在国内取得足够的势力，可以保护他们属下的佃农或者他们本身，因此那个大概是世界上最糟的政府之一的主要负担就压在耕种者的肩上。弗雷泽说，“没有一种人他们的境况呈现出比波斯农庄主和种地者的境况更使人忧郁的压迫和专横的景象。他们长期生活在横征暴敛和不公道的制度之下，无法逃避；并且更令人苦恼的是，捐税的形式和范围都不明确，因为没有人知道什么时候、用什么方法或者多少税额可能突然来勒索。乡村中的全部征敛最终落在农场主和广大农民身上。国王在大臣和各省长官身上打主意，他们必须从地区的头头那里取得所需的数目，这些

① 弗雷泽，第208页。

② 弗雷泽，第390页。村长说，那些和他们的地主算账的农民，比那些直接对政府算账的农民境况较好，这是由于比较穷的那种人在政府官吏手里受到严重的敲诈勒索。

头头又依次向村长们索取，村长必须向农民敲诈，所有这些中间的经手人一定也有他们的利润，结果国王得到的数目只是农民缴纳的总数的一小部分。每一项税、每一件礼物、每一笔罚金，最初不管是谁收到或者索取的，最终总是成为农民的负担。而且，他们的统治者的性质如此，以致这些需索的唯一限度，是一方面的敲诈勒索的权力，和另一方面的'送给别人'或者'留给自己'的能力。"①

第四节　印度农民地租在土耳其

土耳其人征服了希腊帝国的各省以后，最后把他们自己安顿在帝国的废墟上的时候，他们的税收制度和政府组织的基础，和其他鞑靼人部落一样，在于假设他们的领袖已经成为被征服的土地的合法主人。

规定由耕种者负担的地租，似乎原先是按总产量的 1/10 计算的，按这个标准估计的各个地区的价值，很早就在国库登记。和各省长官算账时仍然使用这种登记簿。可是，由于每个地区缴纳的地租从来不变动不管耕种方面发生什么变化，农业和人口的衰退已经使农民的实际负担比他们最初的负担重得多。耕种者是土耳其人的地方，缴纳产品的 1/7；耕种者若是基督教徒，就缴纳 1/5。根据后来旅行家在希腊的见闻，大约这是国王的实际平均地租收入。

① 弗雷泽，第 173 页。

土耳其人把他们亚洲人的关于领袖对土地的最高权力的观念在实践中表现出来的粗暴行为，最好根据他们的下述一项措施来判断。

苏丹[1]把他自己的很大一部分土地所有权赐给别人，为了成立一种封建的民兵组织。有等级的军官领到份地，称为 Ziamet 和 Timar，他们在这里面的权利代表君主的权利，被任命为这种军官的人数超过 5 万名。Ziamet 和 Timar 不同之处仅仅是前者的组织较大。为了这些赏赐，他们有义务服兵役，并且必须有一定数目的人参加。他们的兵力，直到土耳其从前的近卫步兵兴起为止，构成帝国的主要部队，据说人数达到 15 万。类似的赏赐，在印度的名称是“Iaghire”，在波斯名为“Teecool”，可是在这两个国家都建立得不及在土耳其那样有条不紊。在土耳其，这些土地始终没有成为可以世袭的；仍然是严格地以本人的一生为限。在实行的初期，曾利用这种赏赐以激励军功竞争。享有这种权利的人死后，他的亲密朋友中最勇敢的一个人立刻被选定接管他的产业，据说有一位 Timar 在仅仅一次战役中被这样地任命了 8 次。[2] 但是，对这些财产的处理，久已成为完全受贿赂的影响。一个大官在他一生中往往为家属购买复归的继承权，可是，假如他由于疏忽未做这一手续，他的亲属在他死后被剥夺所有权，除非他们出的价钱超过所有其他的人。[3] 除了这些终身权益以及授予伊斯兰教法律讲师

① 苏丹(Sultan)：旧时土耳其君主的称号。

② 桑顿，第 166 页。

③ 奥利夫，第 192 页。

的地产以外，在土耳其没有什么看得清楚的财产所有权。虽然在土耳其，像在印度和波斯以东各地的农民中那样，存在着对世袭的土地所有权的要求。只要农民向苏丹或者管辖自己所属的领地的长官缴纳法定的一部分产品，他占用和转让土地的权利就不会有人争执，这一点在那里是十分可靠的。在希腊，在现今这场骚动以前，土地非常普通地由古老的分成制佃农耕种，他们向地方长官缴纳产品的一半。这样耕种的土地是否全部是附属于长官的 Timar 的领地，或者这种地租是为了借给(非穆斯林农民)(rayah)用的农具，使他能种好他本身是世袭佃农的那些土地，我没有资料可查，不能断定。可能这两种分成制佃农都有。

土耳其的制度，和印度的或者波斯的制度比较起来，显然有一些优点。地租的长期稳定和多寡适中，是很重要的一项。如果根据公平合理的制度收取，那种地租就不过是一种合理的土地税，苏丹的那种全国普遍的地主身份变成一种仅仅有名无实的或者荣誉性的崇高地位，像欧洲许多基督徒君主自称的那样。我们可以补充一句，土耳其政府始终没有完全不能控制它的官吏，像德里的虚弱的王朝在衰落中那样，在它自己的聚敛方面也不像波斯国王那样贪得无厌和反复无常。可是土耳其政府的比较温和与比较有力量仍然对它的不幸的臣民无益，因为政府对它的遥远的官员的营私舞弊有一定程度的因循苟安和漠不关心，可以说，部分地这是由于顽固思想已经使得伊斯兰教徒的首领不关心他的基督教徒臣民在伊斯兰官员手里受到的待遇；以及部分地由于对普通的文明政治的艺术完全无知(土耳其民族的虚荣心曾经把这一点当作优点来珍视)，并且他们的顽固思想还认为这样很好。土耳其人本身的人数很多,高级官员的压迫有一定的限度。土耳其人,只要能设法上告到最高当局,就一定有人给他们主持公道,已经有办法保护自己的生命和财产,就是,通过参加会、社等团体为个别成员所受的冤屈伸张正义。可是在遥远的省区,没有一个教派是安全的。受压迫者的呼声不难抑制,而且,即使有人隐约地听到,似乎也习惯性地不闻不问。苏丹确实以非凡的耐性绝不轻易增加他自己的税收,但须这项税收由各省长官按期转来,至于这些钱是用什么方法或者什么新的手段向人民榨取的,他却不管。结果是可以预料的。政府对各省长官的嫉妒,只容许他们任职一个短暂时期,他们知道这样,就更加贪得无厌,可怜的耕种者只有俯首帖耳、干到精疲力竭,才得在那块土地上勉强容身。

沃尔尼曾经确切地叙述了这种情况在叙利亚和埃及的影响。"苏丹对土地的绝对所有权似乎加重他的军官们的压迫。儿子从来不一定能继承父亲的工作,广大农民常常不得已而远离一处已经靠不住能为他们提供最低生活的土地。对那些留在原地的人,捐税没有减少,并且尽可能地榨取,人口继续减少,荒地增多,一片凄凉成为长期现象。"这样剩下的少数最苦恼的人,占有着那些一度是古老文明的壮丽的土地,这些地方的气候和土壤适宜,人们会增殖、会致富,几乎不费气力,他们自己和他们的主人都是这样;假如一般的政府曾经想到应该用它在迫使贪污者把微乎其微的一部分赃物吐出来缴入帝国国库时所用的气力的一半来保护它的臣民。

第五节　印度农民地租在中国

我们了解中国，知道那里的君主，和在亚洲其他地方一样，是土地的唯一主人，可是我们了解得还不够，不能正确地评判这种皇家所有制在中国受到的那种特殊的修改。中国政府在新征服时怎样接管土地所有权和征收地租，在佩顿发表的一位打了胜仗的中国司令官写给皇帝的信里说得很有趣味。[①] 在中国，虽然产品的1/10是名义上的地租，实际征收的比例却可能大不相同。关于这种制度在中国人当中发生的实际影响，如果能有比政府不久会愿意发表的更多和更详细的资料，一定是很有趣味的。

印度农民地租在中国的进展和影响，几乎必然是和在印度、波斯，或者土耳其所显示的大不相同。在后者这三个国家中，政府的腐化以及由于产生的压迫和品质低落，使我们没有办法判断这个制度本身的结果可能是怎样，是不是会有一段较长的时期由一个比较温和，比较容忍，并能保障耕种者的人身和财产安全的政府来管理。在中国这种实验似乎已经很好地尝试过。治理国家的艺术，在一定程度上那些辛辛苦苦教育出来的文官是了解的，帝国的事务正是由他们办理；这个国家，到最近为止，一直没有内乱或者严重的对外战争，行政机构组织得很好、温和而有效率。帝国的一切行为，确实和一些亚洲邻邦的情况形成鲜明的对照，那些国家的人民，看惯了以暴力和流血作为政府的普通工具，对于中国政治家

① 佩顿，第232，233页。

们不用刀而用笔维持国家的权力这一奇迹，表示很难理解。[①] 我们知道，由于国内安宁而产生的一项效果是：农业扩展和人口增加的程度大大地超过邻邦。一方面印度的土地已经开垦的始终不到一半，波斯土地开垦的更少，中国土地充分耕种的程度却和大多数欧洲王国的土地一样，人力也比较充足。

在印度国王和缴纳产品地租给类似莫卧儿帝国时代那种大地主的人当中，是否有一种次一级的业主存在，实际上有责任缴纳产品给地主的人是不是种田的农民本身，或者是一种地位在农民之上的人，我们没有材料可以确定。至少，在有些情况下，实际的耕种者从那些对君主负责的人那里租用土地，并缴付产品的一半给他们。

有很多的迹象表明，中国的人口在帝国的某些地区增加得超过领土能够生产丰裕的生活资料的数目，以致他们处于非常贫困的状态。良好的政府给予一个农民人口的那种可以增殖的条件，通常会落得这样的结果，如果在他们人数增殖的过程中，人民大众的习惯和文明方面没有发生一定的进步。其所以没有改进的原因可能是各式各样的，在展开人口问题的讨论时我们应该辨别清楚。我们对中国有足够的了解，相信要改进广大人民的习惯和性格，障碍很多，因此人口迅速扩增到一定的程度，肯定会是政府宽大的一项效果。根据克拉普罗斯的说法，纳税农民的数目在 1644 年满洲

① 弗雷泽，附录，第 114 页。参阅弗雷泽的关于中国在距离霍拉桑最近的一些省区的行政管理的叙述，以及这种行政管理的情况在来自其他亚洲国家的商人和旅行者心理上产生的影响。

征服时的纪录是 2 600 万,同时其他各种农民估计有 1 100 万。并且,据他计算,从那时候以来全部人口已经增加到 4 倍。

中国的税收每年达到大约 8 400 万盎司白银。这项收入中,大约 5 100 万盎司是用货币缴纳的,3 300 万用谷物、米等等缴纳,大部分由各省的地方政府消费掉。其中只有大约价值 600 万盎司的一部分每年汇到北京。以农产品这种原始形式取得这样巨额的税收,是一种显著的证明:中国皇帝的权力和财富,和其他东方统治者的一样,是和他作为帝国统治下最高土地所有者的权利有密切关系,或者不如说是建立在这种权力上的。[①]

我们有理由说,印度农民地租在亚洲其他许多国家中也流行,其中首先是印度斯坦和中国之间的一些国家,伯明帝国和它的一些附庸国家、交趾支那等等;以及,第二,农业鞑靼人居住的国家、喜马拉雅山北面和波斯东面、萨马坎德、布哈拉,以及小布加里亚的一些国家。可是,这个制度可能在这些国家受到的特殊修改,以及那里地主和佃农之间的关系详情,现今比中国的情况更无法了解。

第六节　其他地租与印度农民地租的混合状态

我们能够仔细考察印度农民地租在那里流行的一些国家的状况时,立刻就注意到这一事实,就是,这种地租有时候和劳役地租及分成制佃农地租都混在一起。于是土地呈现一种古怪的利益复

---

① 《科学通讯》,第 5 期,1829 年 5 月,第 314 页。

杂化的情况。有一个世袭的佃农，有责任向国王缴纳产品地租，只要他缴纳无误，根据习惯和规定，是不能辞退的。这同一佃农，在种子和农具方面接受了一些援助，付给另一个人一项第二产品地租，这个人既可能是国王的世袭的官吏，也可能是从属的业主，并且有时候付给这个从属的业主一项第三地租，以劳役计算，就是，在完全为了他的利益而耕种的土地上使用的劳动力。

首先来讲像这样嫁接在印度农民地租身上的劳役地租。孟加拉湾的印度农民常常分出一块地赠送给一个帮助他的把犁人。这是一种纯粹的劳役地租，由转租的承租人缴纳。莫卧儿帝国时代的地主常常向印度农民本身要求一定数量的劳役，用在他们的领地上。这种要求常常过高，是难以忍受的压迫和人们经常诉苦的来源，在印度和波斯都是如此。然而，如果要求不太高，人们就认为是合法的，于是形成另一项劳役地租，由印度农民自己缴纳。土耳其的大官们常常迫使他们的 Zaims 或者 Timars 的非穆斯林农民在他们自己的私有农场上做若干天的工作。这毫无疑问是一种非法的剥削，可是已成惯例，在实践中必须把它当作一种额外的地租。

分成制佃农地租也经常会和亚洲各地的印度农民地租结合起来，只须政府的宽大政策和效率足以保障借给耕种者的财产的安全，或者保障把生产工具借给耕种者的那一方的关系，让他有特殊的权力可以迫使对方偿还，并对帮助耕种有特殊兴趣。在印度，政府和莫卧儿帝国时代的农民有时候都预借种子和农具给农民。政府勉强地借，而且只是在不可避免的时候才借，政府方面这样耕种出来的土地称为 Coss 和 Comar，把这种土地交到能自己耕种的印度农民手里，似乎向来是政策的目的。莫卧儿帝国时代的地主比较愿意并习惯于作这种预借，而且，既然他们分享的一份产品的多少，当时完全由他们和农民私下讨价还价来酌定，毫无疑问农民有时候受到很大的压力，但也不总是这样。特别是在波斯，这种办法被认为对佃户最好；因为，在这个国家只能是这样，大地主或者从属的业主负责抵挡统治者的官吏的敲诈，由他自己和他们解决。

第七节　印度农民地租概述

印度农民地租的直接影响方面，没有什么有害的东西。这种地租通常是适度的，在以产品的1/10，或者甚至1/6，1/5或者1/4为限的时候，如果平平安安地和公平合理地征收，这种地租成为一种土地税，留给佃户一项有益的可以世袭的财产。因此，只是由于这种地租的间接影响，以及由于它从而产生、并有助于使它长期存在的那种政府形式，所以弊病很多，而且人们在实践中看出，它对人民的财产和进步的危害性大于我们知道的任何形式的地主与佃户的关系。

君主的所有权以及他在产品方面庞大的和实际上无限的权益，使人们不可能组成任何真正独立自主的关于土地的团体。通过分配他的领土所提供的地租，国王用文武官员的身份保持其余人口中最有势力的部分。只剩下城市的居民可以阻碍他的权力：但这些人中大多数倚靠君主或者他的臣仆的支出维持生活。我们以后还有更合适的机会可以指出，亚洲城市的繁荣（或者不如说“存在”）起源于政府在当地的支出。既然国民这样缺乏真正的力量，所以亚洲的君主没有一种强有力的特权的地主集团需要和他们斗争，也就没有像欧洲君主有过的那种动机，促使他们要把城市培养成为政治势力的发动机，况且国民是人人知道最无能的和最屈服的亚洲奴隶。因此，在他下面的社会中没有任何东西能改变君主的权力，他是由印度农民构成的人口耕种的领土的最高所有者。这样的一种人口中所有的真正力量指望他不仅作为保障的来源，而且作为生活的来源。他由于地位关系，必然是专制君主。可是亚洲的专制政府向来是同样的。在它强有力的时候授权给代表，它的权力被代理人滥用，在它虚弱和衰落时，这种权力被下属人员狂乱地分夺，窃取权力更加滥用。强也罢、弱也罢，同样地会破坏人民的事业和财富，以及一切和平的艺术；正是这一点使那特殊的作为权力基础的地租制度特别有害，会给它在那里流行的一些国家造成灾难。

由印度农民耕种的一些国家里，大多数人的工资决定于他们缴纳的地租，像我们可以回忆的在各式各样的农民地租制度下那样。产品的数量决定于土地的肥力，配给土地的范围，以及农民的技能、干劲和效率。决定他的工资的那产品的分配，又决定于他和地主的合同，就是，决定于他缴纳的地租。

同样地，在这种国家里地租的数目决定于工资的数目。产品的数量仍然和以前同样地决定，地主的份额——地租——决定于他和工人订的合同，就是，决定于作为工资被减掉的数目。

在印度农民制度下，地租的存在和发展，完全不是依靠土地的不同质量，或者每块土地上使用的农具和劳动力所取得的不同收益。最高所有者有力量使一群劳动者维持他们自己的生活，他们没有土地所有者提供的土地的力量就一定会挨饿。这一点就会使他能在劳动者的产品中取得一份,即使所有的土地质量相等。

印度农民地租可能由于两种原因而增加,由于佃农的技能、干劲和效率提高而出现的全部产品增产,或者由于君主所得产品的比例增加,产量本身仍然是一样,而佃户所得的一份在减少。

当地租增加而产量不变动时,这种增加表明公共财富没有增加。只有财富的转移,可是没有增加;并且一方的损失恰恰和另一方的所得相等。可是当印度农民地租因为产量较大而增加时,国家财富就获得同样数目的增多。国家维持海军和陆军的能力,以及一切公共力量的因素,都相应地增加,财富有了真正的增加,而不是仅仅原有财富的转移,从一只手转移到另一只手。这样的增加也表示印度农民自己的收入增加。如果君主的 1/10 或者 1/6 加了一倍,印度农民的 9/10 或者 5/6 也加了一倍。

由此可见,只有和一般财富与力量的增长携手并进的地租增加,在长期内可以真正有利于地主。虽然产品地租增加的来源在于较大的收成,这种增加可以继续下去,直到人的技能和土地的肥力达到最大限度为止,就是,无限地。亚洲的佃农,用他们自己的土地和气候以及最好的欧洲农场主的技术和精力来耕种,可能创造出比世界上那个地区以往的成绩高得多的产量,并大大地改善他们自己的收入,同时还要向君主缴纳增加了的地租。只须印度农民的繁荣像这样地赶得上地租的增加,结果就会是:不仅已经耕种的土地上收成增多,而且耕种会很快地扩展到其他的土地。一个得到保障的、兴旺的和日益增多的人口,很快就会开垦土耳其和印度的荒地,使波斯一片荒凉的平原逐渐恢复失去了的肥力,每前进一步同时增加最高地主的直接收入，以及他在人民的总财富中的资源。亚洲作为一个整体来看，这样的一种发展似乎是空想，可是有时候也以比较小的规模表现得很清楚，足以证明这是可能的，而且确实是规模最大时容易实现。[①] 从停滞不变的产量中取得的地租增多，以及农民所得的一份减少，不幸在亚洲比较普通，也不引起这样的结果。在印度农民通常的生活状况下，减少他们的收入就损害（如果不是破坏的话）他们作为耕种代理人的效率。效率受到严重的侵害之后通常会发生，以及这种侵害达到一定的程度之后必然要发生耕种者弃田出走和放弃耕种，于是地租完全停止。东方统治者的贪心通常只注意攫取眼前利益的诱饵，而忽视或者不顾从这种或那种税源增加土地方面的税收会引起的大不相同的最终结果。所以亚洲的实际状况，人民的苦难、政府的贫困和虚弱，大部分都由于此。对印度农民地租的性质和影响的深入研究，受到一种几乎是令人沮丧的关注，因为有人坚信地球上这很大一部分人民的政治制度和社会制度，会在漫长的未来岁月中以这些制度为基础。我们无法揭示未来的真相，可是亚洲人口的特性中没有什么东西能使我们要推测，有一个时期，就这些制度而言，那个未来会和过去及现在本质上不同。

① 参见附录Ⅷ。

第五章　爱尔兰小农地租

在爱尔兰小农地租的标题下，我们可以包括所有的约定由农民佃户用货币缴付的地租，他们从土地取得自己的生活所需。

他们人数多少不等，在许多国家都有，只有在爱尔兰他们的人数那么多，以致可以明显地影响国家的一般情况。他们在这一点上和其他各种农民地租有最重要的区别，佃农不仅必须准备为了使他能维持自己生活的土地而提供自己的一部分劳动力作为报酬，像农奴地租那样，或者提供一定比例的产品，像在实行分成制佃农地租或者印度农民地租时那样。不管他的产品的数量或者价值是多少，他必须缴付一笔规定数目的钱给地主。这是一项最难实行的改革，但实行以后是很重要的。我们必须记住，占有者用货币缴纳，对地租的增涨或者发展完全不是必要的。在世界上比较大得多的一部分地区，这样的付款方法始终还没有建立。提供以产品计算的大量地租的佃农，由于交易很少发生，可能连微小的数目也没有办法用货币支付；以及土地所有者可以（并且确实）形成一个富裕的集团，消费和分配一个国家的一年产品，同时他们却很难得到少数的现金。确实，农民耕种者很少缴纳货币地租，凡是有货币地租的地方，我们就可以看到完成这种任务的能力建立在一些特殊情况上。就爱尔兰来说，邻近英格兰以及这两个国家之间的关系，支持了广大农民缴纳货币地租的制度。从爱尔兰各个地区可以直接或者间接进入英国市场，使爱尔兰农民有办法用自己的产品换取现金。在某些地区，甚至地租似乎是利用在英国做收获工作挣来的钱缴付的；在移民委员会作证的证词中一再说，假如这项来源中断，缴付货币地租的能力在这些地区就会立刻不存在。假如爱尔兰是在世界的一个比较辽远的地区，周围尽是一些不比它本身先进的国家，又假如它的农民依靠自己在国内交易的机会作为取得现金的手段，那就似乎很可能那些地主很快就会不得不采用一种劳役地租或者产品地租制度，类似在世界上大部分地区流行的那些地租，在这些地区中由其他各种农民佃户耕种。

然而，制度一经建立，爱尔兰小农地租在一个农民人口中流行的影响是重要的。有些有益，有些有害。在估计这些影响时，我们有很大的困难，不得不根据对爱尔兰这单独一个例子的看法作出一般的结论。假如我们除了从匈牙利单独一个国家收集的资料以外，对劳役地租一无所知，我们的关于劳役地租的概念一定会多么有缺陷！

爱尔兰小农地租的缺点，可以分三方面来讲。第一，没有任何外部控制有助于约束农民人口，使它不超过容易养活的限度。第二，对农民的利益没有任何保护，使其在决定他们应付的数目方面不受惯例和规定的影响。第三，土地所有者和使用者之间没有明显的和直接的共同利益；这种共同利益，在其他的农民地租制度下使佃户在遭逢不幸时可以得到地主的原谅和援助。

爱尔兰小农地租的第一项缺点，并且确实是最重要的缺点，是没有那些外部控制（其他各种农民地租都有）可以有助于抑制农民耕种者都有的那种会使人口增加到很贫乏的生活资料的限度。

为了说明这一点，我们必须稍微抢先讲一讲人口问题。将尽可能讲得简短。我们知道，人类的兽性增殖力能够使他们居住的地区很快就有人满之患。当人数已经达到他们的领土能够维持丰裕生活的限度时，如果这样的增殖能力的影响不减少，他们的境况一定会越来越坏。但是，如果他们的兽性增殖能力的影响减少了，这必然是或者由于内在的原因或动机。使得他们不愿意充分发挥这种能力，或者由于外部的原因独立地在起作用，和他们自己的意志无关。可是一个农民人口，从土地上生产他们自己的工资，并用实物进行消费，不管他们的地租是什么形式，内部控制或者促使他们实行节制的动机一般地对他们只能起很微弱的作用。这一特点的原因，我们以后必须指出。结果是，除非有某种与他们的意志无关的外部原因使这种农民耕种者不得不放慢他们人数增加的速度，他们就会在一定范围的领土内——无论实行什么形式的地租——很快地发展到接近匮乏和贫困的境况，最后只有因为在物质上不可能取得生活所需，他们才不得不停止增殖。在劳役地租或者分成制佃农地租流行的地方，这种外部抑制的原因在于地主们的利益和干预，在印度农民地租已经实行的地方，原因在于政府的腐化和管理不善。[①] 在爱尔兰小农地租流行的地方，没有这种外部的原因存在，人们对生殖不加控制的倾向导致人口增多，结果生活困苦。那么，爱尔兰小农地租在这方面显然和农奴地租及分

① 凡是可以看到一个宽大的和效率高的政府统治着一种印度农民的地方，例如在中国，他们的人数增加得非常之快。

成制佃农地租不同，比后两种差。当然，这不是说农民和分成制佃农不增加到仅仅因为人数和生活需要就会使他们处于听任地主支配的地位，而是那些地主的明显的利益会促使他们不允许进一步分割土地，这就把持着可以安置较多家庭的生活资料，尽管土地上还远远没有挤满了人数众多的佃农，已经几乎不能为他们生产足够的生活必需品。俄国的或者匈牙利的贵族需要的农奴佃户仅够耕种他们自己的领地，不要再多；贵族不肯向更多的人配给土地，或者也许禁止他们结婚。可以这样做的权力，有一个时期曾作为一种合法的权利存在，只要是劳役地租曾流行的地方。由分成制佃农耕种的领地的所有者，他所关心的是不让他的佃户以及需要养活的人口增多到超过完全耕种所必需的数目。他拒绝进一步分割土地时，新建立的家庭就没有住家的地方，人口总数的增加就受到控制。印度农民国家中人口稀少，通常是政府的腐化和暴力行为造成的；没有疑问，这是所以亚洲有这样大的一部分地方人口不足或者荒无人烟的原因。可是在爱尔兰小农地租已经根深蒂固的时候，地主不运用他的影响来控制农民耕种者的增殖，直到发展成极端的情况。人口日益增多的初期影响，也就是，更剧烈的要求配给土地的竞争，以及普遍的地租增涨，一时似乎毫无疑问对地主们有利，他们没有直接的或者明显的动机要拒绝把土地再分成小块，或者干涉新家庭的定居，直到后来显然不可能取得规定的地租，以及也许在小块土地上挨饿的农民骚动，地主们才警醒，认识到已经到了时候，他们自己的利益迫切要求对佃农人数的增加应该控制。然而，根据我们可以看到的爱尔兰这个唯一的大规模的实例来说，尽管地租实际上在增涨，却有人认为这有名无实的增加是在准备

一种真正的减少，这种信念来得缓慢，并且人们只是勉强接受，在这样一种信念开始普遍地有人据以行动以前，耕种者可能已经沦落到一种既是痛苦又是危险的境况。

那么，地主在抑制佃农人口增殖方面产生影响缓慢，必须列为爱尔兰小农地租的缺点之一，如果和农奴地租或者分成制佃农比较来说。

这种地租的第二项缺点是，在保持地主与佃农之间的合同条件稳定不变方面，没有任何惯例和传统的影响。

在研究一个农奴国家或者分成制佃农国家的习惯时，我们通常能看出古老惯例的一些影响。在大帝国的各省，每年农奴为地主服劳役若干天，世代相传仍然如此。分成制佃农的旧名称 Colonus Medietarius，就是从分取一半产品中得来的；我们看到“产品的一半”仍然是他通常所得的一份，在土地质量大不相同的各大地区都是这样。确实，这种古老惯例的影响，并不总是能够保障佃农不受穷困或者压迫的痛苦；但它的倾向肯定是对佃农有利的。可是，爱尔兰小农地租规定用货币缴付，表面的数目一定随着产品价格的变动而改变，在变动成为习惯性的以后，一种因为它是规定的，所以被认为是公平的地租的一切迹象，就完全消失。每一项交易都要决定于竞争。

毫无疑问，在农奴国家和分成制佃农国家中可以看到的合同条件方面稳定不变的倾向，大体上对耕种者是一种保障；爱尔兰小农当中通常的变动和竞争对他们不利。

爱尔兰小农地租的第三项缺点是，地主和佃农之间没有这样一种直接的和明显的共同利益，能够使耕种者在遭受困难时一定可以得到援助。

实际上，在任何一种情况下，土地所有者和耕种者之间不会没有利害一致的地方；可是在其他形式的农民所有权下他们的共同利益比较直接和明显，并因此对佃农和地主双方的习惯和感情的影响较大。农奴的主人依靠他的佃农生产他自己的生活所需，当他的佃农成为效率比较低的耕种工具时，他受到损失。分成制佃农的主人分取一定比例的产品，他不能不认为佃农的精力和效率就是他自己的利益，没精打采的和不完善的耕种使他受到损失。因此，农奴依赖主人的利害观念或者仁慈的感情而得到援助，如果他的作物歉收或者遭到任何灾祸；他很少被拒绝或者希望落空的。我们知道，这种一半得到承认的要求援助的权利，有时候对农奴非常宝贵，以致他们曾经因为恐怕失去这种权利而放弃自由。分成制佃农，由于任何原因而自己的来源中断时，常常从地主那里借到粮食并获得其他援助。地主因为害怕失去自己的农具、收入和所有已经借出的财物，即使非常不愿意，在这种时候也不敢不给予援助。甚至那印度农民，尽管通常十分可怜，并且距离统治者地主很远，在这些利益方面也不是一定不分得一份。人们觉得他出的力是国家收入的重要来源，在治理得比较好的政府下，人们觉得并承认有必要援助那些有困难的耕种者，应该对他们容忍，并且有时候应该接济他们。[①]

爱尔兰小农佃户的利益和地主的利益不是那么明显地一致：更换佃户和增减地租是常有的事，辞退一个运气不好的冒险家和

① 奥伦泽比对他手下收税人员的指示。

录用一个比较乐观的肯出较高地租者，对地主来说是比较安逸的和合意的手段，胜于把东西借给佃户，使自己卷入耕种的风险和麻烦。确实，在苏格兰高地，氏族的族长大力帮助他的族人。他们是他的亲属和保护者，和他有血缘关系，保卫着他的人身安全。在这些感情充沛时形成的习惯仍然存在。斯塔福德勋爵曾接济萨瑟兰大批的粮食。鲁姆赛岛的首领支援他的族人到这样的程度，以致他不久以前认为值得花很多很多的钱使这些人能够迁移。① 小农仅仅作为小农，例如爱尔兰小农，他们不能像这样地抓住他的地主的同情不放，没有疑问，在各种农民佃户中，他们在遭逢不幸的时候处境最孤寂和最凄凉。他们最没有保障，无法避免损失惨重的灾难或者任何其他原因使得他们的微薄收入中断时一般的影响。

这些是这一种范围最不广的农民地租制度的缺点。爱尔兰小农从这种方式的使用权得到的主要利益是：在环境对他有利时，他可以非常方便地完全改变他在社会上的情况。在农奴、分成制佃农或者印度农民的国家，整个社会结构方面必须先发生广泛的变化，然后农民才变成资本家和独立的农场主。农奴必须经过许多阶段然后才达到这一点，并且我们已经看到他要前进一步多么困难。分成制佃农也必须成为他的农场上的农具所有人，并且能负责缴付货币地租。这两种变化都发生得缓慢，而且有困难，特别是后一种——以货币地租替代，这要假定国家在内部商业方面已经有很大的改进，并且通常是耕种者的境况改善的结果，而不是改善的开始。可是爱尔兰小农已经是自己的农具的所有人，生存在一

① 参阅《移民报告》。

个已经有能力缴付货币地租的社会里。如果他在自己的职业中取得成功，没有任何东西会阻止他扩大他手里的土地，增加他的农具，以及成为资本家和名实相符的农场主。人们很高兴听说，住在当地的一些爱尔兰地主费了相当的力，作了一些牺牲，改善他们的佃户的品质和境况；现在他出面证明这种事实，叙述爱尔兰小农怎样在这些地主的赞助下取得农具，并成为小农场主。分成制佃农、农奴和印度农民占有的国家大多数在几代人的时期内还会有类似的佃农部族。如果今后这半个世纪内的发展对爱尔兰有利，它的那种小农可能会消失，和一个大不相同的从事耕作的民族合并在一起。像这样容易跳出他们务农的现状，转入一种较好的境况，是爱尔兰小农地租制度比其他农民地租优越的一项优点，可以补偿一些比较阴暗的特征之不足。

尽管有以上指出的一些独特之处，爱尔兰小农地租对劳动工资及其他社会关系的影响，和农民地租的影响相同。产品的数量决定于土地的肥力，土地范围的大小，农民的技艺和干劲；作为工资来源的那一份产品，决定于他和地主的合同，就是，决定于地租。再说，全部产品的数量像以前那样地决定了，地主所得的一份（地租）决定于留给农民的生活费，就是决定于工资。

在爱尔兰小农佃户制度下，地租的存在完全不是由于土地的质量不同，或者由于对所使用的农具和劳动力的报酬不同。像已经一再指出的那样，凡是没有足够的基金可以维持广大劳动者的地方，他们必须自己从土地上生产粮食，否则就挨饿；这一情况就会使他们依附于地主，引起地租，并且，随着他们的人数增加，造成很高的地租，尽管所有的土地在质量上完全相等。

爱尔兰小农地租，和其他农民地租一样，可能由于两种原因而增加：第一，由于整个产量增加，从增加的产品中地主取得全部或一部分。或者，产量不变，地租可以由于增加地主所得的份额而增加，佃户所得的份额则相应地减少。

地租增加而产量不变时，地租的增加不表示国家财富和收入的增加：发生了财富的转移，并没有增加；一方财富减少的数目和另一方增加的数目恰恰相等。

另一方面，如果增加的地租是由增加的产品偿付，国家的财富就有所增加，不是仅仅已经存在的财富的转移：国家的财富至少增加到地租增加的程度；而且，或许达到更大的程度，由于耕种者的收入也有了增加。

显然，和对其他农民佃户的地主一样，对爱尔兰小农的地主有利的是：他的地租收入增加的来源总是在于农事兴旺，而不是由于压榨佃户。后一种来源的力量有限；来源于改进，是无限的。

也很清楚，爱尔兰小农佃户由资本家来替代，对地主是有利的，他们能够把耕种工作推进到技能和财力可能做到的最高地步，而不是把工作交给可怜的工人，他们只是勉力为生存奋斗，没有能力改进，并且，当他们由于竞争而落得很穷困的时候，往往品质降低，容易骚动和铤而走险。

既然有人建议在本书的结尾部分考虑爱尔兰和英格兰两处的贫民，那时候我们可以得到我们将大胆提出的各项比较全面的原则的帮助，爱尔兰小农地租问题在这里就不必进一步讨论。对这种地租已经作了充分研究，足以说明它和其他的农民地租相同或者不同的地方。

第六章　农民地租概述

地租对工资的影响

回顾我们一直在探索的那些采取各种形式的初级地租或者农民地租的集团，有一项重要事实一定给我们强烈的印象。这是地租和劳动工资之间经常的和很密切的关系。

在这方面，农奴、分成制佃农、印度农民、爱尔兰小农是相同的。他们可以取得自己耕种的那块土地的那些条件，在决定他们个人劳动可以得到的报酬方面，有积极的和主要的影响，或者，换句话说，在决定他们的实际工资方面。假如我们仅仅计算在任何特定时间存在的资本的数量，然后查明他们的人数，算出他们的份额，我们对于支配他们所得数目的原因的看法就会是很不正确的。既然他们生产自己的工资，一切影响他们的生产能力或者他们分得产品多少的情况，就必须估计在内。其中主要地是区别一套农民租佃办法和另一套办法的那些情况。他们缴纳地租的方式，无论是用劳役、产品，或者货币支付。时间与惯例在使他们的合同的原来形式或者结果变得比较温和，或者有些过分或者有所修改等方面的影响；所有这些问题以及它们结合在一起的影响，必须仔细查察，慎重考虑，然后我们才能期望了解什么东西限制农民的工资，并决定农民的生活和享受的标准。

那么，当世界人口的一大部分继续像现在这样，不得不用自己的双手从地下生产出自己的粮食，农民租佃的方式和条件，以及在这些方式和条件下缴纳的地租的性质和数目，必然会对劳动阶级的境况和他们的劳动的实际工资产生主导影响。

农民地租对农业生产的影响

各种形式的农民地租所共有的又一种值得注意的后果，是在阻碍土地生产力的充分发展方面的影响。

如果我们注意到人类努力的任何一个部门中各种人的劳动的生产力方面存在的差别，我们将发现这个差别几乎完全决定于两种情况：第一，用于施加劳动力的工具的数量；第二，人们仅仅双手的努力受到过去劳动的积累的结果协助的程度：换句话说，决定于投入生产工作的不同数量的技艺、知识和资本。这些方面的差别，引起一群野蛮人的生产能力和人数相等的一群英国农学家或者制造家的生产能力之间的差别，并且也引起各种不同集团的人在生产能力方面比较不那么显著的差别，他们分别属于这两个极端之间的各个等级。

当土地在一种农民地租制度下进行耕种时，所有指导农业和提供必需品来协助农事的工作，不是完全放在农民身上、像在实行印度农民地租和爱尔兰小农地租时那样，便是由农民和他们的地主分担，像在实行农奴地租和爱尔兰小农地租时那样。实行这些办法，农业的效率都不会推进到应该达到的程度。贫穷，以及经常辛苦出力的疲劳，使得科学和通过资本积累来辅助辛勤劳动的方法都不是农民力所能及的。地主们一经部分地摆脱耕种的负担，并组成一批农民佃户以后，就不会提供很多可靠的监督或者援助。他们的财产的固定性和安全性，以及在社会的早期阶段中给他们的对耕种阶级（就是，全国人的绝大多数）的影响，结果形成一些情绪和习惯，不符合对耕种工作仔细关心的要求，同时他们很少具有这种能力和心情，可以坚持积累以备用来辅助在他们的田地上使用的劳力。在最粗鲁的耕种者中，一定也有一些技能和一些资本，可是效率最高对劳动的调度，以及积累和设计必要的手段，使劳动发挥最大可能的力量，似乎一种人——资本家——的特殊领域或者指定的工作。他们和劳动者及地主都不同，比低级的人具有较高的智力，比高级的人更愿意用这种智力提高工业的能力。关于这第三种人在社会中的特殊职能，以及他们的人数和财力增多所产生的道德、经济和政治的各种影响，我们以后还要讨论。耕种工作中没有他们参加（这种情况各种佃农制度中都有），就阻碍土地资源的充分开发，这是他们的技能、他们的计谋，以及他们通过使用积累的资源而发挥的力量能够办到的，而且只有他们能够办到。

非农业的各种人很少

由于土地的能力发展得这样不完善，结果和土地没有关系的各种社会阶级成长迟缓。显然，那些不干农业劳动而能维持生活的人的相对数目，必须完全以耕种者的生产能力为标准。在这些人耕种得好的地方，他们取得的产品足以养活他们自己和许多其他的人；在耕种得不那么好的地方，他们取得的产品可以养活自己和较少的其他的人。因此，凡是土地的资源是在技术和力量都不足的情况下开发的地方，各种非农业的人的相对数目绝不会大得像在这些资源开发得比较完善的时候那样。在法国和意大利，佃农制的农业，和别处类似制度的农业比较起来，算是好的，土地和气候大体上很好，然而非农业者的数目在法国仅仅是 1∶2，在意大利是 4∶13，同时在英国（那里的土地和农业气候都比较差），非农业者对耕种者的比例是 2∶1。[①] 非农业的各种人的相对人数和势力，像我们以前曾指出的那样，强有力地影响各国的社会和政治势力，并且，确实是，主要地决定每个国家会拥有什么材料可以用来形成那些混合宪法，其中君主的权力和地主贵族的权力由人数以及已经完全不依靠土地的财产两者的影响保持着平衡。

当然我不会被人误解为是说，必须有很大一部分的非农业者然后种种民主制度才可能存在，我们有很多例子证明情况恰恰相反。可是，如果强大的贵族已经在土地上存在，像在农民地租盛行的地方那样，就一定是如此。那么，把民主的成分有效地引进宪法，几乎要完全决定于各种非农业者的人数和财产。因此，农民佃户在限制各种非农业者的人数方面的间接影响，必须列为那些土地使用权的最重要的政治结果之一。

地主的利益和他们的佃户及社会的利益的同一性

稍微注意一下就可以看出，在各种农民租佃形式下，地主的利益和他们的佃户及广大社会的利益，不可分割地联系在一起。国家的利益显然是，它的领土范围内的资源应该由一种自由、富裕和

① 也是在英国，比较多的动物是养着供人消遣，以及为了各种各样与耕种无关的用途：我们在计算英国农业的效益时，必须把饲养这些动物的力量计算在内。

繁荣,因而有能力承担这份工作的耕种者充分地加以开发。佃农的利益一定总是在于增加土地的产品(他以此为食),摆脱奴隶般的附属地位,并取得那种形式的所有权,使他完全成为自己的主人,在积累财产方面不受阻碍。

地主的利益和国家及佃农的这些利益是一致的。

有一种方法确实可以增加收入,对社会和佃户本身都不利:就是,通过侵占佃户应得的那份产品,而产品本身的数量没有变动。但这是一种有限的和可耻的来源,它本身含有很快就会停止和发生故障的道理。充分发展领地的生产能力,对地主收入的不断增加是必要的,但这种发展绝不是通过增加耕种者的贫困所能推进的。农民是生产的力量或者主要工具,一个国家的农业在农民的不景气日益加深时绝不能兴旺。假如亚洲的荒漠平原和东欧的森林有朝一日会给它们主人产生收入,像同样数量的土地在世界上比较好的部分那样,这一定不是增加现今原有的人数不多的那种小农的贫困所能做到的。他们的痛苦增加,只能阻碍耕种的发展,并减少耕种的力量。地球上很大一部分的产品不足,显然主要是由于农民耕种者的实际贫困和退化。可是地主的真正利益绝不是从一项日益减少的基金中攫取一点微利,这项基金每次受到他们侵蚀时越来越不会得到增加,实际土地主们可能从这种基金本身的不定期的增益中确保累进的增加。因此,显然对地主最有利的是:他们的收入应该由于土地的产品日益增多而增多,而不是由于耕种者的资料日益减少;并且就这个范围来说,他们的利益显然与国家和农民的利益相同。

再说,对地主的利益不少于对国中其他各种人的利益,如果地

主和他的佃户的那些比较粗略的和压迫性较重的合同逐渐地换成其他方式的合同,更加符合耕种者的社会的和政治的福利。接受劳役地租的地主本人必须是一个农场主;分成制佃农的地主必须支援大部分耕种的负担,并分担所有的风险,爱尔兰小农的地主必须承受常有的由于佃户的生产资料或者生活资料不足而引起的损失,并且在他们的不景气超过一定的程度后,还会受到他们可能铤而走险的很大威胁。地主的地位带来的一切利益,只有在他的收入固定和可靠时(除了遇到特别严重的伤亡)才得到最好的结果,在他完全不担耕种的责任和风险的时候,由于国家发展进步,得力于一批具有可以承担这种任务的知识和物力的佃户,他的财产发挥了最大的生产能力。因此,当劳役地租改为产品地租时,劳役地租的承受者得到好处;从分成制佃农那里收取产品地租的人,在产品地租改为货币地租时得到好处。爱尔兰小农地租的地主成为资本家时,他得到好处。在任何一种佃农制度兴旺的过程中,没有一个阶段地主的利益不是由于佃农的繁荣而得到最大程度的促进,尽管人们承认,由于耕种者越来越穷,地主所得的利益有可能受到限制。

初级地租或者农民地租制度所以能长期存在的原因

在一项对各种农民地租制度的性质和影响的研究中,整个调查研究体系中最有趣味的片段是那些部分,在那里我们想要发现使这些制度能在全世界很大一部分土地上经历漫长的时代而保持久远和不变的原因。

国家、地主和佃农本身的利益,都因为繁荣的社会中耕种方法不断改进而有所增加。然而，尽管人类的制度通常有变化的倾向，以及，就这个例子来说，许多的利害关系合在一起使得变化是合宜的，可是多少时代已经过去，地面的一大部分仍然由各种农民耕种，他们凭着使用权占有土地，所根据的条件和最初强加于承担耕种工作的那些人的条件相似。东方的农奴、西欧的分成制佃农，以及占有整个亚洲的印度农民，正是这样。

如果我们看看农民地租在无论什么时候流行过的那些国家，并联系到以往的或者可能的变化来观察实际情况，那些地租就分为四个不相等的大类出现。从第一类里，他们已经过去了，逐渐造成的、缓慢地先后发生的自发的变化，已经使早期的比较简陋的占有形式的痕迹全部消失了。一种资本家，提供工具、垫出劳动工资并缴纳固定的货币地租，已经掌管了全部耕种业务，地主可以完全摆脱这方面的工作。已经发生这种情况的一部分土地数量不多。其中包括英格兰、苏格兰的大部分、荷兰王国的一部分，以及法国、意大利、西班牙和德国的一些地方。在地球的另一部分，我们看到在别处已经产生我们刚刚提到的变化的那些原因实际上仍然在起作用，可是结果还不完全。没有任何阶级方面别有用心的意图，变化悄悄地在发生，通过这些变化，农业人口在走向一种类似英国农民和工人的境况。这种变化的过程在德意志的西部可以看到：在那里农奴已经有好几代在经历一种缓慢的过程，成为世袭的佃农，缴纳固定的劳役地租，不隶属于土地。这种世袭佃农慢慢地在取得分成制佃农的性质，缴纳产品地租，再前进不多几步，就会使分成制佃农和英国的根据官册享有土地所有权者并列，那时候，他们从前作为缴纳劳役地租的佃农身份所有的实际影响，就会消失。

然而，英国过去的情况和德国现在的情况有一点重要区别。在英国，停止使用农奴佃户的劳动以后，负责地主领地的耕种工作的佃农是在土地上找的，他们是自耕农。在德国，领地的佃户是来自非农业人口的后裔，他们的资本是在与农业无关的职业中积累起来的。在英国，新佃户的来源多、发展快。在德国，来源较少，创立这样一支佃农队伍，一定用了比较长得多的时期。可是这种变动在两个国家都迟缓。用地主庄园佃户的劳动力进行耕种的时期很长，然后这种制度才在英国终于消失：在法律上必须履行这种劳役的义务逐渐变得看不到的时候，还在记忆之中。所以在地主和广大佃农的关系的发展听其自然的地方，似乎很可能还要过很长的时期劳役地租才会完全消灭。国家的习惯方面自发的变化一般地发生得缓慢，其发展过程经历若干时代。

农民佃户占用的土地的租入方式和耕种方式的逐渐改变，不限于在劳役地租流行的那些国家，在某些地区，分成制佃农已经让位给资本家性质的佃户，而在另一些地区则处于过渡状态；拥有资本的一部分，有时候缴付固定数量的产品，有时缴付货币地租，并且，显然准备由他们自己承担耕种的责任和风险。

我们刚刚提到的两种地租，合在一起也不过构成全世界土地的一个小部分。在这两种地租方面，像我们已经看到的那样，一种运动已经在耕种者自己前面进行，这种运动从他们的境况不知不觉地改善开始，结果已经在一种地租方面引起形式上的改变，并且在另一种地租方面也可能这样。可是在仍然需要注意的那较大的一部分世界中，预先没有自发的运动，也看不出有不知不觉的变化的倾向。然而在那较大部分的一个小部门中进行着很快的变化，方式不同，也由于不同的原因。并且，这构成农民地租的第三类，如果根据它们的变化的倾向来分类的话。

在欧洲东部，人们从来没有那种能力甚至愿望，想要改善自己的境况：耕种的方式以及地主和佃农之间的关系，就耕种者本身的努力来说，似乎可能继续没有变化，只须地球持久存在。

可是，在这些国家中，高等人的智力和知识，比低等人的漠不关心以及停滞不动的无知，进步得多。地主们曾把他们的国家和他们的财产的情况跟一些较有改进的国家的状态进行对比，从而受到鼓舞，热烈希望改变广大农民的境况，以及经营农业的方法。这种人人共有的精神，已经产生了（并且每天在产生）各式各样的变化，在细节上随着不同地区的实际情况而有所不同，可是有两项共同的目标，就是，提高现有农民耕种者的品格和改善他们的环境，并促进地主领地上的农业经营。

我们已经看到，这些多种多样的变化的最终结果如何，还有疑问，不管结果怎样，大概总要经过相当长的一段时期，才会充分显现出来。

然而，完全从我们一直在考虑的三个领域来推论，就是，(1)在那里农民地租已经实际上被取代，(2)在那里有人正大力地试图把这种地租排除出去；此外还有一个大的第四领域：一个庞大的结成一体的集团，内部的运动或者外来的影响都还未能使它呈现变化即将到来的迹象。

人们的注意力自然而然地比较容易被激动人心的和在运动中的东西所吸引，比那些较大的和较为重要的但是没有生气的和停滞不前的事物较为容易引人注意；农业经营方法正在改变的国家的发展，比那些真正呈现较为新奇的和有趣的现象的国家更容易引人注意；最初采用的占有土地的方式，以及建立在这些占有方式上的种种社会制度和关系仍然流行的那些国家；在这些国家中，社会的面貌，像大自然的面貌一样，经历的变化很少，人们似乎和他们居住的地区同样的不能改变。亚洲各地的印度农民，以及欧洲很大一部分地区的农民，完全还是他们多年以来那样。尽管有一切人类制度都自然会有的种种变动，以及他们的耕种制度上一些明显的缺点，他们还是忍受着，并且会继续忍受，除非高等人方面进行一种普遍的运动，把下等人从冷漠和贫困中解脱出来；或者他们的境况有了一些不知不觉的改善，使这些下等人自己能开始前进的历程。

上等人要大力改善下等人的境况的努力，不会在地球表面的多大一部分成为普遍的和有系统的运动。假定广泛地传播政治知识和哲学，普遍消除懒惰的自私心的迷梦，可能是一种使人愉快的幻想，可是不能作为合理的期望的根据。确实，东欧的农奴主作了一番努力，可是他们受到了旧制度给他们自己带来的不能容忍的负担和困难的刺激，除了这样的一种刺激，没有办法会使这种努力普遍存在。意大利或者西班牙的贵族没有表现出任何觉醒的迹象，可以说明他们能带头改变租用土地的条件，甚至法国的贵族，在革命以前，在他们的分成制佃农的情况所造成的普遍存在的弊端和损失之下，也很消极。亚洲当地的王公不大可能成为他们国家农业经济方面的改良者。我们看到英国—印度政府在这方面取得的成绩那么少。

可是，如果上等阶级不可能作为改良家表现出广泛的能动性那么,作为全世界一大部分的耕种者的境况方面未来改进的基础,就只有那种可能不知不觉地在下等阶级的境况方面发生的改良。那种他们在时间默默地流逝和日常事件中为自己取得的利益。

如果看到这一点,就一定会立刻理解,那使得耕种者无依无靠和贫困不堪的实际穷苦状态,是对全国着手改进的重大障碍,这沉重的负担使得世界的很大一部分地方的财富和人口以及文明不能发展。确实,我相信这只是一项普遍真理的一个例证,我们在未来的发展中对这项真理将更加熟悉,就是:下等人的堕落和赤贫绝不能和国家财富及政治力量同时存在。可是,当下等人以农民耕种者的身份存在的时候,这一点比在其他的场合更加显著。在贫穷的国家,如果那里的非农业人口对农民的比例很小,通常就不能期望,在耕种方面取得全国性的重大改进所需要增加的资本和技术,能够由土地本身以外任何方面产生出来;并且只能在实际占用者当中筹措。因此,如果广大农民的生活状况和品格一旦降低到那种程度,以致他们既没有财力并且在一个时期以后也没有那种心情或者希望要取得财产和改善自己的条件;农业生产的状况以及非农业人口和其他各种人的相对数目一定是差不多停滞不前。在这样的情况下,所有促进农业和改善农民生活条件的计划,凡是不把扩大耕种者的各种资料这一原则**放在第一位的**,结果差不多都必然要失败。使耕种者获得政治权利和保障的法律,本身仅仅是一种空洞的规定,同时贫困压垮他们,把他们牢牢地束缚住。法国的分成制佃农早已不受地主的专横权力的压制,他们的人身和财产,除了一些例外,和法国任何阶级的人身和财产受到同样的保障;然而他们的境遇以及他们耕种的情况,最好也只能说是没有进

步，而且，在某些地区，肯定是在退步。法国经济学家的一项重大目标是以缴纳货币地租的资本家替代这种耕种者，他们用来实现目标的计划的缺点是：没有建议采取措施使分成制佃农本身普遍地转变为资本家，而是把实现他们认为非常重要的改变的全部希望建立在分成制佃农的淘汰以及资本家从他们已经有了基础的地区逐步扩展上。这样一种过程只有在农产品市场处于十分有利的状况下才可能继续进展，而且一定经过很长很长时期才完成，如果我们考虑到在法国由资本家占有的小小的一部分土地以及由分成制佃农耕种的那很大的一部分。分成制佃农本身的改造不是那么困难，可是它受到我们正在议论的那种道德上的障碍的反对，这种障碍在各种形式的农民地租下成为对进步的真正累赘。它需要地主或者政府方面明显地牺牲眼前的所得。分成制佃农受捐税的压迫，比地租的压迫较重：地主在产品方面的份额从来没有增加过；可是政府从佃农的份额中抽取的那一份，已经使佃农沦于杜尔阁所描写的那种痛苦状况。为了使当时的耕种者能改善他们的环境，积累资本，以及最终改变土地占有的形式，有必要从减轻对他们的实际压迫做起。要实现这一步，或者政府必须豁免一部分捐税，或者地主们必须同意缴纳其中的一部分，也就是，放弃他们自己的一部分收入。在国家这方面，公务的需要，部分地是真实的，部分地则是由部长们假定的，他们没有预见到自己会把人民逼迫到什么程度，在地主那方面，杜尔阁所谓被误解的自私心的幻想，使得豁免广大农民的租税负担这一设想未能实现，因而他们未能首先发动，因而他们继续贫穷、效率低、没有进步；国家的农业资源在发展中同广大农民一起受到阻碍。尽管经历一场革命的痛苦

（通过这场革命，耕种者摆脱了多年来所受的压迫），广大农业工作者的收入增加了很多，法国消费的工业品的数量三倍于革命前消费的数量，法国的非农业人口加了一倍。这些事实立刻说明，由于在旧的制度下广大农民投入农业的力量太少，结果在实力和财富方面的损失多么巨大。可是像法国在革命中消灭了地主和佃户的关系，以及把很大一部分的分成制佃农变成小地主的那种大骚动，在通常人类事务的发展中是不可靠的，而且，只要地主或者国家或者任何其他情况的强征暴敛已经使农民佃户沦于赤贫，同样的困难总使得改进无法开始。没有人愿意，通常也没有人会想到直接牺牲收入，为了增加实际的资料；可是除了这样就没有办法使他们能够发动起来。在印度，英国—印度政府曾经诚心诚意地准备让他们的印度臣民享有比以前较多的保障和公民权，可是当问题成为直接牺牲税收的时候，尽管当局者自己心里非常清楚地相信以后人口会增多，耕种会改进，领土范围以内的财富和资源会迅速增加，但是政府的迫切需要不容许他们对实际地租减免到25%或者15%，即使为了可以确保所有的这些公认的最终利益；因此，他们最后决定耕种的现状以及佃农的贫困不得不继续下去。①

由于同样的原因，东欧已经获得解放的农奴的后裔没有可能形成一种资本家—佃户的集团，适宜于负责地主领地的耕种工作。个人的自由，对配给地的世袭占有权，许多权利和优惠待遇，地主和君主们都愿意赠予；如果说这些赠予毫无价值，那就过分，但是要使农民能得益于新的地位，压在他们身上的负担立即减轻，由于

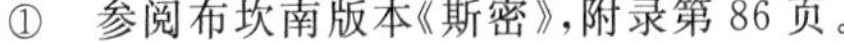

① 参阅布坎南版本《斯密》，附录第86页。

君主或者地主方面直接牺牲收入而农民的收入增加，做到这样就比较困难得多。在普鲁士，加在农奴身上的地租负担，构成欧洲最重的地租之一，虽然现在他们的法定身份是业主。东欧流行的各种改善广大农民境况的计划中，我知道只有一种—利沃尼亚贵族的计划——打算直接牺牲地主方面的收入作为预期改良的基础。①

没有疑问，农民的实际贫困，以及人们没有努力使这些农民能迈出争取摆脱困境的第一步，在很大程度上打破了北部那些好心好意的改良家关于增加财富和促进文明的一切希望。这也是农民对待政治权利的态度冷淡的原因，并使得他们受到的恩惠差不多有名无实。

那么，根据地主或者政府所作的努力来推论，并看看现今正在一班意气消沉的佃农的效率低的工作下萎靡不振的那一部分世界的整个范围，似乎一旦他们的处境艰难和极端贫困，就只有放宽他们和地主的合同上的条件，或者减轻国家加在他们身上的负担，才可能使他们有机会迈出前进中的第一步，这一定是他们的新发展的开端。要做到这样的放宽条件之所以困难，往往是由于地主或者君主的财政拮据或者没有眼光，而纯粹由于自私的则比较少。这种困难是农艺没有进步和效率低的真正原因，也是世界上一大部分地方现今这种土地所有制方式所以能持久的原因。在完全精神沮丧的广大农民手里，耕种也许会扩展，可是力量不会增长，人

① 在这种情况下，以前应该用一半的劳动力为地主服役的佃户，按新的规定，地主的要求不得超过每周两天，或者 1/3。

口可能增多，可是非农业阶级的相对人数不会变得大得多，并且，根据总人数的增多来推论，全体人口的财富和实力以及政治制度的基础没有改变。

那么，这就是那种原始的土地所有权形式所以历时这样长久和范围这样广而保持不变的可怜的原因，并且，不幸的是，这个原因似乎今后还要让这种形式在全世界许多地方继续存在相当长的时期。

我们不妨在某些小试点上观察一种不同制度的影响，英国是其中之一。农业被进一步推向完善，因此产生了一种可以养活人数多得多的非农业人口的能力，这种人可以为一种保持势力均衡的政府提供丰富的和极好的材料，因此才智、知识、闲暇，以及高等文明的各种迹象和成分增多并集中。假如地球的表面全部耕种得成绩像这样好，我们的行星上居民的商业资料、政治制度，以及才智和文明的集合体一定会多么不同啊！

然而，广大农民集体的正在发展的财富，并不总是导致他们自己的境况永远改善，或者社会的组成要素或者文明的程度有所改变。耕种者人数迅速增加，以及一个时期以后广大农民仍和起初同样穷困而人口增多，有时候是广大佃农收入增多的结果。仅仅一项有利条件不能使他们的繁荣开始，作为国家普遍进展以及它的力量和文明的要素不断增加的基础。那些有利条件是什么，我们以后研究在不同阶段和在不同情况下促进或者阻碍人民大众有了改进的习惯时再指出。目前我们只须理解，世界上很大一部分地方的农民租佃权的停滞状态，主要是耕种者长期以来贫困的结果——这种贫困状态使得农民的进步不能从他们本身开始，而只能靠其他阶级方面作出牺牲来解除或者减轻，可是他们很少既有能力又愿意这样做的。

我们在评述各种农民地租的时候，认真地讲到并重新提出那些事实，说明农业效率提高，国家土地的产品增多以及结果总的财富和实力增多，是地主阶级的收入能够久远地和不断地增加的基础。

近来流传着一些奇怪的意见，认为土地所有者的利益和社会及国家的其他人的利益必然是对立的。人们认为，这些意见的谬误，如果简单地说明我们周围存在的事实，要比跟着那些发表这种意见的人钻进抽象辩论的迷宫，较为容易说得清楚。所暗指的理论，后来的政治经济学著作的读者都十分熟悉。这些著作的实质和精神，从下面一些引文中可以推断。“一个国家养活和雇用劳动者的能力，完全不依靠地点优越、土地肥沃或者范围广大。”[①]“因此，似乎是在社会的最初阶段，以及只有最好的土地才耕种的地方，从来不缴地租。地主，作为土地所有者，在有必要耕种肥力较差的土地，或者在优质土地上施用资本而收益递减以前，不会分享土地的出产。可是到了出现上述两种情况的时候，地租就要开始缴纳”，[②]“并且随着耕种扩展到较次的土地上而增加，和随着那些质量较次的土地停止耕种而减少。因此，地租增加，不是像人们很普通地认为那样，由于农业进步或者土地肥力的增长。这完全是由于，随着人口增多，必须利用肥力越来越差的土地。地租和耕种

① 麦克库洛赫的《政治经济学原理》，第327页。

② 同上书，第282页。

中使用的资本与劳动所取得的产品数量成反比例地变化，就是，当农业劳动的利润减少时地租增加，利润增加时则地租减少。”[①]“地租增加，总是国家的日益增多的财富以及为增加了的人口提供生活必需品的困难的影响。它是财富的象征，但绝不是财富的原因。”[②]“没有任何东西能提高地租，而只有对一种质量较差的新土地的需求，或者有某种原因会引起已经在耕种中的土地的相对肥力的变化。”[③]“地主的利益总是和消费者及制造者的利益对立的。”[④]“地主和公众之间的交易不像贸易中的交易，通过贸易中的交易，卖者和买者双方可以同样说是得益，可是损失全部在一方，而利益全部在另一方。”[⑤]“那么，地租是价值的创造，而不是财富的创造；它对国家的资源一点没有增加，不使国家能维持海军和陆军；因为，假如它的土地具有较好的质量，可以使用同样的资本而不产生地租，国家就会拥有较多的可以动用的基金。那就必须承认西斯蒙第先生和布坎南先生（他们两人的意见实质上相同）是正确的，因为他们认为地租是一种完全有名无实的价值，并不增加国家的财富，而只是作为价值的转移，仅仅对地主们有利，并且相应地对消费者有害。”[⑥]

这些意见应用于任何一种农民地租时绝对错误，在以上对每一种的评述中已经分别指出：就是，对劳役地租，在第 35 页上；对

① 麦克库洛赫的《政治经济学原理》，第 269 页。
② 李嘉图的《政治经济学》，第 2 版，第 62 页。
③ 同上书，第 518 页。
④ 同上书，第 518 页。
⑤ 同上书，第 423 页。
⑥ 同上书，第 501 页。

分成制佃农，在第 73 页上；对印度农民地租，在第 100 页上，以及对爱尔兰小农地租，在第 104 页上。

可是让我想象一下这个学派的一位哲学家一次演说的影响，听众中有印度农民占用的土地的王室地主，以及由农奴、分成制佃农或者爱尔兰小农耕种的土地的所有者。根据麦克库洛赫先生的话，这位哲学家要使他们放心，他们可能拥有的土地的大小和肥瘠完全不影响他们养活和雇用劳动人口的能力，在社会的最初阶段（这是他们最熟悉的那些阶段），从来没有地租这回事，只有在有必要耕种肥力较差的土地时，才开始缴纳地租。他还要进一步让土地所有者知道，他们的收入增多，绝不可能是由于农业方面的改进或者土地的肥力增加。他也会告诉他们，地租收入的每次增加，一定是完全由于随着人口增多而不得不利用肥力愈来愈低的土地。农业的衰老和土地所有人的繁荣总是并进的，他们的收入一定总是和耕种中使用资本与劳动所取得的产品数量成反比例地变化，并且，因此，他们的地租收入会随着农业劳动的利润减少而减少。

教师然后可能用李嘉图的书作为课本，在强行灌输了来源于这位祖师爷的理论以后，他可能把自己的新发现推进一步，向听众解说：作为地主，他们的利益总是和社会上非农业阶级的那些人对立的，他们分得的一份土地的产品是价值的创造，而不是财富的创造；这种增多，完全不增加财富的总量，不增加国家的共同资源，也不增加国家维持公共机构的能力。

我们可以有把握地想象各式各样的地主听众的惊讶。他们会知道他们自己和他们的祖先同样地被农民大众所包围，这些农民让出他们的一部分产品或者劳动力，作为利用土地生产粮食的报酬。他们必须依附于这份土地，否则一定会死。因此，这里的地主会觉得，他们作为土地所有人的收入之起源以及继续存在，并不是由于土地的质量方面有着不同的等级。他们会知道，就他们的经验来说，由于农业方面的进步，以及由于土地肥力的增长，构成他们每年地租的产品的数量已经不断地增多，他们一定已经发现，由于他们的佃农的劳动从土地上生产了更多的东西，他们自己变得富裕得多，以及由于这些佃农的生产减少，地主也变得较穷了。他们应该不可能怀疑，对一个地方的辛勤劳动的居民提供就业和生活所需的能力，主要地决定于他们可以支配的土地的数量和质量。他们不可能不看见具体的事实，日益增加的产品变成了增加的地租，构成一种新创造的物质财富。当他们听说，在发生这样一种增加时，虽然可能是价值的创造，却不可能是财富的创造，他们只能感到迷惑不解。他们一定知道，他们的收入的分配是那种和他们在一起生活的非农业人口中大部分人的生活所需的直接来源；他们不可能听说他们的收入增多是那种人的不幸而不觉得诧异。最后，说到在印度农民的一些王国里，国家的舰队和陆军完全靠统治者地主收得的地租维持，以及在农奴和分成制佃农的国家，地租总是或多或少地用于类似的目的；他们听到这种理论说，一个国家的土地收入增加，对国家的公共力量或者维持军事机构的能力完全不增加什么，他们一定会感到惊讶。

难以想象，在脑子里充满了这种旧思想的一班人当中，我们的演讲者会得到信徒。他的听众会以为他们在听着的这位哲学家一定是来自什么其他的行星。他所经历的一切和他们自己的经历一定是大不相同，假如说，他正在向他们灌输的各种理论是根据他们日常熟悉的事实推断出来的，那也完全不可能。

老实说，读了这一学派的任何著作而看不出他们关于地租的一套理论是完全从研究农民地租的种类中推论出来的，很不容易。这种地租（无论我们英国人认为它多么有趣）已经据说不会扩展到全世界耕地的1％。我们在研究这特殊的一种地租中将有机会说明，我们曾引用他们的著作的那些作家以及他们的追随者，也曾同样草率和同样错误地根据他们脑子里所有的那种狭隘的事实推论出原理，就像他们曾经急于想用那些原理来解释全世界很大一部分土地上有关地租的种种现象那样；对这一部分现象，他们的事实显然不适用。

那么，我们现在就暂时搁下那些原始的土地使用权，这种使用权决定人类中用自己的手生产自己的食粮的那很大一部分人的命运；我们转而研究土地所有者的收入，这时候另一种农业工作者已经接管了耕种工作，根据本身不同的条件，并且，在变化方面受到各种不同原因的影响。

第七章　农场主地租

第一节　引言

必须承认，我们将要仔细考察的这种地租所提供的研究领域，乍一看不及我们以上研究的东西引人注意。我们不需要再把各种地租作为主要地通过它们的方式和结果决定国家的命运来考虑。现今在我们面前的那些地租，只有在社会中各个不同阶级的最重要的关系已经不是起源于土地的所有权和占用权时才可能存在。当一种资本家已经出现，管理一群人口的各种工作，从他们自己的基金中垫出劳动的工资时，土地的产权以及它可能产生的租佃方式，就不会对政府的活力或者社会的构成要素有重大影响。社会的成分日益复杂，其他的利害关系和力量来源把它们的势力混合在一起，决定一国人民的特性和情况，并影响他们所有的复杂关系的详细内容。然而，即使在这样的状态下，也只是一种重要的尝试，企图发现地主阶级的收入怎样随着社会的发展而自然增长，以便和全体人口的日益增多的财富保持一定的比例。

可是考察一下在一个人民集体继续存在的这种比较先进的时期影响地租发展的各种原因，**不仅仅是**这样做的本身有趣味。在关于这些问题的舆论处于目前这种特殊状态下，这样的一种考察

一定有助于了解“国家财富的分配”问题的其他部门。例如，它会使我们在以后考察比较先进的社会阶段中利润和工资的发展方向时，摆脱许多虚假的和错误的事实。它会消除一种普通的（虽然是不可思议的和痛苦的）信念，所谓地租总体的进展和国家为日益增加的人数提供食粮的能力逐渐减低两者之间有一种必然的关系。它会（附带地）有助于说明农业的和非农业的两类人的相对人数和影响方面发生的变化。这些，以及类似的结果，会在我们即将开始的研究过程中出现，我们不得不希望它们将在某种程度上补偿我们必须使用的一些计算和推理的抽象性质。

农场主地租的起源

我们一直在考察的那种由农民耕种的制度，以及它所产生的地主与农民之间的各种关系，在世界上某些地方已经缓慢地和局部地由一种不同的经营农业的方式接替；这一改变对地租的影响，我们现在必须查明。

文明和财富方面有了一定的进展以后，劳动阶级的工资已经不是由他们自己从土地上得来的收入构成，粮食积聚在资本家（或者用他们积聚的资本谋利的人）的手里，其数量足以使他们能在各种工作进行期中对劳动者预支生活费；他们获得那些任务完成以后的产品，这时候就已经采取了那重大的基本的步骤，把国家产业的管理权授予一种和地主与劳工都截然不同的人。

这种变化通常从那些非农业阶级开始，首先归于资本家的管理之下的，是那些手艺人和手工业者，所有可以说是文明的国家，大多数已经前进到这个程度。就耕种者来说，情况却不同。在世界上最精练的一些人当中，以及在大部分土地上，农业劳动者本身是农业的经营管理者。他们的工资，像我们看到的那样，从来只以他们自己的收入的形式存在，并且他们按照自己的意见使用自己的劳动力。

但是，在一些比较起来范围很小的地区里，农业和其他的劳动者也有都是由资本家养活和雇用的。这些资本家当然收取他们养活的那些劳动力的产品，并负责向地主缴纳地租。

这种变化的直接后果之一是可以任意把农业上使用的劳动和资本转移到其他用途。一方面佃户本人是参加劳动的农民，由于没有其他来源可以维持自己的生活，不得不亲自从土地上取得，因而被束缚在土地上，他可能拥有的少许农具，除非完全用于耕种，就不够为他挣得生活费，因而实际上也就和它的主人一起被束缚在土地上。可是当这些劳动者的雇主手里积聚的基金足够维持他们的生活时，这种对土地的依附关系就被打破。除非在土地上使用这些劳动阶级的所得，能够和他们在各种其他工作中的所得同样多（这样的机会在这种社会里很多），人们会放弃这项行业的。

地租，在这样的情况下，必然仅仅由剩余利润构成；就是，由一定数量的资本和劳动用在土地上所能得到的全部收益构成，而这项资本和劳动在任何其他用途中可能得到的收益较多。

地租和工资关系的断绝

这样构成的地租，立刻就不再决定工资的数目。当劳动者必须从土地上取得他自己的食粮的时候，他保留的产品的数量（就是，他的实际工资的数目），主要地决定于他和地主订立的合同。

当劳动者和资本家订约时，这种对地主的依赖关系就解除了，他的工资数目决定于其他原因。这些问题我们以后还要研究，可是地租已经不再影响工资，在两者的发展中都是一种非常显著的阶段，不能让它无声无息地过去。正是这种情况主要地区别英国的农业工人和全世界其余的农业工人。因为，如果荷兰和比利时除外，英国是唯一的国家，在那里我们将要仔细考察的地租制度独一地或者主要地流行。

第二节　农场主地租可以增加的不同方式

当地租由剩余利润构成时，有三种原因可以使某一处土地的地租增加。第一，在土地的耕种中由于积累了较多的资本而致产品增加；第二，对已经动用的资本作更有效益的使用；第三，（资本和产品仍然一样）生产阶级在产品中分取的一份减少，而归于地主的一份相应地增多。这些原因，在一个由资本家耕种的国家的地租增多中，可能以各种不同的比例结合起来，可是每种原因的独特的力量和作用方式一经有人了解，它们的共同作用就容易计算。

关于耕种中使用较多资本，以致产品增多而引起地租上涨的进展和影响

在人口稀少和原始的国家，土地耕种方面使用的劳动与资本的数量，和占用土地的范围比较起来，通常是少的。广阔的牧场上有少数牲口苦度着吃不饱的生活，已耕地的肥力耗尽后听其自然

地在休息，简陋的农具、稀疏而狭小的房屋、残缺的围篱和排水沟，这些情况现今都显示波兰或者匈牙利以及许多其他国家的农业的特征，就像它们从前曾经是英国农业的标志那样。随着人口增多和人们的技艺提高，耕种的方法和乡村的面貌发生变化：用作森林或者粗牧场的地区减少，土地或者被改造为肥沃的草地，或者经过耕耘，用适当的轮作制使它和一般的农场体系结合起来，并予以加强。原有的那部分耕地，一经暂作牧场和休闲，就细心照管，缩小范围，在停种谷物时期改种蔬菜，从而提高它的生产力。这种变动在进行期中，所饲养的准备用于运输或者屠宰的牲口增加得很快；更好和更多的工具、排水设备、围篱和建筑物出现；以前零零落落地分布在500英亩土地上的劳动力和资本，现今全部(或许还不只是全部)集中起来，使100英亩得到比较全面的耕作。

我们需要弄清楚，资本这样的不断增多，对于在每一部分土地上取得的剩余利润或者地租，一定有什么影响。

谷物可以或者按一种垄断价格售出，就是，售得的价格足以补偿那些在最不利的情况下生产这种谷物的人的成本和利润而有余；或者售得的价格只能补偿他们的普通利润。让我们首先作为按垄断价格售出来考虑。然后，去掉耕地肥力方面的差别，地租将由产品价格中超过生产成本的那一部分，以及这个成本上的通常利润构成。假设通常的利润率是10%。如果在任何一处土地上用100镑生产出来的谷物售得115镑，地租就会是5镑。如果在改进的过程中用在同样土地上的资本加了一倍，产品也增加一倍，200镑会产生出230镑，既然其中220镑是资本和利润，那剩余部分10镑就会是地租，地租将增加一倍。那么，如果谷物按垄断价格售出，增多的资本所取得的增多的产品(价格仍然相同)可以增加地租，按所用的增多的资本比例增加。

像这样的情况，虽不常有，但可能发生；因此不可忽略在小型社会里，谷物可能经常按垄断价格出售。大概在泽西岛就是这样，那里总是迫切需要未加工的产品，这在战时把地租抬高到每英亩14镑，平时到6镑或7镑。还有，在一些较大的国家，虽然拥有很多未耕地，而谷物可以长期保持一种垄断价格，只要人口的增加稳定地走在耕地的增加前面。

但是，必须承认，谷物连续不断地以垄断价格出售这种情况，在范围相当大和土地质量各种各样的国家里虽然不是不可能，也是很不正常的。在这样的国家，如果已耕地的产品售得的价格超过所使用的资本可以得到的一般利润率，其他的土地就会有人耕种；或者更多的资本被用在原来的土地上，直到耕种者发现他投入的资本不能得到通常的利润为止。当然，这时候耕作会停止。因此，在这样的国家里，通常出售的价格最多也只是足够更新或者补充在最不利的情况下使用的资本，以及支付这项资本应得的一般利润；然后，对较好的土地，就以它的产量超过用同样资本耕作的最差的土地的产量的超出部分为计算标准。如果土地A为(n)数量的资本生产10夸特，并付给农具通常的利润；那么，土地B如果用同样的资本(n)生产12夸特，就会有两夸特的价钱作为剩余利润，并以地租的名义付出。那么，让我们假设一个国家拥有不同等级的土地，其肥力从A到Z逐级增加，某中A级为每100镑产生收益(本利)110镑，其他各级也累进地发展一直到Z级，超过110镑。这会显示这种范围广阔的国家里耕地的真正状况。在人数、财富和知识的进展方面，让我们假定原始的和没有技巧的耕种方法逐渐被较好的方法所取代，增加的资本和劳动积累起来，以备对各种等级的土地进行较为全面的培养。然后让我们观察，在质量优劣不等的土地的耕种中，这种一般的资本积累对地租（或者剩余利润）的必然影响怎样。

假设土地 A 以前曾用 100 镑培养过，每年出产 110 镑，其中 10 镑是资本方面的，土地 B 用 100 镑培养过，出产 115 镑；又土地 C 用 100 镑培养过，每年出产 120 镑……照这样一直下去到 Z。既然全是在 110 镑以上，每一项上面都有剩余利润或者地租，B 的地租会是 5 镑，C 的地租应该是 10 镑，等等。在一段不肯定的时期内，让这些质量不同的每一块土地用 200 镑加以耕种，它们的相对肥力仍然是以前那样，让它们的产量比例地增加，土地 A 会生产 220 镑、B 会生产 230 镑，C 会生产 240 镑。都在 220 镑以上，在每一种上现在都有剩余利润或者地租。因此，B 的地租会已经成为 10 镑、C 的地租 20 镑。也就是每一种的地租会加了一倍。就这样，一个改进的国家中用在土地上的越来越多的资本必然提高所有较好的土地上的地租（或者剩余利润），并且，这一点和耕地的相对肥力或者在较差的土地上应用一定数量的资本所取得的产品数量完全无关。

或许，可以认为，虽然我们承认用在最坏的土地上的增加的资本会产生和最初耕种时投入的资本同样的利润（这种情况是否可能，我们即将研究），但还是不可能使增加的资本产生较多的产品，和原先的肥力的优越性完全相称。可能是这样，地租仍然会增高的，但数目不同。

它们对作为资本投入的第一个100镑产生A100镑、B115镑、C120镑。假设它们对第二个100镑产生A110镑、B113镑、C118镑。超过110镑的增多的产品将是地租，于是B将付出额外地租3镑、C付出8镑。不同土地的比较肥力将被改变。较好土地的优越性减低，如果相对于各种土地上现在使用的全部资本来考虑；但地租仍然会普遍增高；然而，可以看出，不是增高太多，好像各种土地的相对肥力在各种土地上增加了费用以后，仍然是完全一样。可能是，在大多数情况下实际的增高会符合第一种算法的，并且个别的增加是会和土地原来的质量好坏成比例的。如果B和C在用于生产粗糙牧草、谷类作物和休耕地时，比A有一定程度的优越性，那么，当每一类牧草地和休耕地由于用了较多的劳动和资本而生长了豆类植物、块根植物或者人工草时，可能各种土地的优越生产力会保持差不多同样的比例。然而，要在一个拥有肥力不同的土地的国家实现地租增长，只须做到这样：较好的土地由于耕种中用在这里的额外资本而产生的收益，应该多于公认质量较差的土地上的收益，因为这样一方面可以有办法在A和Z两个极端之间任何土地上按普通利润率使用新资本，同时在一切比那特定的土地较好的土地土地租会增长。

因此，耕种中使用的资本的普遍积累，一方面和原有的肥力成比例地增加各级土地的产物，另一方面这种积累本身也一定会再一次提高地租；不管所使用的劳动和资本的报酬，并且确实是完全和任何其他原因无关。我们知道，在一切进步中国家的发展中可以看到用于农业的资本增加很多，像我们自己的国家中已经发生的那样。因此，这个原因在引起地租增加方面必然有很大的影响，这种情况，在所有财富和人口都在增加的国家中通常都会发生。

人们有理由可以期待这种情况：在增加资本和劳动、改善耕作以后，土地的产量普遍增多，似乎是地租增涨的一项很自然的和很明显的原因。

然而，人们曾经很明确地否认地租可以像这样地增涨；即使在我们所提出的这种最优条件下，增加的资本所得的报酬不减少以及不同土地的产品的比例不变动，地租也不会上涨。

确实，有人说过，用在老土地上的增加资本的这种不减少的报酬，根据自然规律是不可能的，假如可能的话，这会有效地压低地租，农业方面的改进一定抑制地租的进展，因而有害于地主的利益，并且，除了某种会改变耕地的相对肥力的原因以外，没有什么东西能提高地租。这些是李嘉图先生的有名的意见。这位先生采用了一种累进的和不变的所谓农业劳动的报酬递减这一简单的事实，作为一项很复杂的和巧妙的关于财富的分配的学说的根据以后，就断定这是国家发展中可能发生的每一次地租普遍上涨的原因——唯一的原因。接着，他就必须说明人们所假定的地租日益增加的其他原因都是想象的，其中有我们一直在说的那一种，就是，由于在耕种中使用了较多的资本而获得普遍增多的产量。李嘉图先生因此首先宣称："每次土地上使用的资本增加时，生产率一定会减低。"①

这一点证明了以后，我们曾假定的所谓产量会随着资本增加

① 李嘉图，第3版，第93页。

而比例地增加这种情况，当然是不可能的。可是他进一步说，假如产量可能这样增加，地租也不会跟着上涨。他说，“假如资本能够无限度地用在原有的土地上而不会报酬递减，那就不可能有地租上涨。”[①]“农业方面的改进是一切土地所共有的，并不打乱这些土地之间原有的相对比例，因为没有任何东西能提高地租，除了对质量较差的新土地的需求，或者有某种原因会引起已耕地的相对肥力的变动。”“地租总是起因于使用数量增多的劳动，而获得的报酬比例地减少。”[②]

所谓农业资本的力量随着所使用的数量增加而必然低减这种意见，我们有必要看到它的不合理。如果总是不能从土地上取得增多的产量而所使用的资本和劳动得到的报酬不减少，这样的一种生产规律，没有疑问，一定会大大地影响社会上各种阶级的命运，虽然方向不同。如果没有这样的一种规律，那些一开始就假定它存在并不断起作用和发生影响的人，就必然会因此而犯严重错误，不能了解他们通常看到的地主的收入随着耕作技术进步而增加的真正原因。

李嘉图先生的关于陆续用在同一土地上的每一部分资本和劳动所得的报酬必然减少的观点，穆勒先生讲得很清楚而有力，他的著作中有许多部分是对李嘉图的意见的一种浓缩的说明。

穆勒先生在关于地租的那一节开始时说，[③]“一块土地，也许

---

① 李嘉图，第 2 版，第 55 页。

② 李嘉图，第 2 版，第 518、519 页。

③ 穆勒的《政治经济学原理》，第 3 版，第 29 页。

能每年生产谷物 10 夸特，或者 10 夸特的两倍或三倍。然而，它生产第一个 10 夸特时用一定数量的劳动，生产第二个 10 夸特时不是不用较大数量的劳动，生产第三个 10 夸特时用还要更大数量的劳动，并以此类推，每次增加的 10 夸特，所需要的成本大于前一个 10 夸特。这是人们熟知的法则，按照这个法则，用出较多的资本，可以从同一块土地上取得较大的产量。”

穆勒先生这样毫不迟疑地陈述以及李嘉图先生和他的门徒同样毫不迟疑地据以推理的这一法则，作为他们的地租学说的唯一基础，它的存在至少需要强有力的事实证明。如果土地的产量每次增加都需要增加成本才可能取得，那么，耕作改良和作物增多实际上只是农业能力衰退中采取的措施。

有一个时期，英国的平均谷物产量不超过每英亩 12 蒲式耳；现在大约加了一倍。我们是不是要相信，有一种自然规律使得从一英亩土地上取得 24 蒲式耳的成本真正地多于从两英亩土地上取得同样数量的谷物的成本？

很明显的考虑确实指向一种相反的结论。生产 24 蒲式耳谷物的农业活动，这时候在那里进行的那比较紧缩的场地一定有一些优点，并节省一些费用；围篱、排水设备、种子、收割工作、甚至（在一定程度上）耕作局限于一英亩时，比扩展到两英亩时，要少花一些费用。古时农学家肯定是这个意见，就像我们相信现代的人也是这样。

我们必须承认，人的劳动使用在有限的一块土地上超过某一点限度时，所取得的收益就会减少。可是在耕作技术进步、逐渐达到利润最大的产量时，很可能每次集中使用在土地上的增加资本和劳动，可以比上一次的更合乎经济地和更有效益地发挥作用。

这样的规律和所谓较大的丰收和生产力较差的耕作是分不开的那种从假定推出结果，至少是同样的可能。

如果真的要把我们的观点局限于某一块很小的土地，例如一平方码，我们也许会误解而默认这种令人不愉快的自然规律至少似乎有理。在这样一种地方，用我们现今的知识可能做到的方法，除草、开垦、排水和施肥的时候，也许似乎用在这里的较多劳动所得的报酬一定比较微薄。

甚至对于这样一个范围有限的地方，我们也可能弄错：可是，当我们的观点中包括通常在某一个人的指挥下进行耕作的较大地区时，情况就完全不同，因为那时候我们必须把由于不同作物一起种和轮种方面，以及消费方式和怎样使作物对田地的肥力发生感应等各方面的技术提高而取得的较大能力，计算在内。

已经说过，在农业通常经历的从粗陋到完善的发展过程中，人们一开始曾经把相当大的一部分土地用作牧场，而对另一部分土地进行耕作，准备种植谷物，并有时让它休闲，在英国这就意味着听其自然地生长一些东西，虽然迟早总是要犁掉的。

让我们假设 1 000 英亩土地已经像这样处理过，对人类食粮的需求增加，有必要用更费力的耕作提高土地的能力。

这种情况通常导致的措施，是取消全部或一部分牧草地，用根块植物、人工草和各种绿色作物覆盖休闲地，用以饲养更多的牲口，这样产生出较多的动物肥料，使土地的能力起着比较经常的和强有力的作用，因而从农场的各部分取得更多的产品。

这些变化在发展的时候，必须对 1 000 英亩投入比原来多得多的资本和劳动。现在,李嘉图、穆勒和麦克库洛赫这三位先生所宣布的地租学说,怎样适用于这里叙述的这种事态呢?

随着全国的农业在长时期的发展中变得全面和合乎科学,所使用的增多的劳动和资本所得的报酬,难道不可能至少和以前在比较愚昧或者比较懒惰的制度下使用的较少的劳动和资本所得的报酬相等吗?每次增多的10蒲式耳谷物必然要以较大的费用来取得吗?真的有一种自然规律使得这样的结果无法避免吗?确实既不是不可能也不是靠不住,大地在日益改进的制度下会显示出有能力对于用在它身上的熟练的和效率高的劳动给予同样丰裕的报酬,像她曾对以往那种懒散的和无知的工作那样。没有疑问,有那么一种不明确的限度,硬把生产提高得超过这个限度,就不能没有损失;可是我们却不可因此就断定,人类掌握着知识和资料,却不能从最原始的试验向这种不明确的限度前进而不在每一步都受到生产能力方面的损失,那个从一英亩土地取得40蒲式耳小麦的人所得的报酬,必然比那个取得30蒲式耳的人差,这个取得30蒲式耳的人,又比那个取得10蒲式耳的人差。人的身材是有限度的,我们知道,过了这个限度,就不可能期待一个人的身高增加而体力和精力不减少。假如我们因此就说,一个青年人的身材在他走向成年的过程中每增长一英寸就一定会较为虚弱,那也说得不恰当;但肯定还比那些人略胜一筹,他们看到,在土地耕种中增加的劳动力超过限度一定产生比较薄弱的结果,就把它作为一种自然规律:说什么任何时候在土地上增加的劳动力所取得的报酬都少于以前使用的劳动力所产生的结果。

因此,我们可以认为李嘉图先生和他那一派的学说是虚幻的,

他们要教导我们："土地上使用的劳动每次增多，生产率就会减低。"并且，我们可以进一步考虑他们的那些看法，认为即使假定他们在这个问题上是错误的，并承认资本可以在已耕地上继续积累而力量不减少，地租的增加还是不可能从这样的原因开始。

这些意见包含在下面这些话里：——"假如资本能够无限度地使用在原有土地上而取得的收益不减少，地租就不可能发生，因为地租总是起源于使用增加的劳动，而取得的收益比例地较少。"①

这两项命题中后一项的真实性显然决定于前一项，它的价值我们一会儿就会看出。李嘉图先生后来说，"农业方面以及劳动分工方面的改进是一切土地上都有的，这些改进增加从每一方面取得的原产品的绝对数量，并不过分打乱它们之间原先存在的相对比例。"然后他说这种改进不会提高地租，因为"没有什么东西能提高地租，而只有对质量较差的新土地的需求，或者有某种原因会引起已耕地的相对肥力方面的变动。"②为了测验这些说法的正确性，让我们假设一个例子，其中这些说法自称会说明其影响的各种情况同时出现，就是——较多的资本使用在土地上而所得的报酬不减少，并且这增加的资本能增多从各级土地上取得的原产品的绝对数量而不打乱它们之间原先的比例。假设 A 代表一类土地，只能为资本取得 10％的通常利润，不缴地租。又假设 B、C 和 D 各代表其他部分的较优土地，也是用资本 100 镑进行耕种，假设它们的出产如下：

① 李嘉图，第 2 版，第 55 页。

② 同上，第 2 版，第 518、519 页。

A	B	C	D
110 镑	115 镑	120 镑	130 镑

各项中所有超过 110 镑的数目都是剩余利润或者地租，其中地租 B 将缴付 5 镑、C 缴付 10 镑、D 缴付 20 镑。其次，假设各处土地上使用的资本增加一倍，所得的报酬不减，并且不打乱各处产品之间的比例，或者改变它们之间的相对肥力，那么，它们的出产就会是这样：

A	B	C	D
220 镑	230 镑	240 镑	260 镑

各项中所有超过 220 镑的数目都是剩余利润或者地租，其中 B 将缴付 10 镑、C 缴付 20 镑、D 缴付 40 镑。也就是，各处的地租都增加一倍。

很清楚，每次增加的一部分资本在运用中取得同样的效果，地租就会比例地增加，就是，资本增加一倍时地租就增加一倍，资本增加两倍时地租就增加两倍，资本增加三倍时地租也增加三倍，无穷尽地像这样增加下去，只要资本能够用在原有土地上而不引起报酬递减，并且不改变已耕地的相对肥力。

十分明显，根据所有的其他原因来推论，在一切改进中国家，随着越来越多的资本投入农业，地租确实一定会像这样地增高。然而，我们已经看到，各种土地的肥力的比例完全停滞不动，对这种地租的增高不是必要的。

根据他推理的一般顺序，人们会以为李嘉图否认资本积累可能提高地租而不相当地减低它的生产能力，这是完全忽略了增加的资本在肥力不相等的土地上必然产生不相等的效果，并且他自己心里曾假定，农业上使用的一切增加的资本在最差的土地上产生的效果会等于它在最好的土地上产生的效果。然而，现在他没有像这样地忽略，而是自己添上了一点假定，认为它们的产量应该比例地增多；并且他否认这种不相等的增多必然会影响地租，这一点因此更是无法解释的。我们可以评述的另一种说法是：没有什么东西能提高地租，除了对质量较差的新土地的需求，或者有某种原因会引起已耕地的相对肥力的变化。这个意见的错误，不亚于有人断定的所谓无限制的资本积累在提高地租方面完全无效。李嘉图先生完全忽略了占全世界 99％的广大佃农，相信土地的肥力不同是地租存在的唯一原因。因此，他所以断言土地的相对肥力改变是地租每次变动的唯一原因，并不是不自然的。可是，即使暂时承认这些前提是正确的，这结论也会是谬误的。如果我们假定土地等级的存在是（其实是最肯定地不是）缴付地租的唯一原因，所谓“除了会引起耕地的相对肥力方面的变化的某种原因以外，没有什么东西能提高地租，”仍然是不真实的。假如我们认为李嘉图先生当然是正确的，所谓土地的自然肥力方面的差别是地租的唯一起源，但决定在任何特定时间缴付的地租数目的，仍然是产品的绝对差额，并因此地租的数目可以无限地增加，只要所有用等量资本耕作的土地各自的产品之间的比例，就是，只须它们的相对肥力，没有变动。

如果彼此之间有一定比例的抽象数字被乘以同一数字，我们知道虽然那些乘积彼此之间的比例会和原来的数目之间的比例相同，可是各个乘积的数目之间的差额，在演算过程的每一步都会增加。如果 10、15、20 乘以 2 或 4，成为 20、30、40 或者 40、60、80，它们的相对比例不会被打乱：80 和 60 对 40 的比例，和 20 及 15 对

10 的比例相同：可是它们的乘积的数目会在每一步演算中增加，从 5 和 10 变成 10 和 20，然后是 20 和 40。

所以，如果几块土地有一种相对肥力，表现为对 100 镑资本分别生产出 110 镑、115 镑和 130 镑，然后把所用的资本增加一倍，产量也增加一倍，它们的出产将变为 220 镑、230 镑和 260 镑，它们的产品数量的差别或者它们的地租就会增加一倍，虽然它们的相对肥力仍然和以前完全一样。因此，虽然土地的相对肥力的差别是地租的唯一原因，却不一定就必然是，除了会引起耕地的相对肥力方面的变化的某种原因以外，没有什么东西能提高地租，因为任何原因会提高地租，只要它增加了各种土地的产量而不影响它们的相对肥力，那种在原有土地上无限地增加资本而不引起报酬减少，恰恰是由于这样的一种原因，李嘉图先生非常坚决地宣告它会使地主的收入永远不可能增加。[1]

把这种很简单的算术计算再推进一点，还可以看得更清楚，李嘉图假定各种土地的相对肥力的差别增加是促使地租上涨的重要因素，在这一点上他完全错误，因为地租可以显然上涨，即使在各种土地的相对肥力的差别减少的时候，只要各种土地的产品的绝对数量是在增多。如果 100 镑使用在 A、B 和 C 三种土地上，取得出产 110 镑、115 镑和 120 镑，并且接着又用了 200 镑、228 镑和 235 镑，产品的相对差别将减少，土地在肥力方面将已经比较接近；然而产品数目的差别将从 5 镑和 10 镑增加到 8 镑和 15 镑，并

① 参阅本书第 139 页。

且地租会已经相应地增涨。[1] 因此，所有会使已耕地的肥力日益接近的措施，都很可能提高地租，而且不需要任何其他原因的合作就能做到这样。

这种变化的过程实际上常常在进行。萝卜和绵羊的经营管理，以及用来进行这种经营的新资本，在贫瘠土地的肥力方面产生的变化，比在较好的土地上的变化大一些；可是它仍然增加每种土地的绝对产量，因此它提高地租，同时减少了已耕地的肥力方面的差别。

我们曾试图说明，由于应用较多的资本和劳动而从国内各种质量的土地上取得越来越多的产品，必然会在一个由资本家经营农业的广大国家中，根据用在质量不等的土地上的资本和劳动所取得的多少不等的报酬，而提高地租；这样地租就会提高而不必要假定耕地的相对肥力有任何改变、利用质量较差的土地，或者用在原有土地上的农业劳动力所取得的产量会减少，并且，所谓在这种发展过程的每一阶段，从同样土地上陆续取得的每一部分增加产品，必然要花费较多的劳动和资本，这种说法，是毫无根据的。

然而，李嘉图先生，像我们已经看到的那样，不仅认为这样取得的增多的产量绝不能提高地租，而且说它实际会使地租降低，至少暂时降低，就是，直到他认为可能会提高地租的那唯一原因发生作用，以及增加的资本在**报酬减少**的条件下投放在新土地或者原有土地的某一部分上为止。他为所谓日益增多的产品会引起日益

① 关于一种相似的算法，参阅本书第 139 页。我让两种算法都保留，重要的是它们应该被人理解。

减少的地租这种使人惊讶的意见辩护的方法是这样的：他假设在人口不增不减、需求没有变动时一部分土地将停止使用；实际耕作的各种土地的肥力的差别将减少，这种情况，在李嘉图的学说体系中，总是被说成会导致地租减低。① 他说，"如果需要100万夸特的谷物养活特定的一群人口，如果这批谷物要在1、2、3这三种质量不同的土地上生产出来，并且，由于后来发现的一项改进，这批谷物能在1号和2号土地上生产，而不需要使用3号，显然直接的影响一定是地租降低：因为2号地（不是3号地）将被耕种而不付地租，并且1号地的地租，不再是3号和1号地的产量的差额，而仅仅是2号和1号地的差额。在同样的人口（一点不增多）的情况下，不可能有增多谷物数量的需求；3号地上使用的资本和劳动被用来生产对社会有益的其他商品，在提高地租方面不可能有影响，除非制造这些商品的原料必须在土地上使用以比较不利的条件才可能取得的资本，在这种情况下就必须又耕种第3号土地。"这段话含有李嘉图先生的推理的实质，他根据这种理论一再说农业的改进总是对地主不利。

至于产量有一个时期缓慢地和稳定地增长，而人口和需求仍然是一样，并不增多，就会出现什么情况，我们不必自寻烦恼去研究。人人都可能承认这种情况绝不会发生。这也不是李嘉图先生提出的问题，他假定一种突然展开的改进，通过这种改进，好像魔棒一指，就使得2/3的土地生产出和全部土地刚刚生产的同样多的产品，同时人口仍然是那样，没有增加，在这种情况下他认为那

① 注A中的引文。

1/3 的土地不需要耕种,应该停止,并且地租会在全国都降低。

只须记住农业改进实际上是怎样缓慢地逐步被发现、完成和推广的,就能看出李嘉图的这种假定真正是多么不切实际。假如英国土地的 2/3 真的会生产出像全部土地现今生产的那么多(一种极可能的事),我们可以完全相信那不会是通过骤然的和魔术般的一大步就能确立的,实现这种成就的手段会是每次小部分、小部分地发现,也许每次要隔相当长的时间,要慢慢地应用到一般惯例里去,并且,我们可能差不多是勉强地和将信将疑地预言。[①] 在此期间,人口和对原产品的需求不会没有变动。在为日益增多的人口生产增多的食粮供给的过程中,我们没有看到供求之间这样严重地脱节,也没有看到像李嘉图先生假定的那种突然的震动,以便证明农业上所有的改进都对地主不利。随着广大人民的总数慢慢增加,我们看到逐渐增加的需求压力刺激着农业工作者作出改进,这些改进,通过看不出的供给逐步增多,使得人们可以吃饱。当这些变化的过程在进行的时候,由于把更多的资本广泛地应用在原有的土地上,按照这些土地本来肥力的差别而产生不同的效果,所有的产量增加都会提高地租,地主的利益从来不是和各种改进对立的,这些改进,只要增加原产品的数量,就对增加土地所有者的收入和广大人民的幸福同样有利。

也许似乎不必要说,我们以上说明的那样增多的地租构成国

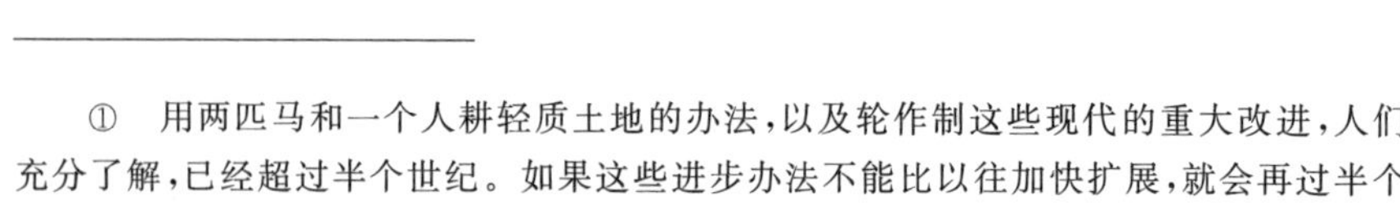

① 用两匹马和一个人耕轻质土地的办法,以及轮作制这些现代的重大改进,人们充分了解,已经超过半个世纪。如果这些进步办法不能比以往加快扩展,就会再过半个世纪才可能在所有合适的土地上都被采用。

家的产业所创造的新财富的一部分，并且是总的资源增加的一种没有疑问的和令人满意的证明。但是，出现这种情况，导致李嘉图先生和他的学派否定地租能够上涨，除了由于一个原因（就是，把资本投在某一部分土地上而所得的报酬较少，结果各生产阶级在所有其余的投资上分得的份额都减少）那同样一系列的想法已经使得他们，作为这种学说的后果之一，坚决认为，地租的上涨仅仅是已经存在的财富的转移，从来不是财富的创造；它对国家的资源一点不增加什么，它不能使国家有能力维持舰队和军队；它只是价值的转移，仅仅有利于地主，而比例地有损于消费。假设李嘉图先生的关于每次地租增加的唯一可能的原因的意见是正确的，这种学说就一定也正确。[①] 如果土地 A、B、C 和 D 生产 A110 镑、B115 镑、C120 镑、D130 镑，那么，生产的阶级在每一份中的份额是 110 镑，A 将不缴付地租，B、C 和 D 的地租将分别是 5 镑、10 镑和 20 镑。如果只有一种方法可以提高这些土地所付地租的数目，就是，减少生产阶级所得的份额，从 110 镑减到一个其他数目，例如 108 镑，并把差额转移给地主，然后 A 的产品仍然是 110 镑、B 的产品仍然是 115 镑、C 的产品仍然是 120 镑、D 的产品仍然是 130 镑，可是各生产阶级的份额在各种土地中都减少到 108 镑，地租会在

① 李嘉图，第 2 版，第 499、500、501 页。“这些错误之一（他正在讲马尔萨斯先生的几种假定的错误）在于假定地租是一种纯粹的利得和新的财富创造。”“所以地租是价值的创造，而不是财富的创造；它完全不增加国家的资源：不使国家能维持军队和舰队”，等等。读者会已经注意到这些想法和意见怎样完全错误和不能适用，如果我们讲到农民地租，也就是，讲到实际缴纳的广大地租的话。我相信，这些说法在正文中会显得同样的错误，如果被认为仅仅适用于在土地上取得的剩余利润，就是，仅仅适用于农场主的地租。

全部土地上增加到8镑的程度。可是虽然地租已经增高，国家的资源还是和以前完全一样。应该已经有部分的财富的转移，而数目没有变动；这种转移确实对地主有利，而成比例地对那些生产的阶级有害，并且，由于伴随着这种变动而来的原产品的相对价值增高，这种转移会在一定程度上对各个阶级的消费者有害。既然是这样，我们就已经和李嘉图的意见一致，假定了产量是停滞不动的，[①]没有疑问这是地租可以增高到有限程度的一种方式，可是这仅仅是一种、肯定是最不普通的一种，而且是农场主地租增加的效力最小的原因。在规定关于地租问题的一般原则方面，我们很难避免陷于错误，由于把自己局限于一种很不完善的对地租增加的各种来源的观点，并根据这样一种和明显事实及日常经验相反的假定，所谓当地租在增加时全国产量的数目总是停滞不动。

由于使用了增加的资本以致生产增多而地租上涨，对国民财富的影响，和李嘉图专门考虑的那些影响，情况大不相同。让我们再假设，在一个农艺落后和不完善的国家里，土地A、B、C和D分别生产110镑、115镑、120镑和130镑。随着技能和财富增加，耕作越来越完善，并且用在这些土地上的资本加了一倍。假设这些土地生产A220镑、B230镑、C240镑和D260镑（物价和原来一样）。A将仍然不缴地租，可是其他土地上的地租会被增高，全部增加的数目是35镑，B缴付10镑，C缴付20镑，D缴付40镑，这些新的地租对国家的资源将是一种净增加，以新财富的创造为基

① 李嘉图，第3版，第485页。他说我们应该有数量和以前（就是，和地租增涨以前）完全相同的（不会较多的）商品以及同样以千百万夸特计的谷物。

础。没有一个阶级会因此而变得较穷，完全没有发生对任何人有损害的事，不会有财富的转移，原产品的相对价值（对这一变动中涉及的东西）会保持完全不变，并且，和这种对原有资源的增加部分成比例，国家在"必需品、方便品和社会的享受品方面将相应地丰裕，比以前更有力量"保持舰队和军队，或者进行其他需要用钱的工作。然而，增多的地租只构成增加的财富和增加的资源的一部分，而且不是最重要的一部分，这一部分，那创造地租的同一资本增多会生产出来，并放在地主以外其他人的手里。至于我们所说的那种情况，人们会注意到，虽然地租增加了一倍，农业资本、工资和利润也增加了一倍。社会的土地的出产比以前增加了一倍，本地区的资源增加了一倍，虽然它的范围没有扩大。当这种变化的过程在继续和重复时（在一个有本领的和富裕的民族的发展中这种过程可能不止一次），这样的民族在人数、财富和政治力量方面会继续增加，胜于一些邻近的国家，在它们那里也许继续流行着比较简陋的和效益差的生产方式。因此，起源于土地上的资本积累和生产增加，不仅本身是显然在增加国家的资源，而且必然表明那些生产阶级得到更大的增加——这种增加实质上等于领土本身逐渐扩大。

在有一种意义上，所谓地租不是对国家的财富和资源的增加，这种说法是真实的，虽然这是一种无关重要的真实：如果只是意味着一个国家的土地和劳动的产量是确定的，把其中的一部分用作地租，不会使这个国家变得比以前富一些。这当然是真实情况，或者不如说是幼稚的不言而喻的话。一个国家的土地和劳动的出产一经确定，集体财富的数目当然不能受以后如何使用的影响，是否全部用于工资、利润，或者甚至税收，国家总体地来说不比以前较富。可是当有人像李嘉图先生那样显然是要说，在社会发展中日益增加的地租仅仅表示一部分已经存在的财产的转移，从来不构成对国家资源的真正增加，这种说法是明显的错误，起源于他自己对一个国家的地租陆续增加的来源抱有一种特别不完善的看法。

以不同方式使用的资本的不同效果

以上我们已经一般地探索了资本积累对地租的影响。就是，不区别这些资本在增加的过程中可能应用在土地上的不同方式的影响。并且，只要问题仅仅涉及这样一种积累对地租的必然影响，这种一般观点就够了。

可是，要比较清楚地观察农业上使用的资本增多的可能发展，以及发展的最大限度，并探索资本增多的可能发展，以及它的最大限度，并探索它对社会的利益的影响，对构成社会的各个阶级的相对人数和重要性的影响，以及对他们的勤奋工作的性质和方向，我们必须仔细地区别增加的资本用于养活额外劳动力的时候和用作对已经雇用的工人的辛勤劳动的辅助，而不增加他们的人数。

我知道，假如我们追随李嘉图先生和一些后来的著作者，这里所说的区别就是空想。按照他们的说法，这种辅助资本是劳动的结果，并且，如果追溯得足够远，就单独是劳动一项的结果。因此，使用辅助资本，可以作为使用生产这种资本中所用的劳动。并且，不管一个人是为了生产一具打算用在土地上的耕犁而工作 10 天，或者是为了土地本身而工作 10 天，他实际上是做同样的事：在随便哪一种情况下，都是 10 天的劳动被用在耕作方面。或许，有某些观点认为这样硬把劳动的结果和劳动本身等同起来，可能不是不能允许的，甚至还可能发现这样做便于计算。李嘉图先生和那些追随他的著作家，一致认为一种商品所花费的劳动是它相对于一切其他商品的价值的唯一根据和衡量标准。一个人一个月的劳动所生产的若干谷物，和另一个人一个月的劳动所生产的一具耕犁，按照他们的说法，就应该具有完全相同的价值。因此，一切商品必须作为若干积累的劳动来评价。“资本，或者所谓同样的东西，劳动，”是李嘉图先生的一种说法，根据他们的关于价值的起源和标准的理论，这是十分自然的。这种理论我们现在没有研究的必要。但是，我顺便表示一下，希望人们把我放在相信它是有缺点的那些人之列，他们认为在比较各种不同商品的交换价值时，除了直接或者间接用在每一种东西上的劳动量以外，还必须考虑到其他的情况。可是，无论这样一种价值学说是否合理，为了我们现在的研究，必须把劳动和劳动的结果作为两种不同的东西来思考和议论。很难否认，在农业中使用工具或者肥料来产生效果，或者在土地上直接使用工具或肥料可能花费的劳动，实质上是截然不同的操作；两者会导致不同的结果，每一种只能在不同的情况下可以实行或者有利。现在我将要指出的是这种差别的影响，因为我认为，了解这些影响会使人懂得对一些国家的目前状况和可能发展的重要看法，以及构成这些国家的各个不同集团的人的相对数目方面逐渐发生的那些变化的原因。

我们要谈到的，把资本用在农业上养活增加的**劳动者**，和用在农具、肥料、排水设备或者以往劳动的结果的任何东西上作为对实际使用的劳动者的力量的**辅助**，这两者之间的第一点区别是这样：

在第一种情况下，人力的数量，和所用的资本比较来说，没有改变；在第二种情况下，总是增加的。如果一笔资本被用来雇用 3 个人在土地上工作，后来资本增加一倍，雇用 6 个人，用于耕作的力量加了一倍，但是不多于一倍，我们没有理由假定最后雇用的那 3 个人的劳动会比第一次雇用的那 3 个人的劳动效率较高。可是，如果不把第二次的资本用来添雇三个新工人，而有办法以辅助资本的方式用它来提高那原来雇用的三个工人的能力，我们就能有把握地认为农业中直接和间接使用的人的劳动效率已经增加，以及那三个人在这项辅助资本的帮助下，会具有 6 个人把他们的全部能力直接用在土地上也不会产生的力量。要看清这一点，似乎只须记住，一定是什么经久不变的动机促使人们宁可雇用人的劳动来制造机器或者工具，或者取得任何一种辅助资本，而不雇用劳动来直接达到可以用辅助资本达到的目的，以及文明国家的农业和制造业的努力通常经过一些什么步骤提高效率，或者野蛮人怎样从粗鲁的和薄弱的勤奋努力逐步发展到文明人的能力以及比较完善的技艺。

人，在他试图取得或者按自己的需要制造所想要的东西时，和低级动物不同的主要在这一点：他的聪明智慧使他能想出方法利用以往劳动的结果，使得实际努力的效率超过他本身体力的限度。当猎人依靠森林中的猎物生活时，他用一部分时间制作弓箭。如果这些武器造成后不能使他获得的猎物比在制作弓箭所费的时间内可能获得的更多，我们就可以肯定说他对制作弓箭不会再感兴趣。农民起先用弯曲的树枝扒地，过了一个时期终于设计出一种人工构造的铁犁，可是如果这种铁犁用的时候在土地上产生的效果不超过造犁所用的劳动假如直接用在土地上会产生的效果，我们就可以肯定说铁犁一定不会被制造出来。人类设法制造的一切工具，都是如此。它们帮助人的劳动，从最脆弱的和最简单的到最复杂的和最有威力的工具。假如一台蒸汽机所用的劳动可能像蒸汽机一样在生活的各种技艺和工作中产生同样的效果，我们就可以肯定蒸汽机绝不会成为普通的东西。因此，凡是我们看到一个国家的财富存量以辅助资本的形式在积累的时候，凡是人们不用资本去养活任何一种行业中的新工人，而宁愿用同样数目的资本以某种形式协助这种行业中已经使用的劳动的时候，我们就可以完全有把握地断定人类劳动的效率已经随着所使用的资本的数目而相对地增高。

在农业中，辅助资本在加强人的能力方面的效果，也许不如在制造业中那样明显，但肯定不是不如在制造业中那样重要。如果我们注意在一个高度开发的国家里，1 000 英亩土地的地面上所有的器具、牲畜和农具、围篱、排水沟和建筑物的数量，把它们和未开化国家的地广人稀的地区相比较，我们就会看出，即使在农业中，人类的聪明才智，为了利用过去劳动的结果以加强农民的实际能力来开发大地的资源所作出的努力是很可观的。不同国家做到这一点的程度不同，形成它们之间最重要的区别之一。正如人类在最原始的状态下主要地从事于满足最低的物质需要时，他们和牲畜的区别在于他们能够利用储存的过去劳动的成果来增加他们对物质世界的控制，所以当我们看他们处于比较进步的状态，试图权衡和估计各个不同社会（或许同样有知识的社会）的显著不同的生产能力的原因时，我们将发现各个社会所获得不同程度的这种能力决定于他们把人类的这一原有的特点已经发展到的不同程度。在一切以文明著称的国家里，生活的必需品和奢侈品由一定数量的辅助资本帮助供给。可是各个国家拥有的和使用的辅助资本多少，差别很大。在这方面，英国在整个文明世界中遥遥领先。并且在农业方面也不是不如在工业的其他部门出色。根据不同时期向农业部呈报的统计来看，英国在农业方面使用的全部资本对用于维持工人生活的资本的比例，是 5∶1，就是，所用的辅助资本 4 倍于用来养活耕作中直接使用的劳动的资本。在法国，所用的辅助资本的数目(根据查普特尔伯爵的书)似乎不超过用来维持乡村劳动力的数目的一倍。在其他的欧洲国家，我怀疑，数目要少得多。

那么，牢牢记住，在耕作中辅助资本的积累的每一步，人类劳动的力量方面都造成一种差别，这种差别在资本仅仅以对土地本身的新工人的额外生活费的形式增加时不出现。我们可以继续讲到使用辅助资本和直接把资本用于维持额外劳动的生活两者之间在效果上的第二种区别，是这样：当一定数量的额外资本以过去的劳动成果的形式被用来帮助实际雇用的工人时，较少的每年报酬就足以使这种资本的运用有利可图，并因此而永远切实可行，比用同样多的新资本去维持增加的工人较为有利。

让我们假设 100 镑用在土地上作为 3 名工人的生活费，生产出他们自己的工资和 10%的利润，或者 110 镑。让用在这块土地上的资本增加一倍。并首先假定这新资本养活额外的 3 名工人。在这种情况下，增加的产量一定包含他们的全部工资以及通常的利润。因此，必须包括全部 100 镑以及这 100 镑上面的利润，或者

110 镑。下一步，让这同样的额外资本 100 镑以农具、肥料，或者过去劳动的任何结果的形式应用在土地上，而实际工人的数目没有变动。假设这项辅助资本平均耐用 5 年。用来偿还资本家的每年收益，现在就必须包括他的利润 10 镑和资本的每年损坏折旧 20 镑，或者共计 30 镑，这是每年需要的收益，以便继续使用那第二个 100 镑，可以获得利润，而不是需要 110 镑，像在使用直接劳动时那样。

因此，显而易见，耕作方面辅助资本的积累会是切实可行的，尽管用同样数目的资本维持额外劳动力已经不行；并且在耕作方面这种资本的积累可以无限期地继续下去，就是，积累可以继续进行，只要人类的发明能力能利用这种积累，促进人类提高土地质量的能力，或者提高在土地上劳动的工人的效率——只须在这个过程中的每一步所取得的产量增多足够抵偿所用的新辅助资本的通常利润，以及这种资本的损耗。

然而，逐步地，随着这种资本的数量增多，人类的聪明技巧一定在起作用，想出使用资本的新方法。要使用增多的劳动力来增加土地的出产，只须有维持或者保养这种劳动力的手段。使用更多过去的劳动结果来协助实际的耕作者，需要不断的发明创造和越来越熟练的技艺。

随着农业方面使用的辅助资本增多，由于这种资本在不同质量的土地上的效果不同，地租会上涨。可是，由于使用任何一定数量的辅助资本而引起的地租上涨，将少于在维持额外劳动力方面使用同样数目的资本而引起的地租上涨。我们已经看到，产量大的时候，增加的年产量会较少；同样资本在肥力等级不同的土地上

产量的差别(地租决定于这项差别)当然会大,而在产量较少时这种差别较小。例如,假设 A、B、C 和 D 的出产如下:

A	B	C	D
110 镑	115 镑	120 镑	130 镑

B、C 和 D 上的差别、剩余利润或者地租是 5+10+20,或者加在一起是 35 镑。假设增加的 100 镑用于维持增加的劳动力,把这些土地的出产增多到:

A	B	C	D
220 镑	230 镑	240 镑	260 镑

地租将增加一倍。这些土地所得到的增加,数目又是 35 镑。可是假设增加的资本 100 镑以过去的劳动结果的方式应用,辅助已经使用的劳动力,并假设 30 镑足够偿付这项资本的利润,并抵补它在 A 土地上每年的损耗。如果 B、C 和 D 由于新资本而获得的出产和它们原来比 A 优越的程度完全相称,它们的出产仍然不会超过(假设):

A140,B(115+32)=147, C(120+34)=154, D(130+36)=166

这三者的共同地租现在将是 47 镑,而不是 35 镑:可是地租不是增加一倍,以及像在前例中那样,增加的数目达到 35 镑,而是仅仅增加 12 镑;尽管,在这期间农场主获得的利润增加了一倍,像在前例中那样。因此,地租的进展,虽然是稳定的和不断的,现在却比较缓慢,并对所用的增加资本以及资本家的收入增长的比例较低(低于这些增加的资本用于维持增加的劳动力的时候),如果这个国家的农业资本的增加,是通过辅助资本的方式进行的。这显然对地主不利,而对地主的优厚补偿是他们可能使用越来越多的这种辅助资本取得新的出产，如果为了这个目的而在土地上养活增加的劳动力，是没有利润的和不切实际的。所以，我们要记住，辅助资本的发展，既加强人对土地的力量的控制（相对于直接或者间接用在土地上的劳动力多少而言）；又减少要使继续使用一定数量的新资本有利可图所必需的每年报酬——以致在新资本的积累中提供一种地租总数增多的来源，和直接雇用较多的劳动力相比不是那么丰富，可是比较经久，要经历较长的时期才达到极限。

农业方面辅助资本的积累对社会各个不同阶级的相对人数和势力的影响

过去劳动的结果积累得越来越多，不是用于维持实际人口的劳动部分，而是用于提高他们劳动的效率，这种变化过程不仅对各个不同国家的比较生产能力有决定性的影响，而且也影响它们的社会构成和政治构成的各种因素。并且，从这个观点来看，这种提高耕作效率的方法有两项显著的影响我们必须注意到：第一，非农业的各种阶级的相对人数大量增加；第二，中间阶级或者业主和劳动者之间存在的一些阶级的收入和势力（以及通常是人数方面）的大大增加。社会的各个不同部分的相对人数方面的这些变化，对于形成国家的命运和特性有很大影响。这种变化的影响，我们将在本书的另一个部分加以研究，我们现在的目的是说明这些变化本身是怎样产生的。

辅助资本的使用增加各个非农业阶级的相对人数

如果增多的产量是完全由于使用一定数量的增多劳动而取得

的，农业和非农业阶级的相对人数就没有变动。让我们假设 100 万镑的资本维持农业劳动者 100 万人。10%的利润是 10 万镑，并且我们可以假定所缴付的地租也要再加这么多。非农业人口的数目将决定于劳动者从他们的收入 100 万镑中，以及资本家和地主从他们各自的收入 10 万镑中，节省下来用于交换制造品和非生产性劳动[①]的原产品的数量。假设非农业人口的数目是 250 000 人，或者农业人口的 1/4。又假设一个这样的国家中使用的农业资本增加了一倍，农业劳动力也增加了一倍，所使用的劳动者不是 100 万人，而是 200 万人，并且产量利润和地租也都增加了一倍。人们的习惯仍然和以前一样，用来维持非农业劳动的原产品的数量也会增加一倍，非农业人口将变成 500 000 人，他们和数目已经增多的非农业人口的相对数目和以前完全一样。他们的影响，以及他们辛勤工作的产品对广大人民的习惯的影响——他们的雇主在社会上的相对重要性——也会完全是以前那样，不会较多。虽然国家的人口会增加一倍或者将近一倍。

下面我们再假设在这样的一个国家里农业资本增加了一倍，可是增加的资本不是用作食粮养活土地上较多的劳动者，而是以某种方式来辅助已经雇用的劳动者。我们假设这种辅助资本的平均使用寿命是 5 年。利润就会从 10 万镑增加到 20 万镑。地租的增加可以作为 5 万镑，价值 100 万镑的使用寿命 5 年的资本，每年折旧需要 20 万镑。这里三项共计 35 万镑，原来以农产品的形式生产出来，全部可以用于维持非农业劳动力，非农业劳动者的人数

① 指的是不生产我们所解释的那种财富（就是，物质财富）的劳动。

将增加，而农业劳动者的人数停滞不动，并且这种增加可以继续扩大和一再出现，直到非农业劳动者的人数等于或者超过农业劳动者的人数为止。

这种情况在英国有过，那里耕作中使用的辅助资本的数量大于世界上任何其他地方，非农业人口对农业人口的比例实际上是2∶1。在所有的其他幅员广大的国家中，农业人口占多数。在法国，他们构成人口的2/3；在大多数其他国家，他们占的比例更大。

辅助资本增多，当然不是影响耕作者和非耕作者这两大类的比数的唯一情况。增加实际耕作者的效率的任何原因，都可能造成这种结果；可是，我们相信，在文明国家的通常发展中，辅助资本的增多一定在这方面产生一种促进的影响。

辅助资本增多，增加中间阶级的收入

使用辅助资本的影响，和在直接养活劳动方面消耗资本的影响两者之间又一点区别是这样：就辅助资本的相对增多来说，大量的增多通常出现在中间阶级的相对收入方面。这种影响不是耕作方面辅助资本增多所特有，而是人类有组织的产业各部门中辅助资本的积累必然会带来的。关于这一点，我们必须在别处再比较详细地讨论。可是我们对于土地上一般的资本积累所引起的地租上涨可能带来的影响的看法，假如在这里不提一下，会是不全面的。如果我们假设任何资本（例如，100镑）使用在土地上，全部用于支付劳动的工资，产生10%的利润，农场主的收入显然会是工人的收入的1/10。如果资本增加1倍，或者加到4倍，工人的人数也增加1倍或者加到4倍，农场主的收入就会继续对工人的收入保持同样的比例。可是,如果工人的数目不变,资本的数目增加1倍,利润按同样的比率计算是20镑,或者工人收入的1/5。如果资本加到4倍,利润变为40镑或者工人收入的2/5,如果资本增加到500镑,利润会变为50镑或者工人收入的一半。社会中资本家的财富、势力,以及(在一定程度上)人数也会比例地增加。

这一点,至少,耕作方面辅助资本的积累在英国已经达到。所使用的全部资本和以工资名义预支的数目的比例,至少是5∶1。因此,辅助资本至少4倍于用在养活劳动力方面的资本,并且农业中使用的那些资本家的收入至少等于付给农业工人的工资的一半。

在以上的那些计算中我总是假定所使用的劳动的数量是没有变动的,而辅助资本的数量一直在积累。实际上绝不可能是这样。任何工艺中使用的不管什么样的资本大量增加,通常总需要使用较多的直接劳动。然而,这一情况不会阻碍辅助资本相对增多的稳定进展。

以上提到的农业方面使用的辅助资本增加的结果,就是,非农业阶级人数的相对增多,以及中间阶级的收入和人数的相对增多,都是社会发展中相当重要的变化。假设两个国家在其他方面取得了艺术上和制造上差不多相等的进步;每一个国家取得的生活便利品和享受品的供应多少,将完全决定于各自的社会用多大一部分力量为农业以外的工作服务;还有,在每个国家,构成中间阶级或者那些作为各种不同阶层把高级和低级分开的各种人的收入的基金的数目,是一项对人民的政治特性和社会特性极其重要的情况。

当资本家的收入只等于工人的收入的1/10的时候，他们不能成为社会中显著的部分，实际上他们本身通常一定是工人或者农民。可是大量的利润，等于或者超过劳动工资的一半（这种大量利润在英国是有的），自然而然地把取得利润的那种人转变为一个人数众多的和各种各样的集团。在他们自己是差不多全部工人的直接雇主的一个社会里，他们的势力变得很大，并且，在某些方面更重要的是，这样一个富有的和人数众多的资本家集团——他们在从高级降低下来时，通过各种阶层而接近到劳工的主体，直到他们差不多和工人混合在一起——形成一种道德的导体，通过他们使高级和中间阶级的习惯和感情传导下来，相当强有力地影响着社会中最低阶层的习惯和感情。

由于有了一大批辛勤劳动的非农业人口而出现的人造的生活舒适品相对流行，社会中各种阶级逐渐接近并混为一体，以致比较高级的和比较低级的相结合，形成一种交流的渠道，使高级的道德影响可以在一定程度上不断地传给较低的阶级，这些情况的实际影响，我们将在本书的另一部分中研究一些国家的人数的通常发展时加以探索。人们会看出这些影响对我们的问题有重要关系，同时我们谈到在文明进展中陆续出现的各种情况，这些情况有助于缓和人们想要发挥自己的全部体力来增加人口总数的倾向，使人类的肉欲受到人类作为一种有理性的生物所特有的动机、目的和习惯的部分控制。

在这里我们将结束对农场主地租增长的第一种来源——就是，资本的逐渐积累以及对各种等级的土地的不同影响——的研究。

我们已经发现，这样的积累通常在人口和财富的发展中发生。

由于这种原因的地租增长，和耕种质量较次的土地以及老的土地上使用资本的收益递减，完全无关；并且，这种地租增长可以无限制地继续下去，虽然这些情况都没有出现过。

增加的资本可能用于维持增加的农业工人，或者以各种不同的方式使用，仅仅是辅助那些已经雇用的工人。

当新资本以后一种形式用在农业上的时候，直接或者间接用于土地上的人类劳动的力量，可以假定是在增加，而需要用来使一定数量的资本可以产生利润的增加产品在减少。

因此，对土地有越来越大影响的辅助资本的积累，在已经不可能使用增加资本来维持更多的农业劳动力而收益不减以后，可以无限期地继续进行。

由于使用了比较大量的辅助资本，非农业阶级的相对人数会增多，并且中间阶级的收入、影响，以及通常的人数和种类也会增多，这些把高级和低级联系起来。

我们已经看到，在原有土地上这样的资本积累以后出现的广泛的生产增加，对有关人民的土地资源是一项非常重要的和有利的增益，实际上凡是这样生产增加的时期，土地拥有者的利益总是和全体居民的利益一致的。

第三节　论农场主地租增加的第二种来源，或者所使用的资本日益增高的效率

在农业发展中，以及在农场主的地租确定以后，人们可以期待

耕作方面使用的资本的效率有所提高。耕作阶级的技艺和能力都增加。因为，那些从单纯劳力的辛勤工作中解放出来的工人，把他们的技能完全用于现在的业务上，不像地主那样地把注意力分散在一些比较高级的和更吸引人的职业上。随着技能提高，工人的单纯体力劳动以及最普通的和最简陋的农具和资料的效率增高，因为调度和结合得比以往较好。可是由于农业工作者的技能提高，他们能够用来实现自己的意图的权力通常也增加了。各种形式的辅助资本增多（这是日益发展的财富和知识的一项必然的影响）像我们已经看到的那样，总是倾向于使他们掌握更多的权力。

耕作中使用的资本的效率增高，是技能提高和权力增加的必然结果，这可以通过两种作用表现出来。

第一，在一处土地上用较少的资本就可以生产出一定数量的产品。

第二，同样的资本可以从同一处土地上生产出比以前较多的产品。这些改进中的最后一项通常包括那第一项。当100镑可以在任何一块土地上这样使用，所生产的收益大于同样数目的资本以往的收益时，数量较少的资本就会取得和100镑以往同样的收益。可是上面提到的第一项改进不一定总是包括那最后一项，因为有时候人们发现了新方法，可以用较低的成本取得同样数量的产品，如果没有增加产量的方法。然而，不管所使用的资本的日益增高的效率以什么样的结果表现出来，地租都会上升，并且，除非进步的速度超过人口发展的速度，以及产品的增加超过需求的增加（一种罕有的情况），这种由于所用资本的效率增高而发生的地租上升会是长期的；而且通常会像我们即将看到的那样，和农业财富、人口，以及国家资源的增长相一致。如果能使90镑生产出以前100镑能够从这同样的地点生产出来的东西，例如110镑，所获得的利润就已经从10%升到略高于20%。这些利润之中会有10镑略多一些是剩余利润。再说，如果100镑从前生产一定数量的谷物可以卖得110镑，而现在这样使用它可以从同样的地点生产出谷物按同样价格卖得120镑，在这块土地上将获得剩余利润，并因此将付出额外地租——假如全部改进不是那么快地被人发现、完成和广泛采用，以致现今越来越多的谷物超过人口和需求的发展。因为在那种情况下，价格可能下跌，而地租仍然停滞不动或者降低。没有必要再讨论这种供求脱节的可能性。我们一直在假设的那种农业中使用的资本效率增高会带来的地租上升，显然完全不受耕作扩展到次等土地的影响。这样的地租上涨可能发生，并随着人口的增加而继续无限地上涨，虽然并没有各种低级土地存在。

由于农业资本的效率增高而地租上涨时，国家的资源显然增加。可是这种增加(不像由于土地上较大的资本积累而引起的那种增加)，通常只局限于所增加的地租本身，或者以它本身为衡量的标准。当100镑生产出(价格相同)价值120镑的谷物(而不是价值110镑的谷物)时，国家的财富增加价值10镑的谷物，此外没有了。当90镑会生产出以前100镑曾生产的同样数量的谷物时，国家的财富以另一种形式增多同样的数目，因为10镑可以从农业中退出而农业的产量不减少，国家由于取得这10镑资本可以用来生产任何其他商品而财富有所增加。国家的财富增多，在无论哪一种情况下，都以10镑的数目为限，和地租增长的数目相同。因此，由于资本的效率增高而地租增多时，虽然对国家的财富和资源是一种增益，这并不表示对那些资源的增益和由于耕作中资本积累而产生的地租增长是同样的多；因为来自这后一种来源的增益，像我们看到的那样，结果大大地增多生产阶级的资料，这些必须加到新地租上去，我们才能估计对国家资源的全部增益，这是这样的地租上升所表明的。

以上所讲的由于农业中资本使用得比较好而增加的地租，可能似乎对国家资源的增益不及耕作方面使用的资本逐渐增多而引起的地租增加对国家资源的增益范围广泛。可是还有农业资本的效率增加的一些结果需要注意到，这种效率增加大大地增加由于这种原因而起的地租不断增加对公众繁荣的影响。

我们已经说明，在耕作者的资本的效率增高时，耕作扩展到质量较次的土地，不是必然和地租上涨同时发生或者紧跟在地租上涨之后，这样的扩展，既不是这种地租上涨的原因，对地租上涨也不是必要的。可是，实际上，仍然是这同样的农业资本的生产力增加引起了旧土地上的地租上涨，通常使人们可能把耕作扩充到自然肥力较差的土地，而获得和改进以前在旧土地上可以获得的同样多的收益。诺福克郡的农民最初种植大头菜时，人们发现土地的肥力大大地增加了，以前产生很低地租的田地，现在产生的地租高得多了。可是，从全国的观点来看，却引起了一种重要得多的后果。英国有大片大片的轻微砂质的土壤，人们认为完全是不毛之地，在这里可以实行这种新的经营方法，并且，当类似的土地的产物（比较好的大宗出产）产生的收益大大超过资本的通常利润，并产生大量地租时，就可能耕种一些比较贫瘠的土地而不致亏本。

这些荒地很快就被开垦，英国的农业从此就逐渐在大量的这种土地上展开，这种土地以前完全不生产人类的食粮或者生产得很少，对于增加那共同构成国家资源的工资、利润和地租的总体，没有贡献。

这虽然是农业资本的效益增高怎样在提高地租的同时扩充国家的农业资源的最明显的方式，但也不是唯一的方式。这样的一种改进通常导致在国家的全部耕地上使用较多的资本。

如果这种资本以往产生普通的利润率 10%，而现在产生 120 镑，缴付地租 10 镑，农场主会常常发现他能使用另一部分资本，例如 100 镑，这一部分资本，虽然产生的所得不及他的旧资本现在所得的利益那么多，但在一些土地上还是会产生差不多 110 镑，普通的资本的利润。在其他土地上或许产生 111 镑、112 镑和 113 镑，也就是，在每块土地上比一般的利润率略多一些，虽然不及旧资本由于现今使用的效率提高而能产生的利益那么多。在最后这些土地上，地租就会由于两种原因而在增长：由于旧资本的效率增加，以及由于新资本对肥力不同的土地的效果不相等。有机会像这样逐渐增加他们能在旧土地上有利地使用的资本的时候，富裕国家的农场主会慢慢地利用这一点。由于以后还要说明的原因，在资本很多的国家，资本所有人出于利己心总是把各种增加的资本作为辅助资本使用，而尽量不用作劳动的工资。因此，辅助资本的相对数量逐渐增多，是农业中使用的全部资本累进增加的通常结果。由于我们已经说明的原因，这自然会引起人类劳动的效率不断增高，这样，种种手段就逐渐发展形成，可以克服原来肥力低的土地的困难，在不减低农业能力的情况下，为日益增多的人口取得生活

所需的供应。随着耕地面积这样地扩大，大量资本积累在旧土地和陆续增添的耕地上，国家可以用来维持人数众多的人口的资源立刻增加和扩展了。

这时全国财富直接有所增加，表现于地租因为所使用的资本的效益提高而上涨。虽然这种财富增加只限于地租上涨的数目本身，但这种地租上涨引起的耕种较差土地以及在旧土地上增添资本，会进一步扩大人民的资源，这对于每一个增长中的社会是十分重要的。

我们已经知道，把耕种扩大到比较差的土地，对地租上涨不是必要的，地租上涨会在农业资本的效益提高时出现。可是这一事实的确立，并不显示那些人的谬误，他们自己认为并对人宣讲“地租完全决定于耕种的扩大”，“在耕种扩大到比较差次的土地的地方，地租就高；在耕种只限于优质土地的地方，地租就低。”[①]凡是地租上涨发生于对农产物的需求增多时，耕种扩大到差次土地的范围，提供对这种地租上涨的实际限度。很清楚，人口增加时，如果全部新的供应品都必须只从旧土地取得，那就对原产品的相对价值的增加，在土地上取得的额外利润的增加，或者地租的增加，没有可以指定的限度。可是，当增多的产品可以从较差的土地上取得时，原产品的价格绝对不会超过从值得耕种的最低级土地取得的产品的价格。如果由于农业资本的效益增高，从这种等级的土地取得产品的成本不大于改进以前在旧土地上生产的成本，原产品的价格就根本不会上涨。因此，耕种低级土地虽然对地租上

① 麦克库洛赫，第282页。

涨不是必要的，却总是为这种上涨提出一个范围。这种低级土地的存在，对消费者的利益是一种保障，而不妨碍土地所有者的利益。它们防止谷物以垄断价格出售，并中断这种价格所造成的地租增加，而不妨碍土地所有者的收入增加，这种有益的收入增加，不是出于我们正在仔细研究的来源——较好地使用资本，便是出于我们以前已经研究过的原因——全国农业中使用了较多的资本。

因此，耕种方面使用的资本的效率增长，由于增加在某些土地上取得的剩余利润而提高地租。

资本的效率增长一定会增加剩余利润，除非它们非常快地增加原产品的总量，以致超过需求的进展——一种罕有的现象。

所使用资本的效率方面的这种增长，通常在农业技术的发展中以及辅助资本的积累中确实出现。

由于这种原因而发生的地租上涨，一般会引起人们耕种质量较差的土地，而不减少用在最差的垦地上的农业资本的收益。

然而，这种耕地的扩大，切不可和旧土地土地租上涨的原因混淆起来，它和这种上涨的起源完全没有关系，尽管后果有助于调节和限制那些增加的地租。

第四节 论农场主地租增加的第三种来源，就是，生产阶级所得的份额减少，产量不变

原产品的相对价值上涨（生产其他商品的成本不变），不管这

种上涨由于什么原因，总是会引起生产阶级在土地的产物中所得的份额减少，相对于它们所使用的劳动和资本来说，并引起地主的产品地租相应的增涨。

假设100镑被投资在一处不缴地租的土地A上，只产生资本的普通利润，并假设产品是50夸特谷物，售价每夸特2镑4先令，或者110镑。如果谷物的相对价值上涨，价格增高每夸特2先令，投资在土地A上的100镑就会生产115镑，其中5镑是剩余利润。农场主的利润，在他下次和地主签订的合同中将减到他的邻人的利润的水平。要做到这样，只能由他保留他的土地的产品的适当的一部分，按已涨的价格可以使他得到110镑，地主将取得其余的部分，或者其余部分的售价，这就成为地租。以前不缴地租的土地A，现在将缴纳地租5镑；同样地，在所有以前缴纳地租的优良土地上，地租将上涨，由于生产阶级在产品中所得的份额减少，而产量本身没有变动。

到此为止，生产阶级所得的份额减少，和相应的地租上涨，和次等土地的耕种甚至存在完全没有关系。原产品涨价，总是首先由于需求增加而供给没有相应地增加。如果一个国家在已经耕种的土地以外没有其他的土地可以使用，需求可能经常领先于慢慢增加的供给，并且原产品的相对价值的可能增加以及结果地租的上涨，都会是无限制的。

可是，如果有次等土地存在并可以利用时，原产品的交换价值上涨就会有一定的限度。交换价值将停止上涨，如果谷物的价格按普通利润率足够补充耕种次等土地的费用，可以生产必要的产物，恢复供求的平衡。这种情况，在幅员广大、拥有各种不同质量的土地的国家通常存在。我们在探索由于生产阶级在土地的产品中取得的份额很少,而引起的地租上涨的影响时,要特别研究的正是这一点。可是,因此我们切不可忽略这一事实。由于我们现在探索的原因而发生的地租上涨,是在次等土地被耕种以前,而且与它无关,假如没有次等土地存在,地租的上涨也一定会发生到大得多的程度。

产品地租增加是衡量土地肥力低减的标准

在由于对原产品的需求增加而耕种扩展到次等土地的场合,如果,尽管农艺师的本领提高和能力增加了,从那些土地获得的收益仍然少于以前旧土地产生的收益,那么,由于这种原因而发生的产品地租的长期上涨的数目就会是,一定数量的资本与劳动用在新土地上取得的收益,和同样数量的资本与劳动用在最差的旧土地上取得的收益,两者之差。

如果在不缴地租的一种土地 A 上,一定数量的劳动和资本生产谷物 55 夸特,而在质量比 A 差的土地 B 上,同样数量的劳动和资本只能生产 53 夸特,后来对谷物的需求以及它的相对价值变得使土地 B 可以耕种,并缴纳资本的普通利润,A 将缴纳地租两夸特谷物,因为生产 53 夸特的土地 B 产生资本的普通利润,那生产 55 夸特的土地 A 就必须产生资本的普通利润,再加上两夸特谷物,这两夸特谷物或者两夸特的价格将成为剩余利润或者地租。

显然,在这种情况下,地租上涨并不增加国家的资源。旧土地上增加的地租,只是把已经存在的一部分财富从生产阶级转移到地主手里:总体来说,国家既不比以前富,也不比以前穷;仅仅是已经拥有的财富的分配方面有了变化，而且不是一种可取的变化。在这方面，和在许多其他方面一样，由于这种原因的地租上涨，和我们首先分析的那两种原因所引起的地租上涨形成对照——对它很不利的对照。

可是，人们曾经担心资本和劳动产生的收益必然会降低，所谓最差的耕地上的农业经营一定只能取得较少的收益这种想法，结果证明是过分的和没有根据的。农业的能力这样低减，虽然是可能的，但在一个富裕民族的发展中很少发生。我根本不相信这种事曾发生过，而且，在这种事确实发生的时候，我们切不可草率地断定，因为存留在农业生产阶级手里的谷物减少，所以不是利润或者工资一定会降低，便是这种生产阶级一定会设法消费较少的谷物或者较少的任何其他商品——少于他们在所得的一份土地产品减少以前的数量。因为这些结论，乍一看很像是真实的，而实际上是错误的，这一点稍微深入检查一下就可以看出。

低减的土地肥力可以由制造业劳动的效率提高来抵补

人类的劳动不是全部用于生产原产品，它在其他部门中增高的效率可以抵补和不仅仅是抵补农业方面低减的能力；使社会能节省额外一部分人和资本，可以用来生产数量不减少的食粮来维持日益增多的人，而不减少任何一种人所享用的财富。这一点，请读者看一两个例证就会显得更加清楚，其中包含一种很重要的事实，我们在研究人口已经稠密以及资本和技艺已经大大进步以后人类社会的可能发展时，必须了解。让我们先讲包含我们想要说明的那种原则的最简单的情况。假设船舶失事后有 10 名船员被冲上某处荒无人烟的海岸,他们分工合作供给大家需要的食物、衣服和住所。第一年中,假设 5 个人的劳力足够供应他们的菜肴,其他 5 个人供应他们的食粮、衣服等等。次年,食粮也许变得比较稀罕,需要用 8 个人的时间才可能取得。可是在这期间,工匠组的技能也许大有进步,两个人就能为全体取得以前需要 5 个人劳动才可能取得的同样多的衣着、住所等等。在这种情况下,4/5 的劳动人手将从事于取得食品,而不是像以前那样只用一半的人。但是在这个小团体中各式各样东西的消费仍然是一样。我们可以把问题说得更有力一些。如果一个人就能供给衣服等等,他们可以节省 9 个人去追求食物,并可能真正消费较多的食物,以及各种其他的东西,正如在食物比较容易得到的时候他们确实那样做了。

其次我们可以注意到,社会中不同阶级的生产能力方面类似的变动会产生什么影响,如果这种变动发生在一种人中间,他们的社会关系不像我们所想象的那样简单,又假设一个由 24 人构成的社会,其中半数从事于生产谷物,半数生产织物。为了我们现在的用途,假设谷物代表所有的各种原产品,织物则代表全国工业所生产的一切商品——和原产品不同的东西。

假设谷物种植者生产谷物 14 夸特,织布者生产 14 匹布,其中分别各用 12 夸特谷物和 12 匹布作为工资,以及 2 夸特谷物和 2 匹布作为利润。然后,如果各个组用自己的产品的一半和另一组交换,各个组的工人将得到半夸特谷物和半匹布;他们的两个雇主每人将得到一匹布和一夸特谷物。

其次,假设这个劳动人口的数目增加一倍:从 24 人增加到 48 人,为了生产多一倍的谷物,由于加用的新土地的肥力较差,必须在农事上使用的人数不是比以前加一倍，而是更多；例如3倍于以前的数目，或者36人。然后，假设这36人生产出比以前多一倍的谷物，或者28夸特。在此期间，假设织布工人的生产能力已经大为增加，想要生产比以前多一倍的布，不需用多一倍的工人，而只要较少的人数，例如12人；然后假设，12个工人将生产比以前多一倍的布，或者28匹。可是，既然36个工人生产28夸特谷物，而12个工人生产28匹布，每夸特谷物将交换3匹布。[①] 在48个人之间，将分摊28夸特谷物和28匹布，这会给他们每人半夸特谷物和半匹布的旧工资，并多余4夸特谷物和4匹布作为利润。可是那资本家织布工人，只雇用这些工人的1/4，将仅仅分取1/4的利润，或者一匹布和一夸特谷物。那谷物生产者，雇用众工人的3/4，将分取3/4的利润，或者3夸特谷物和3匹布。由于工资标准仍然和以前一样，所以利润率也和以前一样：因为每一个按旧工资雇用12个工人的雇主，将仍然得到一匹布和一夸特谷物，作为他垫出资本的利润。

如果布的制造者的能力不是增加一倍，而是在这个过程中增加了多于一倍，那就显然生产阶级一般地可能不仅仅消费这么多的谷物，而是比使用肥力较差的土地以前所消费的还多；因为他们不是雇用36人，而是可能雇用了较多的人来耕种，生产和消费了较多的谷物，但取得和以前同样数量的布。这些农业工作者首先从土地上取得的谷物（与人数比例来说）将少于他们在人口增加和

① 假如我们在这里除了所用的劳动力以外再包括交换价值的任何因素，就会使计算太复杂，而且，为了说明我将要达到的真理，那种复杂的计算也没有必要。

耕地扩大以前的数量，可是，由于牺牲了较小的一部分谷物，他们可以取得同样数量的自己可能需要的其他必需品，他们将保留同样多的或者更多的谷物以备自己消费，像他们从土地上取得较大的收益时那样。每一个制造者或者技工，为了换取他消费的谷物，会提供比他在耕地扩大以前较多的他自己的产品，可是由于他生产得比以前多，他将能够购买同样数量的谷物而不必减少其他必需品的消费。一部分人口的生产能力不足，会由另一部分的生产能力增高而得到抵补，或许还超过抵补。生产较少的那些人会发现他们的商品在交换价值方面上涨，生产较多的那些人会发现他们的商品的交换价值下跌。这些相对价值方面的变化，将相等地支配产业的不同部门中发生的变动的各种有利和不利的条件。任何一个部门中的减少，可以使这个国家整个地以及国内各个特殊阶级，在那种特殊产品方面仍然得到和减少以前同样好的供应；一个部门中减少和另一个部门中增多的唯一影响，将是各种不同工作中使用的比例人数和资本多少的差额。

我们已经看到，当我们所叙说的那种过程结束而谷物的交换价值增高时，以前不存在的地租就会产生。然而，这种增加的地租，和我们以前在考虑的那些地租不同，显然不增加国家的资源。它仅仅是已经存在的财富的转移——从生产阶级转移到地主。确实，国家相对于它的人数来说是比耕地扩大以前较为富裕，因为，我们已经看到，生产的阶级将拥有他们以前所有的同样数量的原产品和其他必需品，并且地主手里还会得到一部分旧土地的产品作为地租。可是这种增加的财富，肯定不是来源于农业的不断减低的能力，而是来源于制造业的效率增高，这已经使国家能不受损失就节省出必需的人手来耕种肥力较差的土地，并且取得的成绩足以抵消农业能力减低的影响而有余。总体来说，假如没有产生地租，假如最后用于耕种的土地产生的收益和以前耕种的土地的出产同样的多，以及假如人们取得较多的制造能力而农业劳作的收益完全不减少，国家毫无疑问会是较为富裕的。如果地租由于我们前面研究的那两种来源而增涨，就是，如果农业方面累积了增加的资本，和已经使用的资本的效益提高，其结果是完全有利的。农业本身在大量增加国家的资源，制造业的增长的能力所产生的日益增多的财富，没有被任何缺点所抵消。另一方面，必须明白地承认，由于我们现在分析的那种特殊原因而引起的地租上涨，并不真正增多一个国家的资源。农业资本的效率日益低减，一定总是一种不利条件，但可以自慰的是，这样的效率低减，虽然抑制一个国家财富方面的可能增长，但并一定会带来任何实际的贫困。工资率或者利润率都不是完全决定于土地上使用的资本的收益，这两者可以不减低，甚至可以平稳地增高，尽管土地的肥力在同样平稳地低减。人类的经历一定会真正令人伤感，假如自然法则竟是那样，以致随着各个国家的人口增多，必须牺牲额外的劳动才可能取得；这种牺牲的后果中包括工资率或者利润率的下降，这两者的降低决不是人类事业的其他部门中任何智力、技艺和力量的增加可能补偿的。可是这种假定的必需牺牲额外的劳动才可能取得较多的供应，以及想象的牺牲实现以后的影响，都是没有事实根据的推测。幸而，那些事实全是幻想的，人们以此为根据就假定，有一种严酷的必然性追随着人类的发展，在人口扩增时总是使他们失去一部分必需品和可以使生活舒适的东西。如果农业的出产开始

减少，文明社会中增多的资料和技术会使他们能省出多余的人手，促使大地的力量增加生产，而不让社会的任何一种人所享有的任何形式的财富减少。

第五节　农业劳动效率低减的一些假定的迹象是靠不住的

我们希望已经令人满意地说明了：第一，人们没有理由可以假设，为增加的人口提供的额外供应一定必须用较多的劳动来取得；以及，第二，假如必须用较多的劳动才可能取得，不一定就是那些生产阶级必然要消费较少的食粮或者较少的任何其他东西。但仍然已经承认，在国家存在的某一个时期，可能发生一种由农业资本的收益减少引起的地租上涨，晚近曾经流行的那些意见使人们有必要避免草率地把那些地主阶级的收入一再增加归咎于这一不受欢迎的原因，这种收入增加在一些国家繁荣的过程中差不多必然也会由其他的原因引起：这些原因的连续不断的作用，我们已经注意到，和一个民族在财富、资源、农业力量以及技术方面的发展完全协调，并确实有密切关系。因此我必须请求读者还要耐心等待，我们要说明我们应该非常清楚地证明的农业能力实际低减的一些迹象，仔细研究之下，结果会是完全不能提供这种证明。

通常人们怀着极大信心提到，认为可以表明农业生产能力减低的那些情况，第一是利润率减低；第二是原产品的相对价值增高（和国内其他商品比较来说）；第三，原产品的价格上涨（和土壤及气候相同的邻国的实际价格比较，或者和本国以前的价格比较），

假如，以最后这种情况来说，价格的增涨太大，已经不能用贵金属的价值方面可能已经发生的任何一点低落来解释。

利润降低不是农业工作的效率低减的证据

一个生产阶级分得的份额减少，就是，工资率或者利润率低降，从来不一定是这些行业中人类工作的生产能力降低的结果。

如果，当利润从12％降低到10％的时候，工资经历相应的增高，生产能力就不会有所减低。既然工资总是占用产品的最大部分，工资方面一种不大的、人们几乎不觉得的变动，就会引起利润率方面很大的变动，完全和农业或者其他行业的效率方面的任何变动无关。假定用100镑支付工资，取得收益112镑，或者12％的利润。如果工资从100镑增长到102镑，就是，仅仅2％，那么(劳动的生产能力没有变动)，垫出的100镑的利润一定从12镑减少到垫出的102镑上的10镑，或者从12％减少到10％以下一些，工资方面会已经上涨1/50，结果利润降低了1/6。并且，根据这里作出的假设，所谓资本家垫出的钱全是通过工资的形式，显然工资方面12％的增涨，不仅会使资本家的利润减少，而且会完全吸收他们的利润。

然而，实际上，有节制的工资上涨影响利润的程度，不会像上面假定的那样严重，因为资本不是完全用于支付工资，工资率波动的影响也不限于对工资本身的利润，而是均摊在范围更大的利润上，并因此影响就被减轻了。如果我们假设500镑用于生产，其中只有100镑预付作为劳动的工资，500镑的利润按12％计算是60镑。如果本例中的利润率因工资增涨而减低到10％(就是减到50镑)，工资的增涨一定比以前假设的例子中假设的数目大得多。资本家垫支的数目是500镑；全部产品是560镑。假设工资增涨10%，成为110镑，资本家的垫支就会是510镑，价格没有变动，他的利润是50镑，这是10%（略差一点）。因此，如果假设使用的全部资本等于用在工资方面的数目的5倍（在英国这也许是差不多真实的比例），工资方面上涨10%，就是，按以前预付给工人的每10先令仅仅增加1先令，会使利润从12%降低到10%，这样一种适度的工资增涨，实际上可能在欧洲各国通行的利润率上产生可以看得出的几乎所有的差别。[①]

在这些计算中，我们都假定国内产业的生产能力没有变动。假使有时候真是这样，工资数目方面的波动对利润率的影响，就会比现在更能引起一切实事求是的观察者的注意。可是，事实上，国内的产业的能力极少没有变动或者也许从来不会是没有变动的，当这种能力在变化的时候，变化的结果一定常常在某种程度上抵消并因此而隐蔽工资率变动对利润的影响。这样，如果我们像以前那样，假设100镑全部用在工资方面，产生12%的利润，出产就会是112镑。可是，如果产业的生产能力增加，价格没有变动，收益变成134镑8先令，工资就可能上涨到120镑，而利润完全不会变动，仍然是12%；同时工资已经增加了1/5，唯一的变动将是用于垫付工资的资本增多。因此，当劳动的生产能力在变化时，我们可以期待工资数目的变动对利润率的影响，往往人们会注意不到。

① 以后将说明，在一个像英国这样资本充裕的国家，工资率很可能总是比穷的国家里高得多，足以造成富裕国家里比较低一些的利润率；尽管它的生产能力最大，并且处于迅速增长的状态。

然而,似乎利润率方面显明的和相当大的变化,可能仅仅是工资率一项因素变化的结果。所以,利润降低不一定是人类劳动的任何部门中生产能力降低的迹象,因而绝对不能认为它足以证明(特别是)农业方面效率在降低。

这些关于实际工资的变化对利润率的影响的问题,我觉得非常明显,差不多不需要正式陈述,假如不是有人正式加以否定,并产生了十分广泛的后果。李嘉图先生和其他信奉他的学说的那些人,曾认为他们能证明利润率方面一切可能的变化都是完全由于农业的生产能力低减。为了证实这种意见是可靠的,他们不得不说明没有其他的原因能影响利润率,而且当然工资率的变动不能影响。他们这样做的方法十分简单;只是(在论述利润时)否认实际工资率方面会发生永久的变动。

乍一看,似乎是利润部分地决定于劳动的产品的数量,部分地决定于产品在工人和资本家之间的分配;因此他们分得的数量会由于这些因素的任何变化而不同。如果某些工人的工资总数是100 镑或者 100 夸特谷物,他们生产 112 镑或者 112 夸特谷物,利润就是 12%,可是,如果工资增涨到 102 镑或者 102 夸特,利润就会降低到 10%,就像它们一定会下降的那样,如果工人的生产能力减低,工资仍然不动,他们只生产 110 镑或者 110 夸特。

可是,如果可能证明工人们的份额实际上是不会变化的,除了短暂的一段时期,他们必须继续得到 100 镑或者 100 夸特,不多于也不少于此数,那就当然利润率方面一切长期的变化一定是完全由于产业的生产能力方面的变化而来。我们已经注意到,利润的降低很少是由于非农产业的生产力降低而起,这种非农产业的生产力可能提高利润率,或者在利润由于其他原因而下降时予以支持,但很少引起利润后退。那么,假如一旦承认,利润从来不由于工资方面的变化而降低,那就是说利润通常一定是由于农业的生产能力减低而下降的。所谓实际工资永远不变,或者工人所消费的必需品的数量经常是一样的那种理论(这是关于农业劳动的能力低减在利润递减中的全部作用那种信念的根据①),不需要作一定的讨论加以驳斥。李嘉图先生本人从来没有主张这种说法,除了在讨论利润的变化这个专题的时候。在其他的场合,他毫不犹豫地讲到工人的情况和习惯的改变。自然工资和实际工资率方面的变化。可是在想要简化他对影响利润率的各种情况的分析,并否定除了他自己爱谈的原因(就是,最后在土地上使用的资本的收益)以外的一切事物的作用时,他回到这种态度,同样地不符合事实,也不符合他自己的论点和自己承认过的话;并一再地说,实际工资的永久变动绝不会发生,因此在估计利润率的各种原因时绝不需要考虑。

他要为这种说法辩护的时候,就用经过夸大的和人口问题有关的某些事实作为根据。

实际工资率的波动,在某些情况下以及在一定的程度上,推动或者阻碍劳动人口的增加,并且通过改变他们对自己生活赖以维

① “我们在讨论工资时已经看到,工资总是跟着原产品的价格上涨而上涨。可以认为,在通常的情况下,必需品的价格发生永久的增涨,不会不引起(或者已经先出现了)工资上涨。这样我们又达到我们以前想要确认的那同样的结论:在所有的国家和无论什么时候,利润决定于为本国的工人供应必需品所需要的劳动多少,或者所用的不产生地租的资本。”李嘉图,第118、128页。

持的基金的关系而影响工资率。根据这一毫无疑问的事实，许多人被引入歧途，部分地由于轻率和部分地由于过分自作聪明，以致作出广泛的和十分错误的推论，认为实际工资方面每次增多或者减少会引起人口的扩张或者减缩，恰好足以在过一个时期后恢复(工资改变以前)工人的数目和用以维持生活的基金之间的关系，从而使工资回到以前的数目。

这种关于工资变动对人口数字的影响的意见，在以后我们更应该深入研究的时候还要出现。目前，不需要作更广泛的讨论，我们就可以借助于明显的事实和日常经验。我们看到一些悬殊很大的实际工资率在气候和土壤都相似的国家流行，并且，有时候，像在英国和爱尔兰，是在同一个政府的管辖之下。

我们在一些同样的国家中注意到从这个世纪到那个世纪以及从这一代到那一代，人们在吃的、穿的、住的习惯以及一般的生活方式各方面发生的变动。我们也看到了①，尽管产业的生产能力维持原状，工资率方面很温和的变动就足以在利润率方面产生很大的变动；因此我们现在不作进一步辩论就大胆地假定，实际工资率方面这样一种永久的增涨既不可能也不足以产生利润率方面的变动，等于任何欧洲国家中那种利润的差额。这就足以支持我们的见解：利润降低，绝不是一种毫无疑问的证明，表示农业效率低减，因为这可能是由于工人和雇主之间对全国劳动的产品实行一种不同的分配，同时产品的数量没有变动，或者在所有的分支部门中都在增加。

① 参阅本书第259页。

原产品的相对价值增高不是农业工作效率低减的证据

在农业工作的效率减低的证据中，原产品的相对价值增高通常被看作最有决定性的一项。这一点，没有疑问，会是一种确实的证明，假如我们能假设制造业(指农业以外的一切产业)的生产能力没有变动，而原产品的相对价值因此是在上涨。如果12夸特谷物在一个世纪中可以交换12匹布，而在下一个世纪中12夸特谷物可以交换24匹布；那么，如果我们确实知道制造布的成本没有发生变动，我们就可以很合理地断定，生产谷物的成本已经增加一倍。可是，如果我们考虑到制造业的效率在这一段时期内实际上增加了很多，情况就有了改变，我们看到，原产品的相对价值一定会增加，虽然农业的生产能力没有变动，甚至有一定程度的增长。例如，假设两人生产两夸特谷物，两人生产两匹布，1夸特谷物和1匹布。其次，农业工作的效率增高了，假设两人生产3夸特谷物，而制造业的效率增加得更多，假设两人生产6匹布，那谷物的相对价值将增长，1夸特谷物不是交换1匹布，而是交换两匹。在这种情况下，假如我们因为原产品的相对价值增高而假设事实上工业的效率减低，那就错误了。

在各国的发展中，通常出现制造能力和技术的增高，其增高的程度超过一个日益增多的人口在农业方面能够达到的程度。这是一种没有疑问的和人们熟悉的真实情况。因此，在各国的进步中会发生原产品的相对价值增高，其原因完全不是农业的效率确实减低。

和其他国家的物价比较起来，原产品的货币价值增高不是农业工作效率低减的证据

有各种不同的原因可以提高原产品的货币价值，其中的一项没有疑问是那影响价格的土地肥力减低。如果在两个工资水平相等的邻近国家中，土地质量的情况是，肥力较差的那个国家中需要用3个人来取得在肥力较高的国家中由两个人取得的效果；比较贫瘠的国家，就不能像比较肥沃的国家那样，以低廉的价格出售它的产品。然而不同的价格不一定就表明肥力方面的差异。不同的价格可能是由于至少三种其他的和截然不同的原因。第一，由于较高的工资率；第二，由于较高的税率；第三，由于贵金属的价值不同。

农业上必需雇用较多的人，可能产生的无论什么影响，会由于必须对实际雇用的人付给较高的工资而产生。当获得同样数量的产品的谷物种植者必须付清额外的若干谷物时，不管这新的支出是以工资形式付给增加的工人，或者是用较多的工资付给以前雇用的工人，或者是付出较重的捐税，对这个谷物种植者一定是无关紧要的；就耕种的成本来说，那是同样一回事。假设两个国家生产谷物所费的劳动和资本完全一样，工资率或者捐税数目方面的变动可能在一个国家中把耕种的成本提高得超过在另一个国家中提高的程度，虽然那个比较昂贵的国家没有变动，或者甚至（在有限的程度上）它的农业工作的效率正在增进。

还有一个第三种原因，和土地的肥力减低完全不同；它可能在一个国家中增加原产品的价格，而其他国家中价格不变动，这是物

价较贵的国家所特有的贵金属的价值减低。毫无疑问,这是一种对世界各国的物价有一些影响的原因。然而,我希望人们理解清楚,这不是我对那种影响的可能范围或者限度表示什么意见。我将首先在关于这一点上引用他的话的那位杰出的著作家认为,似乎是"在这个国家里,和欧洲的大多数国家比较起来,谷物的高价大部分"是这样引起的。马尔萨斯先生说①:"影响谷物价格、并使得各个国家中这种价格的差别这样显著的原因,似乎是两种。第一,在不同情况下,不同国家中贵金属价值方面的差别;第二,谷物生产所必需的劳动和资本的数量。第一种原因没有疑问引起谷物的价格方面最大的不相同,这种不相同非常显著,特别是在那些彼此距离很远的国家里。孟加拉和英格兰两处谷物价格上差别巨大,达 3/4 以上大概是由于这两个国家中货币价值方面的差别,并且在这个国家里,和欧洲的大多数国家比较起来,谷物的高价大部分是这样引起的。"后来在关于后一问题的进一步评论的注解中,马尔萨斯先生说:"这一论断也许似乎和关于贵金属水平的理论相矛盾。确实是这样,如果所谓'水平'指的是通常估计的价值水平。我认为这种理论完全没有事实根据。贵金属总是趋向于静止状态,或者使一切事物不需要动的状态。可是,当这种静止状态已经差不多达到,所有的国家的交换都差不多是等价的时候,各个国家中以谷物和劳动计算或者以商品数量计算的贵金属的价值,实际上却远远不是相同的。"李嘉图先生曾表示过类似的意见。"当任何个别的国家在制造品方面擅长,以致引起货币流入时,货币的价

① 《政治经济学原理》,第 193 页。

值就会降低，谷物和劳动的价格在那个国家就比在其他任何国家中较高。这种较高的货币价值不会由交换表示。票据可能继续按平价处理，虽然谷物和劳动的价格在一个国家应该比在另一个国家高出10%、20%或者30%。在假设的这些情况下，这样的价格之差是事物的自然规律，只有在足够数量的货币被引进那擅长制造的国家，才可能提高它的谷物和劳动的价格。”①“在社会的早期状态中，制造品还没有什么进展，各国的产品差不多相似，内容无非是一些笨重的和最有用的商品，各个国家中货币的价值，主要地由这些国家和供给贵金属的矿地之间的距离来调节；可是，由于社会的技术和改良进步，以及不同的国家各自擅长某种特殊的制造品，虽然距离远近仍然要计算在内，但贵金属的价值将主要地受那些制造品的优良质量的支配。”②“如果两个国家拥有完全相同的人口和同样数量的肥力相同的耕地，以及同样的关于农业的知识，在使用较高的技术和较好的机器可以出口的商品的那个国家，原产品的价格会是最高。”③

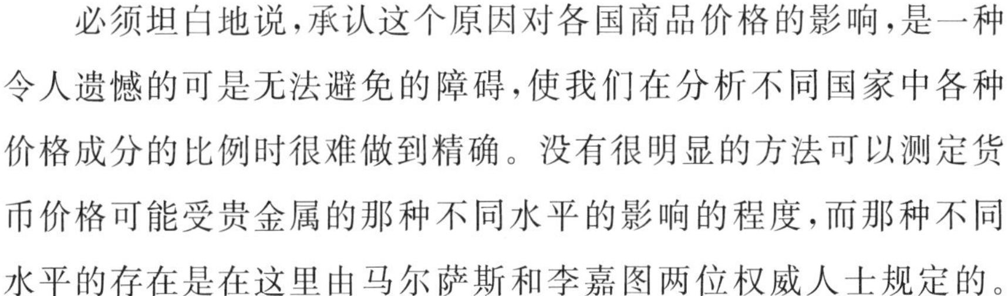

必须坦白地说，承认这个原因对各国商品价格的影响，是一种令人遗憾的可是无法避免的障碍，使我们在分析不同国家中各种价格成分的比例时很难做到精确。没有很明显的方法可以测定货币价格可能受贵金属的那种不同水平的影响的程度，而那种不同水平的存在是在这里由马尔萨斯和李嘉图两位权威人士规定的。

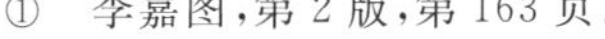

① 李嘉图，第2版，第163页。

② 李嘉图，第2版，第159页。

③ 李嘉图，第2版，第157页。

想要解答这个问题，我认为，只有对一切可能的价格成分（不是贵金属的局部的价值）作出辛勤的和困难的比较才能做到。可是，如果不再把这个作为一般的问题处理，而只看那些影响英国一个国家中贵金属特有的价值，我们就可以相当有把握地断定，那些金属的低价值对这里物价的影响一定比在任何其他欧洲国家中更加强烈。首先，英国在制造那些出口商品的技术和资料方面是非常出色的，这些出口商品会使它获得大量的黄金和白银；而且这不是唯一的特点，有助于降低金银在英国的价值。制造那些金属的代用品的高明技术，以及代用品流通之快，有助于扩大出口贸易带来的金银流入的影响。假设英法两国各需 100 000 000 以便用于流通，并各自拥有此数。如果英国人找到了用纸币代替 10 000 000 中 50 000 000 的手段，50 000 000 的生金银就可以抽出来作别的用途，就会在降低这笔物资（新进口的金属 50 000 000）的价值方面产生同样的影响。如果由于增加了流通的速度，可以使 50 000 000 起着以前需要 100 000 000 的作用，同样的结果会发生，物资的价值会受到同样的影响。现今在英国，替代硬币的方法发展到了超过其他方法的程度。在英格兰银行和地方银行的钞票以外，私营票据经常作为现金在流通的，估计达到 100 000 000[①]。伦敦“交换所”的作用是公众所熟悉的，它一家就可以大大地减少进行帝国的货币交易所需要的现金数量。英国货币流通之快，我们知道，是无与伦比的。

那么，把英国在以信用和纸币代替硬币的技术以及提高流通

① 参阅《不列颠百科全书补编》，“信用”。

速度的手段方面的影响，跟英国在制造外销商品方面的优越性的结果加在一起，就好像是，会使商品的货币价值高的一切和贵金属的价值有关的原因在这里起的作用比在任何其他欧洲国家的作用较大，并且，不管那些原因在降低贵金属的价值和货币价格方面可能有什么影响，这些影响在我们自己的国家会比在任何其他国家更广泛地和更强烈地被人感觉到。

然而，丢开英国个别的情况，我们回到那一般的问题，完全从农业的生产能力上任何差别来推论，不同国家中原产品的货币价格可能单单由于贵金属的价值不同而变化。

那么，以上就已经说明，原产品的价格，和土地及气候相同的邻国中原产品的价格比较起来如果较高，这可能是由于三种原因单独地或者共同地在起作用，三者都和土地的肥力降低完全无关，这三者即较高的工资、较高的赋税，或者生金银的相对价值低，单单这最后一项，有一位著名作家曾断言它的影响很大，“可以引起这个国家里大部分的谷物高价，比在欧洲大多数国家中多得多”。因此，高的货币价格，和土地及气候相似的邻近国家的这种价格相比，不能作为价格较贵的国家中农业能力低减的迹象。

我们已经看到，利润率低和原产物的价值高，跟国内制造的其他商品相比，都不是农业生产能力降低的可靠迹象。有一种情况，乍看起来似乎比我们已经研究过的任何情况都更可靠；但仍然是一种假象。

根据赋税的影响来推论，如果总的来说各生产阶级的收入似乎减少，如果利润率降低而没有由工资增涨予以补偿，或者工资降低而没有由利润率增高予以补偿，那就可以说劳动和资本的生产能力已经相当地低减；暂时我们将假设这种说法是合理的。当这种减少出现时，最近曾有人假设这种失败肯定是在农业方面，而不是在制造业方面，因为机械的和制造的劳动的效率，在各国的发展中通常是增加，而不是降低。但是最后的这种看法决不是普遍确实的。世界上大多数国家这时候在制造的能力方面或许正在进步，没有物质的原因使它们不继续改进。可是当我们考虑到政治的和道德的原因时，世界的历史不容许我们断定，人类在机械的和制造的技术方面的发展总是必然领先。埃及、地中海的非洲沿岸、小亚细亚和摩里亚，只能用它们的历史和纪念物证明它们曾经有过的智慧或者力量的微弱的一部分来帮助机械工业。资本和科学在我们的时代对工匠是不可缺少的助手，国内工艺的衰退以及和它有关的工作效率降低，因此就会随同那些侵袭一些国家衰朽状态的种种弊端一起来临，逐渐损害它们的资源。英国这时候是实力和技巧能够影响的一切事物的主要活动场所，涉及人类工作中和农业不同的各种部门，而且，假如有朝一日它的自由、财富，以及实际势力的许多因素离开它，正是在这些工作部门中衰朽的进展会表现得最为显著。它的工匠的能力以及制造品的妙处，一定会随同今天支持它们的那些资本和科学一起消失。在一个处于这样环境的国家，人们的资财可能减少，以及各个阶级每年的消费可能紧缩，虽然农业的效率应该没有变动。

对于承认工资率或者利润率减低，而两者之中的另一项保持不变，可以证明国内产业的某些部门中产量减少和生产能力降低，这种说法，我们一直在争论，并且只是试图说明，即使承认是这样，也不能同意说这种低减必然在农业中开始。今后，我们会有机会证明，这样的“承认”本身就过于广泛，利润率减低而同时工资无变动，并不自然而然地表示人口方面生产能力减低，甚至这完全符合本国产业中日益增高的效率，同时积累新资本的能力可能在稳定地增高；可是对这个问题的发挥属于本书另一部分的范围。

我们按照预定计划，已经致力于证实：第一，随着耕种推广到质量较差的土地，或者在已耕土地上取得较大的产量，农业劳动和资本的收益不是必然会减少的；第二，通常人们认为表示这种农业能力减低的几种情况，就是，利润降低，原产品和其他商品比较起来的相对价值高，或者国内原产品的价格高于土地及气候相似的国家中生产的同样产品的价格等等，可能都是起源于一些独特的和不同的原因。我觉得，除了实际比较，没有方法可以确定任何国家中实际耕种的土地支配价格的肥力（相对于较早时期在同一国家，或者在同一时期另一国家耕种的土地的肥力来说）。这样的研究一个部门也许是困难的。在同一个国家，要比较一个世纪和另一个世纪的生产成本，也许是困难的。在同一个时期，比较一个价格贵的国家生产谷物的成本，和在价格较低以及相对价值较低的邻国中生产谷物的成本，就比较容易。例如，实际上不可能用英国和波兰或者德国作为这样一种比较的题目，从最差的土地中选择相等的地区，每个地区相当的大（因为在小块土地上取得的观测资料，由于许多原因，是靠不住的），有必要肯定（根据货币价格推测）各个国家中使用的劳动和辅助资本的数量，以及它们各自的产量。结果会十分准确，足以表明每个国家农业劳动力和农业资本的生产能力。假如似乎是，在货币价格和地租最高的国家，农业中使用的劳动和资本比同样数量用在原产品的货币价格比较低的国家里

真正生产出较多的产品，我们就必须把价格较高的国家的高价归因于较重的赋税、较高的工资，或者贵金属的价值较低，或者所有这些原因的联合的影响；而不是由于耕地贫瘠，或者由于逐渐应用于旧土地上的小量资本的收益很低。可能已经发生的土地所有人收入的任何增加，必须（根据货币价值方面的变动推论）追溯到当然不是在支配物价的土地上农业工作的收益中还没有出现的减少，而是追溯到一切土地共同的产量逐渐增多，可是在最好的土地上数目最大；并且追溯到农业资本的效率一再增进。

第六节　论述地租增长的真正来源的一些迹象，在具体事例中要看到这些迹象，必须通过观察：(1)农业与非农业阶级的比较人数方面发生的变化；(2)地主分得产品的比例中表现出来的改变

已经说过，只有精确地说明用于取得同样数量产品的工资和资本，才会使我们能完全有把握地肯定那支配价格的土地的比较实际肥力，[①]或是在同一时间的不同国家，或是在不同的时间的同一个国家。这样的比较往往会是不可能的。但是在观察一个国家

① 土地的比较潜在肥力，就是，每处土地在已经用最多和最好的力量、技艺和资料耕种了一个时期以后具有的肥力，是和土地的比较实际肥力大不相同的一种东西；在考虑耕种那种似乎是贫瘠的荒地时，应该总要记住这一情况。

的土地收入的增长时，我们自然而然地会想知道，在各种情况下，这种增长是"由于使用了额外的劳动，其收益比例地减少（这收益是李嘉图先生所说的地租的唯一原因[①]）"，或者由于用增加的资本取得的较多产品和提高以前使用的资本的效率这些更加适宜的来源。

有两种情况在我们对这一点的研究中可以指导我们，即使不是完全正确，也具有高度的和令人满意的可能性。这两种情况是，第一，农业和非农业阶级的相对数目方面发生的变化。第二，可以在地主们取得的产品的比例中找到原因的变动。确实，这些情况提供的证明，我们将看到，作为完善的和很能说明问题的东西，应该被李嘉图学派所接受，虽然他们的著作使我们不能假定他们曾有过这种想法。

在扩大耕地中，当"使用增多的劳动而收益比例地减少"时，农业工作者的人数一定在增多，和非农业工作者的人数比较来说。一种简单的计算就会说明这一点。假设 2 000 000 耕种者生产谷物 4 000 000 夸特，足够维持 4 000 000 人，这样的一个社会里农业工作者和非农业工作者的人数（根据谷物的对外贸易推论），会是恰好相等。假设人口增加到 8 000 000，如果现在耕种的新土地的肥力和旧土地的肥力相等，4 000 000 耕种者就能生产 8 000 000 人的粮食，农业工作者和非农业工作者的相对人数会仍然像从前那样。可是，如果生产新耕地的那额外 4 000 000 人的粮食"需要

① "地租总是来自使用增多的劳动而收益比例地减少。"李嘉图，第 1 版，第 60 页。

增加一定数量的劳动，其收益比例地减少”，就必须使用增加的人口中 2 000 000 以上的人为他们和其他那 2 000 000 人生产粮食。假设那必须使用的较多的人数是 3 000 000，就会有 5 000 000 农业工作者被用于生产 8 000 000 人的粮食。农业工作者在人口增加以前构成人口的一半，现在他们将构成人口的 5/8。并且，如果这个社会的人数继续增加，生产他们所需要的额外粮食的土地继续吸收“额外数量的劳动，其收益比例地减少”，耕种者的人数就一定也继续增多——相对于非耕种者的人数来说。

其次，如果一个由农场主占有的国家里的地租竟然会单单由于李嘉图那么有信心地说是地租上涨的唯一可能的原因（就是，“使用额外数量的劳动，其收益比例地减少”），以及结果把以前在较好的土地上的产品的一部分转移给地主们；那么，总产量中通常作为地租被地主拿去的部分，必然会增加。这几乎是自明的，可是或许不妨作一点简短的计算。假设 B、C 和 D 是用相等数量的资本等等进行耕种的土地，假设 B 生产谷物 12 夸特，C 生产 14 夸特，D 生产 16 夸特，作为剩余利润或者地租。地主取得的 C 和 D 合在一起的部分产品是 30 夸特中的 6 夸特，或者 1/5。在人口的发展中，假设有必要耕种另一块土地 A，使用与 B、C 和 D 土地同样数量的资本，只生产谷物 8 夸特。既然 8 夸特现在必须对所用的资本产生通常的资本利润，以前不付地租的 B 就会得到 4 夸特作为剩余利润或者地租，C 会得到 6 夸特，D 会得到 8 夸特。地主将从交纳地租的土地上取得 42 夸特中的 18 夸特，或者它们的总产量的 2/5 略多一点，而不是从前分得的 1/5。就像这样地累进，随着耕种中使用的额外劳动和资本而收益比例地减少，旧土地上

产品更多的一部分将作为剩余利润继续被转移给地主，以便使所有的耕种者得到的利润相等；全部产品中较大的一部分就这样逐步地取得地租的形式。[①] 因此，在任何国家，如果那里的地租曾有过普遍的上涨，起因于“使用额外数量的劳动，其收益比例地减少”，以及结果旧土地的一部分产品衍变为地租；这两种结果是一定可以看得出的：第一，人口的较大一部分必须致力于农业；第二，作为地租缴纳给地主的总产量的一部分一定已经增加了。如果这两种结果看不出，这些地租就一定是由于某些其他原因而增加的，并不是由于在农业上“使用额外数量的劳动，其收益比例地减少”，在那种情况下，李嘉图先生和他的学派假定这最后一种说法是地租增加的唯一可能的原因，就一定是错了。

这样的推理十分明显，以致当它接触到存在于我们周围的环境时，结果一定曾有助于引起一些比较谨慎的推理者立刻怀疑或者(不如说是)相信他们的理论体系不合理。我们自己的国家这个例子，在这些原则的帮助下来看，这一点是肯定的。李嘉图先生错误地假定它是地租增长的唯一来源的那种原因，在我们这里实际发生的地租大大提高中不可能曾起过作用。在这一点上，英国这个例子是比较重要的，因为只有在那里我们能作大规模的、足以使人满意地观察农场主地租的发展，以及这种发展和社会中其他阶级的财富的关系。

① 李嘉图先生自己完全知道(确实他不可能不是这样)，这是他的关于增多的地租的一项唯一原因的理论。他说，“那同一原因——生产的困难——提高原产品的交换价值，也提高作为地租缴给地主的原产品的比例。”李嘉图《论政治经济学》，第2版，第71页。

英国的地租增加是从农产品增多开始的

英国的统计史显著地给我们提出三项事实。第一，发生过耕地扩张，同时国家的一般地租上涨；第二，农业中使用人手的比例减低；第三，归于地主的产品的比例减低。这些情况没有一项确实需要任何正式的证明。曾经有过一次大规模的耕地扩张，我们知道。国家的一般地租曾有过相当大的增加，这是那些对这种增加的真正原因持最相反的意见的那些人也承认的事实。非农业阶级的相对人数曾经大大地增加，是一项几乎同样不受欢迎的事实。两项最近的人口条例的统计表，证明这一过程仍然在进行。英国的非农业工作者的人数目前是农业工作者的双倍，这和世界上其他地方流行的比例大不相同，以致构成英国人口的经济形势上也许最引人注目的特点。在法国，大革命以前，耕种者的比例是 4 对 1，和其余的人比较来说。其他阶级的发展，自大革命以来，非常之快。他们现在是全部人口的 1/3，而不是 1/5。除了英国，法国拥有地球上任何重要国家中最大的非农业人口。没有任何理由可以假设，三百年前英国的耕种者，和英国人口的其余部分相比，不及法国耕种者现在对法国人民中其余部分的比例那么大。那种已经这样完全把他们的相对人数颠倒过来、使其他阶级处于如此优越地位的那种变动，或许久已在发展，并且，虽然我们知道它近来进展得很快，曾受到影响的人口的不同部门的那些运动，在开始时大概是缓慢的；可是关于这个问题完全没有什么很确切的东西可以肯定下来，这一点对于我们现在的目的根本无关紧要。

地主在产品中分得的份额逐渐减少，久已人人知道。下面这

一段话是亚当·斯密说的。他断言在比较古老的时代，差不多全部产品都属于地主，然后继续说，"在现今欧洲的情况下，地主所得的份额很少超过土地的全部产量的1/3，有时候还不到1/4。然而，本国所有的改进地区，土地的地租，从那些古老时代以来，已经增加了3倍或者4倍；这每年产量的1/3或者1/4，似乎比以前的产量大3—4倍。在改进的过程中，地租虽然按土地的范围比例地增加，却随着土地的产量而比例地减少。"有关方面向农业部呈送的各种统计显示，亚当·斯密提到的那1/3或者1/4，在他的时代已经成为地主在产品中通常的份额，这个比例大于他们现在取得的一份，[①]这种情况是在意料之中的，假如上面用着重点标出的那个句子里所包含的他那种学说是正确的。

那么，在英国地租已经上涨，耕种方面使用人手的比例已经比以前减低得多，并且，作为地租归于地主的总产量的那一部分已经减少。根据前面的原则和计算结果，已经发生的地租普遍上涨，不是"由于使用了增加的劳动，其收益比例地减少"，而是由于某种或者某些和前者本质不同的原因，并带来相反的结果。

作为我们分析的最后结果，那就似乎是，这个国家的增加了的地租从改进农事和产量增多开始。[②]

没有疑问，有一些人，并且在现今政治经济学家队伍里或许比

① 这些统计中有些在洛先生的书里(第2版，第155页)可以看到。人们会注意到只有费用在那里和地租比较；按可能的最低标准增加利润，就会看出地租一定通常是大约总产量的1/5。这仍然超过一些有经验的土地估值者通常计算出来的结果。

② 为了公平合理地评价较大的产量，总要记住，我们切不可把眼光局限于小块土地上增加的谷物产量，虽然那是值得注意的，而是必须包括大片大片土地的各种产品；或者至少要包括整个农场的各种产品。

别处较多，他们会鄙视这些很像是那种还没有入门的人所搞的结论。曾经在比较好的理论学校里受过训练的那些人，一定觉得这种看法可笑。深入研究大自然的奥秘的人，有理由期待自己的辛勤劳动会导致不断地发现新的奇迹；可是在伦理的和政治的探讨中，我们的一般观点必须大部分以人类所共有的事实和感情为基础，并使他们自己作很广泛的观察。因此，在这些问题上，不至于显出任何一点顽固的成见或者蛮横的无知，我们还是可以很有把握地断言，没有任何迹象表现一种虚伪的和不健全的非常肯定地作肤浅说理的精神，诸如狂热地追求惊人的新奇事物的刺激；藐视明显的真理，只是因为对它已经熟悉，对于曾经为人类大多数起过指导作用的、与日常经验以及随时自发的判断相同的任何结论，往往把它们丢在一边，不加重视。

第七节　地主的利益和其他阶级的利益不是对立的

有重大的理由可以认为，很少出现那种情况，农场主所耕种的地区的租金增加，不是因为从土地上取得较多的产品，而是因为那些生产阶级分得的份额由于生产的困难增加而减少了。我们刚才已经看到，在英国这个唯一的广泛流行农场主地租的国家，有着强有力的证据可以说明，这种情况没有在任何程度上影响地租的发展。但人们已经承认，在一种极端的情况下，这会是地租增加的一项可能的原因。现在越来越多的人相信，不仅是一种可能的而且是实际起作用的原因，使得改正一种错误印象是相当重要的，这种印象的基础是相信社会的不同阶级的利益可以永远彼此对立。李嘉图先生看不出地主的收入增加可能是由于什么原因，除了“使用增加的劳动而没有成比例的收益”；他的这种看法是由于在这一点上他的理论体系不幸狭隘，因而斥责地主的利益，作为总是和社会的每一个其他阶级的利益对立。[①] 一方面我们对于地租增加的来源一直采取一种比较全面的看法，并曾说明这种增加必然会在耕作集中和改进之后发生，同时我们收集了资料，使我们能证明这种令人厌恶的学说的不合理。确实，有些时候，地主可以从减少人民集体的资财的情况中取得有限的利益；可是他们的长期繁荣，以及维持他们在社会中相对地位的那种收入的逐渐提高，必须从比较有益的和比较丰富的来源取得。

假如有机会从别人的损失中取得偶然的利益，确实足以表示社会中任何一个阶级在和本国同胞永远敌对中可以得到利益的话，李嘉图先生，为了可以前后一致和公道，应该把他所谴责的范围说得比较广泛一些，把资本家和工人包括在内，因为不能否认他们有时候也各有和社会中其他人的利益相反的利益，以及利润减低可能使工资增加，工资减少可能使利润增多，正如侵占生产阶级的收入，一定可以使地租提高。可是，假如我们因此就一本正经地争辩说，社会中所有的不同阶级的利益都是经常地和永久地彼此对立，这种结论也会引起非常慎重的研究者的怀疑。事实是，各个阶级能够因其他阶级的不景气而获得的繁荣，由于自然规律，是有

---

① 李嘉图《论谷物价格低廉对资本的利润的影响》第 20 页。“这就可以接着说，地主的利益总是和社会中个个其他阶级的利益对立的。”

限的和不牢靠的。各个阶级可以从财富增加的来源中取得的利益(大家共同的或者至少不对任何人有害),是安全以及推进到超过我们的经验或者计谋的范围。并且,在这方面,地主的社会地位和构成国家的那些其他阶级的社会地位没有差别。

任何一个阶级的收入增加时,这种增加可能总是由于两种原因:第一,由于侵占某一个其他阶级的收入,国家的总收入仍然是原来那样;或者第二,由于生产增加,结果所有的其他阶级的收入都不受影响,对全国的总收入提供了一种净增加。

我们稍微考虑一下,就会看出,只有在最后也是最有利的情况下,任何阶级的收入才能在国家的发展中逐渐地和稳定地增加。我们将首先就工人和资本家来说,然后再就地主来说,探索这一真理。

我们知道,一个国家的人民的生产能力没有变动时,工资可以在损害利润的情况下有所增加;或者,在另一方面,随着全体人民生产能力的进步,工资可以增加,而利润并未减少。生产能力无变动,我们已经有机会说明了工资率方面多么小的一点增加会产生相当大的利润下降;并且我们已经看到,[①]假设使用的资本的数目5倍于所付出的工资,在每10先令的工资上加添仅仅1先令,就会把利润从12%降低到10%。在世界的平常状态下,由于这种影响,工资很快就会不可能进一步上涨。在任何一个国家,在这种发展的过程中,远在利润率还没有被减低到它的实际数目的一半以前,资本就会外流,就业减少,工资停止上涨。可是,如果工资率提

① 参阅本书第183页。

高，同时生产能力有相应的或者较大的增加，这种工资率增高可以无限制地继续下去，利润率不会减低（可能还会增高），资本家的收入也不会减少；而只有在人类的生产能力已经达到极限时才需要停止。那么，没有疑问，工人的工资由于损害资本家的利润而增加，对工人只是一种短暂的利益。可是工人的利益和资本家的利益因此不是永久对立的，因为，工人的繁荣兴旺，如果要经久和进展，只能在与雇主的未减少的资财和收入完全相称的情况下存在。

同样地，劳动的生产能力无变动时，利润率可以由于工资减少而增高，因此资本家在劳动阶级的不景气中得到短暂的利益。可是上帝的安排却是这样，使得他们的重大的和永久的利益不能建立在这样令人沮丧的基础上。随着全体人民的贫穷和堕落开始发展，劳动阶级的生产能力以及（超过一定的程度后）财产的安全就减少。这些影响的第一种的例子在东欧的农奴方面，后一种的例子在爱尔兰方面。农奴干的劳动仅仅是工资高的自由民的劳动量的 1/3；爱尔兰小农，在低工资的待遇下工作也不见得较好，如果和英国的小农或者和他自己在情绪较好的时候比较来说。可是在生产能力方面 2/3 的差别，单是这一点就足以抵补欧洲报酬最好的和报酬最坏的工人各自的工资率方面的差别。那时候英国资本家根据德国的或者爱尔兰的工资率来设置，就会受到损失，假如他们的工人要由一批处于真正堕落状态的萎靡不振的效率低得像德国农民或者爱尔兰小农那样的人来替代的话。然而，劳动阶级的工作效率低也不是唯一的情况，它使得低微的和日益减少的工资不利于资本家的长期兴旺。大量辅助资本的积累，在一个堕落的和骚乱的人口中不能不受打扰地继续下去；资本家们本身的比较

收入,以及他们的地位和对社会的影响,正是倚靠这种资本的大量积累。在英国,利润低而工资高,可是世界上没有一处的资本家构成这样兴旺的和重要的一个集团。他们的收入超过土地拥有者的收入,并至少和劳动工资的半数相等。如果英国的工资被压低,直到工人的状况接近爱尔兰人,那么,他们的不满和骚乱不安,加上勉强做的和效率低的工作习惯,会使得在这里使用现今生产中所用的那大量资本既无利可图,又不安全,并且,那时候,尽管利润率增高,所得利润的实质以及资本所有者的收入、影响和比较重要性,一定缩小到比较更像其他国家的程度。因此,虽然资本家可以从工人的损失中获得短暂的利益,然而他们永久的繁荣不能建立在这样的基础上。要在财富日益增多的历程中稳妥地前进,他们周围的工人必须是贫穷和堕落还没有把他们变成无用的生产工具或者危险的邻居。资本家和工人的利益,尽管有时候明显地对立,就长期来说,基本上是完全协调的。一个阶级的兴旺是符合另一个阶级的利益的,它自己的收入增加,应该完全从本国产业的生产能力增加中取得。

在这方面,地主的情况和工人及资本家的情况相似。他们可以从社会的其余部分的不景气中攫取短暂的利益,可是他们不能不受天道的公正和仁慈的法则的影响,这种法则的作用,使得任何阶级的收入方面以剥削别人为基础的一切增长转瞬即逝,并有一定的限度,它只有在一个部分的繁荣和全国各部分的繁荣携手并进时,人们的事业才可以稳定地和无限地发展。完全是把以前由生产阶级享受的一部分产品转移给地主的那种地租增长,一定减少(假如没有这种转移时)工资和利润合在一起的数目。李嘉图先生和他的学派认为，在这样的情况下，生产阶级的收入会确实比以前较少，归于一定数量的资本和劳动的原产品数量的减少，不能由非农业劳动的成果的增多来抵补，并且他们进一步争辩说，这种减少一定全部落在劳工的雇主们身上，并减低利润率，这种利润率他们认为一定随着土地上最后使用的资本所得的报酬方面每一变动而变动，他们说利润率完全决定于资本的这种报酬。[①] 假如我们承认对问题的这种看法，立刻就会明显，地主们可以从这种原因得到的利益多么有限。如果，在彼此容易交往的不同国家中，已经确立了一种通常的利润率，在任何一个国家中减低利润率的任何特殊原因，就会驱使资本流到其他的国家。英国的利润率稳定在比一些邻近国家的利润率略低的一点，可是如果这个标准被压到这个低点以下，我们根据经验知道资本开始很快地外流。因此，在一个只能产生非常有限的效果的很短时期内，必须使仅仅以利润不断降低为基础的地租上涨完全停止。一个地租不断增加的国家的地主很快就会变得无关重要，假如这是他们可能赖以增加收入的唯一来源，而所有的其他阶级的人数和财富在他们周围不断增长。

然而，要更清楚地看出地主的收入增加的真正来源及人民的繁荣兴旺和没有减少的财富是完全可以共存的，我们切不可把自己局限于这样不完善的地租增加的原因的看法。生产阶级在产量中的份额减少，我们必须再说一遍，确实是一种可能的，可是同样确实地只是地主的收入增加的一种有限的和很少有来源，他们的资财逐渐增加，和社会的其他部门的财富齐步前进，这种增加来自

① 李嘉图，第118、128页。参阅以前在第186页注中引用的一些话。

更旺盛的和更丰裕的源泉。

我们已经看到，资本的累积和集中，以及随着人类的力量和技能增进而效率逐渐增加，是地租大量增加的原因，这种增加的经常作用，是由调节大地的生产能力以及文明国家在耕作技术方面的进步的同样法则确定的。可是人们不能合理地期望在一群人口中资本会增加或者农业的科学和能力会增加，如果在人数增加的每一步都有地主方面侵犯耕种者阶级的利益。以这样一种侵犯为基础的地租增长，如果对人民有害，对土地所有者的收入的发展，也是同样的不利；它为他们提供一种短暂的和有限的利润，另一方面却打破关于大的和持久的改进的希望。在考察各种不同等级的小农地租时，我们看到当这些地租持续存在时，耕种者的意气消沉阻止了在租佃方式下那些改革的进展，这些方式，地主们的生活舒适和利益要求根据社会能够适合的程度，尽快完成。当资本家作为一种性质截然不同的角色出场时，显然对地主有利的是，每一处土地都受到国家财富能够供给的全部辅助资本的利益，这些辅助资本由于智慧、知识和经验创造的技术和能力而越来效率越高。这些是地租增高的来源，其中不含有停滞和衰朽的原因，并且能无限期地继续支持地主阶级的收入和势力，虽然其他阶级的人数正在他们周围增加得很快。当地租增长的这些有益的原因起着作用的时候，国家的力量和财富，我们已经看到，一定在发展，领土一定能养活较多的人口，以及那较多人口的资本和收入一定得到相当多的自然增益。因此，对地主的持续繁荣非常重要的那些条件，也能导致国家的财富和力量不断增加。他们可能从贫苦人民活命之资中榨取的一点点东西，损害他们自己将来保持收入长期地逐渐增

加的前景，不下于同样的利得对生产阶级的损害。那么，像社会的其他阶级那样，他们对减少那些和他们分享土地的产物的人的收入有一种利害关系。也像一切其他阶级那样，他们从这种减少中所得的利益是有限的、微少的和暂时的；另一方面，他们的繁荣兴旺的永久性和充分发展，只有在和广大人民的财富、力量和技能的发展携手并进时才可能巩固。

因此，假定在地主有时候会在有限的一些利益上和构成国家的其他集团的利益对立这一事实方面有任何特殊的地方，是一种错误。还有一种更严重得多的错误，使得人们宣扬他们的问题形成上帝的一般规则的一个例外，它使得社会的任何一个阶级能牺牲别人而取得的一切利益毫无效果和迅即消逝，只有他们没有和全体人口共有的繁荣的来源，他们构成一个使人难受的独特的阶级，在全国的产业和财富逐步发展中，除了和人类中一切其余的人敌对的利益而外，没有其他的利益。

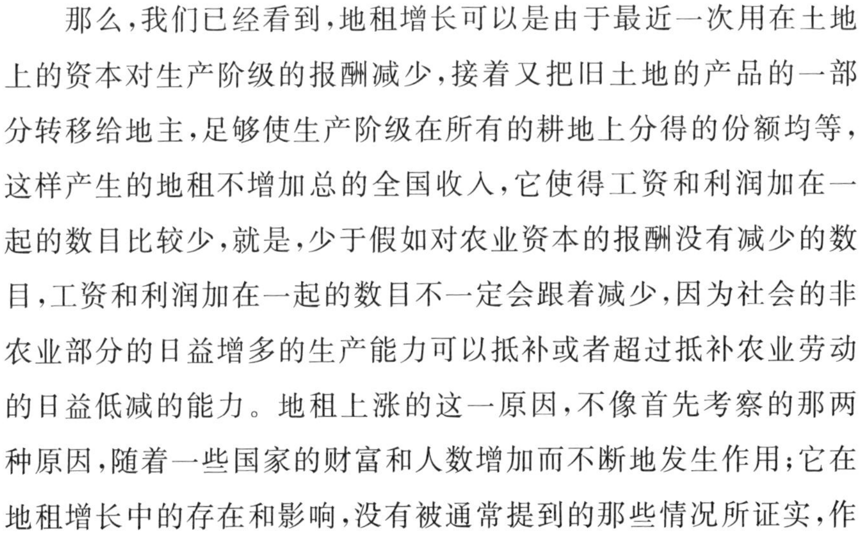

那么，我们已经看到，地租增长可以是由于最近一次用在土地上的资本对生产阶级的报酬减少，接着又把旧土地的产品的一部分转移给地主，足够使生产阶级在所有的耕地上分得的份额均等，这样产生的地租不增加总的全国收入，它使得工资和利润加在一起的数目比较少，就是，少于假如对农业资本的报酬没有减少的数目，工资和利润加在一起的数目不一定会跟着减少，因为社会的非农业部分的日益增多的生产能力可以抵补或者超过抵补农业劳动的日益低减的能力。地租上涨的这一原因，不像首先考察的那两种原因，随着一些国家的财富和人数增加而不断地发生作用；它在地租增长中的存在和影响，没有被通常提到的那些情况所证实，作

为它在起作用的最靠得住的迹象；在非农业阶级的相对人数一直在增加的场合，或者地主取得的产品的比例没有增加的场合，就有强有力的和有决定性的理由可以认为，这个原因对一个国家的地租方面的任何增多完全没有帮助。最后，虽然地租发生于这个特殊来源对国家是有害的，地主的一般利益并不因此就和人民的产业与财富的发展是敌对的，因为他们的不断繁荣总是建立在其他的基础上。

我们引用了一些事实和理由来说明，“使用额外的劳动而没有成比例的收益”，实际上在提高我们自己国家的地租方面没有贡献。我们指出，虽然，严格地说，那是地主收入增加的一种可能的来源，但不是像确实做到效率较高和全面的耕种那样，是这种收入增加的经常的和必要的来源，只须农场主团体的财富、技术和工作是发展进步的。

我们意识到，关于地租可能上涨的这种独特的起源，已经讲得似乎太长，超过它的相对重要性所需要的程度。其所以这样做的理由，已经有所提示。最后耕种的土地的肥力低减对地租发展的影响，以及整个人口的利益受这种过程影响的情况，晚近引起了许多古怪的和十分关切的注意，成为很多谬误的理论和轻率的推测。爱德华·韦斯特爵士和马尔萨斯先生曾经指出，农业国家中实际耕种的土地质量大不相同，有些土地上原产品的实际价格勉强够付按通常利润率计算的耕种的成本，而在其他一些土地上，同样的价格在偿付上述成本以外还有剩余可以缴纳地租。了解这一事实以后，就可以看出原产品的相对价值不是决定于平均生产成本，而是决定于生产某一部分的成本；要取得实际的供给，就必须保持实际的价格，并且不可减少，即使为了较优土地而付的地租被放弃给佃户，或者停止存在。也可以看出，使得耕种所用的次等土地费钱更多的任何情况，不会减少地租，而是会提高价格，因为不产生地租的耕种者必须得到他们的成本和利润，否则供给就会没有，价格也会由于这个原因而上涨。这些事实的发展，很清楚地说明了那些决定原产品的交换价值的情况，以及赋税的影响和最终落在什么人的身上；此外并展开了对那些问题的许多新看法。或许不足为奇，上面提到的两位著作家，在发现的最初热情中，不由自主地要把他们正在引起公众注意的那些事实的结果过分扩大，超出以后一些比较全面的探讨认为适当的范围。因此，爱德华爵士和马尔萨斯先生两人指出，当耕作范围扩大时，用在质量不同的土地上的资本产生很不均等的收益，然后他们有时候会假定，在农业发展中，每次用在土地上的增加资本所产生的收益一定比前一批增加资本的收益较少——一种独特的和大不相同的说法；完全没有根据，如果和用于开发旧土地的力量所用的资本相对来看；并且，这种说法，如果只限于投放在新的和较差的土地上的资本来说，完全没有考虑到人类能力的发展。这种假定之不合理，已经有人指出。然而，在爱德华·韦斯特爵士和马尔萨斯先生的论文里，这些意见仅仅是对一项重要真理的后果的夸张，没有经过充分筛选就向全世界提出。当这些意见被李嘉图先生采用时，它们不幸成为一种广泛的政治哲学体系的唯一基础，包括地租、工资、利润和赋税的整个学科，试图在从这种基础上引申出来的一系列逻辑推理中说

明在国家的发展中调节社会不同阶级的收入的一切原因。① 证明每一种其他表面上的原因都是虚幻的，对于确立这种体系当然有此必要。因此试图否认土地上资本积累以后产品的普遍增加可能提高地租，或者对地主有益，除非其中的一部分资本的收益不减，以及生产阶级所得的份额不减少。因此他又同样地试图证明各种农业改进，甚至那些能减少产品的生产费用的改进也暂时对地主的利益有害，要到支配价格的在土地上取得产品的成本已经增加的时候，这些改进才开始对他们有益。② 从一种看不到可能增加地主的收入而不一定需要相应地减少生产阶级的收入的理论体系出发，结论就必然是地主的利益和社会其他阶级的利益处于永远敌对的状态。这种悲观的结论，再加上同一学派的某些其他的错误，就显得更加阴暗。既然从日益增加的非农业工作的力量被忽

① “在论述资本的利润问题时，必须考虑那些调节地租的增减的原则；由于，我们会看到，地租和利润相互之间有很密切的关系”。李嘉图，《论谷物价低对资本的利润的影响》的绪论，第 1 页。“资本的一般利润完全决定于土地上使用的最后一部分资本的利润。”李嘉图，同上书，第 20 页。“可是我认为可以最使人满意地证明，在每一个不受工资高低的影响、财富和人口不断增加的社会中，一般利润一定降低，除非农业方面有所改进，或者可以用比较低廉的价格输入谷物。这似乎是人们说过的能调节地租的发展的那些原则的必然结果。”李嘉图，同上书，第 22 页。可是那些有点熟悉李嘉图先生著作的人，将不需要引用原文对他们证明，怎样他的关于地租的一项特殊起源的概念可以作为他们关于财富的分配的一切理论的根据。

② “如果，由于采用芜菁耕作法，或者由于使用一种效力较大的肥料，我能用较少的资本取得同样的产量，我将降低地租。”李嘉图，《论政治经济学》第 2 版，第 68 页。对这段怪话的参考资料，不知放到哪里去了，否则会早已引用的。李嘉图先生接下去又说，在他假设的情况下，土地必然会被停止耕种，“并且一个不同的和生产力较大的部分将是那个会形成供别人评论的标准”。读者已经看到（第 240 页）芜菁耕作法的采用和随着人口增多而逐渐发展，怎样实际上提高了英国很大一部分的地租，并且把耕种扩充到以前未耕的土地；其中许多的也缴地租。

视了，农业劳动和资本方面的报酬减少，引起生产阶级的收入可能减少。据他们说，在人们试图增多从自己的土地上取得的产品时，可能会引起这种收入的减少。工人所得的份额，他们相信，是没有变化的，除了在一些短时期内，因此，生产阶级的收入减少，一定单独地影响利润率。可是既然他们假设人民在无论什么情况下都是单独由积累的资本养活，资本是完全从利润中积累起来的，利润所有人的积累能力要决定于利润率，所以每次利润率下降，全国的积累能力就减少，为日益增多的人口提供生活所需的唯一手段就受到严重的控制。这些各式各样的情况，没有一种不是部分地或者完全虚假的；可是对那些自有一种关于这些情况的真相的意见的人来说，那种以为每次地租增加都表示农业给生产阶级产生的收益方面有相应的减少这一重大的原始错误，似乎立刻导致那种结论，认为在地租增长的每一步，国家繁荣的因素被削弱，社会中其他阶级受到相应的损失和困苦。这些观点包含在李嘉图先生著作中许多引人注目的语句里，这些话构成一种由他创立而由一些接受他的观点的其他人加工完成的学说体系的框架。那些不怕麻烦、愿意查阅他的著作的人，将发现他在不同的词句里(其中有些已经引用)宣称，增加的地租都不是出于在土地上创造的额外财富，而是由于把以前存在的财富转移到地主手里，地租总是出于把额外资本在收益减少的条件下应用到农业上，凡是不改变耕地的相对肥力的东西，都不能增加地租。农业方面的改进不增加地租，[1]这种改进至少暂时压低地租，并减少地主的财力和他们的纳

① 也参阅麦克库洛赫的著作中关于这一点的议论。

税能力等等;增长的地租,不增多一个国家的资源,地租方面的每次增加仅仅是价值的转移,只对地主有利,而比例地对消费者有损;并且,最后,地主的利益总是和社会中每个其他阶级的利益对立的。[①] 产生这些情况的那种错误观点,没有疑问是由于不完善的观察和轻率的推理;没有任何理由可以相信,这些观点是出于恶意,或者散布出来要造成危害的。可是,不管产生虚伪的政治理论的那种哲学是多么平静和毫无恶意,那些理论一经传出,在世界上流行,就必然要接触到偏见和激情,这两者把它们变成很严重的错觉的根源。关于地主阶级的繁荣根源的错误观点和愤激情绪(像晚近在英国流行的那样),有双重的不良影响。它们使得人们以妒忌的和气愤的眼光看着地主的收入增加,这种收入增加实际上只是国家资源方面一种重要的和非常可取的增益。当关于措施的讨论已经出现的时候,那些同样的错误观点和情绪显然首先使得一方牢骚愤怒,然后使得另一方好像自卫似的,猜疑和反对。

第八节　农场主地租概述

这种地租几乎是单独在英国普遍流行的,这一事实就使它应该受到认真的注意。它应该受到注意,还有另一个原因。有迹象表明,欧洲的国家或早或迟总要全部或者至少部分地发展到一种类似的制度;这种迹象有的模糊,有的明显,可是在许多国家中可

① "所以是,地主的利益总是和社会中每个其他阶级的利益对立的。"李嘉图,《论谷物价格低廉对资本的利润的影响》一文,第 20 页。

以看得出。我们已经说明了为什么相信它们走向这种制度的进展总的来说是很慢的;可是仍然同样确实的是,农场主地租盛行的那些国家的成分和潜力,人们必须了解清楚,如果我们要彻底理解或者我们自己国家的特殊经济情况,或者我们邻国的未来发展的可能方向和性质。在我们致力于这项工作的时候,当然要明智地避免重犯一种错误,那曾使许多以往的著作家看不清一些更可以广泛应用的真理:这使得他们在根据他们自己特有的情况推想时,有时候会完全忽略那些比较粗略的和比较流行的体系,其结果决定人类最大一部分的命运和生活状况;其他的时候,在不完善的类比的掩盖下,把本质上不同的事物和情况混淆起来,由于乱用一般的名词以及随便地根据这些类比来推论,使得这些类比更加令人迷惑。

我们大家,作为英国人,有时候不知不觉地比较容易犯这些错误,我们太容易轻率地考虑我们作为一切其他人的典型而存在的那个社会的状况,并且这种狭隘的和错误的假设必然是大量无知和许多错误的根源。事实上,英国处于许多国家的经济历程的极端和边缘,就这个历程已经有人了解的来说,在任何其他值得重视的社会还未达到的一点,这一点已经使它处于一种地位,即使不是较为可取,也是和其他社会的地位大不相同。[①] 我们看到,这里的人在农业以及人类工作的一切其他部门中,使用他们有责任应用

① 也许我应该把那些“低地国家”除外,可是我今后将有机会说明,虽然农场主地租在那些国家广泛地流行,这种地租的经济地位仍然和英国的农场主地租的地位大不相同。

的世代相传的本领和新发明积累起来大量资财，帮助他们的天赋的生产能力，以便逐渐地可是不断地增加现有人类的生产能力。这种资本以及它在每次应用到农业技术方面所造成的力量，使得土地能养活的全部人口3倍于耕种者的数目。积累起来的庞大力量的所有人，他们本身维持并雇用全部劳动人口。[①] 土地所有人已经不是只能或者是和平时期的统治者，或者是战争中的领袖，并且不是任何一部分人口的直接生活来源。国家受收入的影响，就像受制度的支配一样，在计算收入中土地所有人仅仅作为一个部分出现。国家的领土和土地所有人的地产，当然保持和原来完全同样的范围，而完全与土地没有关系的各种阶级的财富，几乎是无限制地增加。同时土地所有人的财产没有变动吗？他们逐渐变成无足轻重吗？他们在社会里已经不处于有用的和显著的地位吗？这些情况都没有发生。由于地球的一部分物质构造的结果（人类社会不可能逃避这些结果的影响，即使他们竟然希望可能逃避），地主阶级保存一种有益的和改变了的、虽然不再是独有的影响；这个阶级的成员仍然是社会的重要成分。在这个社会里他们已经不处于统治地位。由于耕种者的知识和技术发现了方法，可以把社会里日益增多的资本中适当的一部分用于使土地的潜力发生作用，以及扩展维持一个发展中国家的资料，一种新的地租单独地流行。这样用上去的新力量，从较好的土地上取得较大的结果，产生出一项资金，它既不构成耕种土地的工人的普通报酬的一部分，也不构成那些养活、指导和帮助他们的资本家的报酬的一部分，并

① 当然不包括低贱的仆役在内。

且，一旦和这项资金打成一片(我们已经看到这项资金的发展和数目是很不明确的)，地主的收入随着国家的资源增进而不断发展。就这样，大地表层的不同部分的生产能力的不相等，在人类的农业劳动开始时对地租的起源或者形式不发生看得出的影响，对地租变化的影响也很少，但最后显示它的独特的重要性，这种重要性本身，在各国的已经成熟的和有了改进的发展中，就足以为地主阶级取得收入方面稳定的和必要的增加，虽然是有限的和无害的。

我们已经看出这种观念的绝对错误，它认为这种发展的每一步都会使支配价格的土地生产力减低，或者结果会给社会的任何阶级的资财带来压力。

关于英国的实际地位方面某些情况的意见

在评述农场主地租这个问题中，不容易(或许也不适宜)避免用一种广泛的和抽象的观点来结束对这种地租的研究，为了要把这项研究中得出的原理应用于英国的情况，以及应用于这些情况的特殊性，并有意要尽可能不涉及普通叫做“政治”的一切事物，有几项意见我不能不说。

我们已经看到，地主阶级的不断发展，决定于农业资本家(农场主)的日益增多的财富和不断进步的技术。农业方面每一个步骤，每一项改进，耕作技艺中引进的每一部新力量，如果普遍地采用，通过对各处地面上产生的不同效果，没有一样不增加地租的总体。农场主的财产和精力以及思想活动，是地主的主要支柱，唯一的永久性的依靠。凡是减少这些耕作代理人的资财、安全，或者希望和活力的情况，一定相应地有害于土地所有人的最大利益。我认为，没有疑问，假如和平以来所发生的变化和波动没有削弱农场主的财力和挫伤他们的创业精神，他们通过把改良的耕作方法推广到那些还没有受到影响的大地区，以及力量和技艺的不断进步，一定已经产生了大量的产品地租，这份地租现今是不存在的。这种产品地租的不存在，没有疑问对地主们是一种严重的和无缘无故的不幸，或许是他们所经历的最大的不幸，因为，假如这种不幸没有发生，尽管国家的情况有一些变化，他们的收入可能已经被提高到有些像以前的水平。

可是，当开发土地潜力的全国性发展由于农场主贫困和灰心而受到阻碍和干扰时，受害的不仅仅是地主。非农业阶级也要轮到受害，其受害的情况和程度同样可怕，因为不容易精确地探索它在发展和传播中的损失，或者估量损失的确数。可能，在扣除他们自己消费的数量以后，农业工作者和非农业工作者交换的产品的价值不少于 100 000 000。这一事实很可以说明国家的两个重要阶级的相互依存。假设农场主们因为害怕损失和担心，从耕作任务中减去年度费用的 1/4。这种过程，凡是熟悉农村业务的都知道可以悄悄地和使人几乎感觉不到地实行，只须使用较少的劳动力，或者在种种方面农活的质量不那么高。假如接着生产又相应地减少，结果农业工作者和非农业工作者之间的国内贸易同样地减少，对这些后一种人的工作的产品的需求方面的减少，将大大地超过与需求的减少相等，这一情况会在国家全部对外贸易的一半被破坏以后发生。我不说这样的情况曾经发生过或者很可能发生，虽然我听说某些值得我们注意的人在这个问题上表示过一些激烈的意见，可是一种比这个小得多的影响，没有问题会超过等于

我们的出口贸易的最重要部门突然完全停顿的影响，并且，甚至一种比这更大的影响，肯定会在对农场主的资财受到任何突然的和粗暴的攻击以后发生。国内需求方面任何减少的结果，会分布在一个较大的表面上，因此在任何一点上人们不会那么强烈地感觉到，不会造成那么集中的意见不合，像同样程度的减少单独在出口市场里使人感觉到的那样。可是假如认为，整个非农业工作者集团的资源和繁荣，在一种情况下和在另一种情况下不会受到完全同样程度的影响，那是显然错误的。

很难不相信，那似乎由于某种不可理解的原因而降临在社会的许多阶级身上的苦难，是由于这一部分国内需求的难以察觉的减少。没有疑问，有些人认为国内需求的任何可能的减少可以由国外需求的扩大来补偿。在实践中，这仅仅在一定程度上是确实的，可是这个问题会引起讨论，我们将假定它在任何程度上都是确实的。但显然国外需求不可能突然被创造出来抵消国内贸易突然减少的影响，所以，在这种缩减之后，接着一定会出现一段困难很大和意气消沉的时期，也许是灾难和崩溃。

那么，显然对非农业工作者有利的是，无论国外市场方面发生什么变化，国内市场总是兴旺的，因为这是他们的最大的市场，并且它不应该变化，因为这种变化一定影响他们自己的繁荣。如果农场主的没有遇到障碍的事业基本上是和地主以及非农业阶级两者的繁荣有联系的，这种事业显然一定和国家的繁荣兴盛有联系，任何立法的计划，如果不慎重地避免可能损害农业资本家的财力或者精神的措施，就不是合理的和明智的。考虑到有那么多的利益在明智的和慎重的立法结果中结合在一起，在有关农业资本家的利益的时候，竟然有"谷物法"这样的问题存在，这是非常不幸的，这一法令似乎注定了一提到就会在国家的一个重要部门中引起一种愤怒的和急躁的心情，在另一个部门中则引起非常有害的畏惧和沮丧的情绪。然而，人们承认，在国家目前的财政情况下，需要有一种谷物法存在。实际上也没有什么关于主要原则的重大争论，大家所希望的是"保障没有特殊的负担"。

可是在这里问题的真正困难开始，农业工作者承受的特殊负担是什么？正是因为我能指出两项重要措施，实行起来会消除决定这个问题的困难，或者无论如何会使得那个困难不是那么重要和有决定性，所以我大胆说了这些离开本题的话。

有两种由农场主缴纳的捐税，它们在目前的状态下会继续混淆这个问题，使讨论所涉及的双方都不会满意；这两种捐税是"什一税"和"济贫税"。这两种捐税的真正负担者和影响，我们将在讲税制时比较详尽地说明。什一税的负担者，在每一个特殊事例中，确实是一个含有统计困难的问题，不是因为那些使我们能确定问题的原则是深奥的或者模糊的，而是因为在农业人口的实际地位和状况彼此不同的国家中，这种捐税的最终负担落在不同的人的身上。然而，在英国的特殊情况中，第一，可以弄得非常清楚，在当时英国人口的情况下，什一税的用意一定是要它起一种地租费的作用；第二，所有的人都同意，不仅什一税的立足点应该是不构成对农业的实际负担，不添加产品的日益增长的价格，可是，还有，这种税的立足点应该使各个部门和各个阶级的人看得清楚，这不是什么重的负担，并不造成这样的价格增加。这只能通过普遍的交换来做到。议会中曾经通过的东西可以作为证据，说明教会的领导人在采纳这种合理的计划方面十分愿意合作。如果立法机关开始这项工作，对它的益处和重要性有真正的信念，把计划的执行付托给根据合理观点行事的人，并以坦率的和真诚的协调精神相处，工作中很少的一些困难自会迅速消失。关于政治和宗教以及经济观点上这样一种变化的巨大重要性，就不须多说了。

济贫法呈现很多比较迫切得多和可怕得多的弊病，正如它也带来许多比较严重的困难一样。第一，济贫法作为一种单纯经济上坏事的结果，作为影响农场主的利益和打算以及谷物的正在增长的价格，被人大大地低估了。这些法令首先是一种负担，它的直接和间接的压力，农场主自己很难计算，因此，可能他总要夸张；其次，这些法令在英国农产品的必要价格上形成一种增添，比仅仅算术的演算会使我们认为他们所造成的结果严重得多，严重得很多；并且，他们这样做，是因为他们的压力分布得不相等，最重的还是落在那些比较贫瘠的土地上，耕作的费用，就长期来说（从国外输入的影响来推论），必然决定原产品的平均价格。单单这种情况就构成十分迫切的理由，可以试图作出这样的改变，以便可能消除这种不自然的和肯定不可取的对英国物价水平的干扰。

可是一切单纯经济方面的考虑会真正变为无关紧要，如果我们把注意力转向这些考虑使得它们发生作用的那大量可怕的道德上和政治上的胡闹。[①] 这样说并不过分，就是：他们完全破坏了农

① 我不是根据什么理论的观点来讲的，而是根据一种切身的和确实是非常痛苦的经验。然而，我也许应该提到，我的个人经验只限于农业工人以及肯特和苏塞克斯这两个郡。

业方面小农阶级的幸福，并败坏了他们作为劳工和作为男子的习惯。这些影响已经非常清楚地表现出来了。农民中最近的骚动，只有完全无知的人会说是由于任何特殊的真正压迫。产生这些骚动不安的怒气、情绪和幻想，已经在酝酿了一个时期。凡是熟悉这个制度的实际运行的结果的人，也许都预见到(其中有些人已经预见到)，除非这个制度被消灭或者根本改革，人们根据问题的性质，可以有信心地期待，那些骚动既不是最后的，也不是最危险的。但是，那些骚动，尽管是有害的和危险的，却仍然是骚动本身从而产生的那种遭人误解的和愤愤不平的心情的唯一的结果和迹象。国家关于这个问题的立法一直不好，没有疑问应该受到谴责，这方面的谴责有很大一部分已经转移到执行法律规定的那些人的身上。但是，肯定地，两方面机关的工作都不是没有过错的。不适当的法律奠定了基础，然后，有时候好心做了坏事，有时候做的是坏事而同时心意也很有问题，于是贫苦的人逐渐落到一种境况，以致会把一切困苦和失望都归咎于那些邻人，因为他们发现这些邻人控制着他们，是他们自己的一切祸福的看得见的来源。当人们处于这种境况的时候，结果非常不幸，虽然是非常自然的。我们能感到奇怪吗，他们的心情已经变得不愉快，他们关于合理和不合理的东西的看法以及是非观念已经不正常。事实是，已经有一段时期在我国人口的这个阶级传播着一种厌恶直接上司的愤怒精神，政治混乱的最危险的萌芽，同时他们自己的原则和习惯已经具有一种特性，人们不可能不为之惋惜；这种特性，眼光远的人不难追溯到一些贫民本身无法控制的原因；可是这些原因完全没有经过仔细的分析，不能博得那些必须加以研究的那些人的信任或者好感或者容忍；因此，后果是可能增加工人和那些管理工人和管理工人的财产的人员之间的不信任和恶感，并使其永久存在。

我们从这些原因中有过一个关于经济的和道德的罪恶的关系的例子。道德上的严重破坏真是无孔不入。劳动工人的诚实、自尊心以及对自己作为工人的品质的价值，依靠品行端正、吃苦耐劳和小心谨慎来改善生活状况的全部希望，他们对作为父母和子女相互间的义务和权利的意识，总之，一切有助于使人们成为好公民和好人的感情和习惯，已经受到腐蚀和损害，或者完全被破坏。

对贫民生活状况中这些不幸之事的补救，凡是性质不够全面，不能给医治所有这些弊病带来一些希望的，都不配称为明智的和有政治家才能的措施。我不认为人们对这样的一种补救方法需要灰心失望。为了达到这样的目的，对配给土地的使用方案已经作了充分的研究和试验，使我们能判断它的潜在能力。如果，通过对现行法律作必要的修改，或者制定一些新法律，使这个方案能有效地广泛实行，就可以使农业地区不仅能缓和济贫法造成的实际压力和可能发生的危险，而且能做到必须大力做到的事，如果要消灭道德上的危害，也就是，肃清身体健壮的劳工和那些法律之间的关系，全部地和永久地肃清。[①] 在此期间，处于这种境地的一个国家的统治者，如果抄着手等待出现新情况，那是非常危险的做法。一

① 我知道，在这样大的对全国重要的问题上，个人的印象确实并且应该是无关重要的，可是既然我已经被引导到这个问题，或许可能不是自以为是，如果我说，我自己研究的结果使我深信，这样一种方案可能被设计出来，由人们高高兴兴地普遍执行，并且，获得很可取的经济上以及非常重要的道德上和政治上的效果。而且，如果在合理的观点的指引下小心地调节和执行，就不必担心这样一种方案的许多好影响会因为人口原理的结果而显得美中不足，或者被伴随而来的害处所抵消。

些个别努力的缓慢的、往往是复杂化的和受到挫折的发展，不可能导致具有充分力量的广泛结果，可以及时阻止那种道德流行病的蔓延，这种病疫久已在追逐我们的脚步，已经日益逼近。人们必须求助于立法，并且要全面的和明确的适合当时的需要。可是(不需要明说)必须以一种既冷静仁慈，又坚决果断的精神来进行，并且，可以希望，永远在那伟大目标的指引下，增进劳工阶级的舒适和幸福，作为整个国家的繁荣与安宁的基础。

在这个问题上，我必须再说明，任何计划，凡是打算取消身体强壮的工人向他们的教区要求救济的权利者，我会认为它不公道或者不适宜，如果这项计划不准备使他们不仅到最后而且在改革的每一步的境况，不仅和现在一样好，而且是更好。不忘记或者掩饰他们的实际缺点，我们还是应该记住，使得他们的比较好的原则以及在一定程度上他们的肉体和精神的自由，被零星地用来换取济贫税的一点施舍的那种糟糕的制度，不是由他们想出来的，也不是他们所希望的，要使他们自己竭力摆脱它的影响，是做不到的也是不公平的，除非他们能清楚地理解，这不是冒险或者损失或者受苦，而是给他们提供的利益和报酬。

可以回忆，什一税和济贫法在这里只作为对谷物法有关系的一般问题讨论过，并且，通过那个问题，关系到农业阶级和非农业阶级的协调，以及这两种人对他们共同的和分不开的利益的认识。那么，更清楚地和单独地回到这种观点。如果我们假设什一税减轻，以及济贫税取消或者减低到很小的数目，这样，农场主在估计他的特殊负担时就会不感到不明确的压力，不必常常模模糊糊地担心风险和损失，这种担心由于在目前情况下还有的那些支出而使人不能心安。这一点做到以后，或许可以制订税收的标准，这应该既是固定的又不太高。在没有做到这样以前，即使真正公平的谷物法，恐怕在农场主看来也似乎不会给他充分的保障。一方面那些非农业阶级却会太容易相信谷物法过分地和不公平地增加食品的价格。这些意见的不断冲突必然会使敌对的和愤怒的心情长期存在，会破坏社会中不同类别和不同阶级之间的信任和坦率的合作，没有这两者，在危险时期甚至在和平时期，一个国家就会损失一半以上的力量。

可是一种固定的和适度的税收永久性地建立起来，[①]同时一方的愤怒心情，和另一方的对变动过分害怕终于消除，农场主可以再次开始逐渐累积并逐渐找到使用新资本的新方法。扩散和巧妙地使用这种新的耕作资本的结果，前面已经指出。英国仍然为农业的创业和改进提供广阔的用武之地。人们已经知道的最好的耕作方法，还没有扩展到本国地面的很大一部分。当这些方法已经广泛传播的时候，耕作者的事业仍然可以世世代代地发展。英国的农业尽管优越，许多迹象表明它仍然只是在逐渐接近而远远没有达到力量的极限。引用机械的或者化学的力量，替代现今所用的大部分畜力，发现新的和比较多产的草和植物，用犁、锹进行耕作；逐渐开发现今放牧牲畜的土地，生产较大比例的价值高的作物，直接或者间接地有益于人类的生活；农民所用的辅助人口的许多工具的效率普遍提高，所有的这些改进，要逐渐做到。这决不是奢望，相反地，

① 又可以回忆，我认为什一税的改变方式和济贫法的变动，是这一措施的必要前提。像现今这样在税率方面的通融，只怕永远不会使任何阶级满意。

怀疑其中有许多不久即将实现，或许倒是不符实际的。

农业获得的这种新力量的一项效果，毫无疑问会是开垦国内大部分土地中现今不生产的很大一部分，并逐渐施肥，一方面尽力处理荒地，和增加旧有土地上的资料和力量，我们根据过去推测未来，可以合理地希望农业的力量会增加，国内的人口靠那已经减少的一部分劳动人手的辛勤努力就可以维持。我们已经指出（希望已经说得十分清楚），在这样一种过程中，地租的总体一定在不断地增大。在一个由农场主耕作的国家，随着人民在数目、财富、知识和技能方面的每一次向前发展，那拥有土地的集团，被膨胀中的波浪托住，会上升到一种地位，在那里他们的资财和势力能适应全体居民的新形势。这种向前发展的原因，根源在于大地的物质构造。大地赖以维持的物质资源，对任何阶级都无害，这些资源，人们无法毁灭或者使其减少。这些资源的存在和增加，受到调节那些不相等的收益的同样可靠的法则的保障，这种不相等的收益是大地的各色各样的表面必须给予施加在地面上的劳动的报酬。这样，地主阶级的长远利益是和农业资本家的财力、创业精神及成功不可分解地结合在一起的。他们在和佃农的交易中暂时的利益，或者在他们和国家的安排中暂时的利益，对他们来说必然是次要的目标，有时候仅仅是虚幻的。他们这种人的财产、地位，相当的势力和资力，总是由他们保卫得最好和维护得最好，同时，对于一切可能搅乱或者阻碍国家在财富和技能方面的普遍发展的事物，他们都袖手旁观，只是用他们的个人影响和政治职权，去促进仅仅是国家政策和财政中那些公正的和温和的制度；因此可能是稳定的和持久的，并且任听那些促进他们自己的特殊利益的有益的原

因自由发展，只是作为和国家的利益是一致的。

结　　论

关于土地所有人每年从土地上得到的收入的评述，已经结束。

我们说明了决定那些采取各种形式和具有各种特点的地租的数目。我们追溯到地租在早期土地使用中的起源；由于土地只须得到人类最粗糙的加工，所生产出来的东西就能超过耕作者的最低生活需要，由于在农业社会的初期阶段，生活需要使小农必须从事于耕种土地，因为只有这样他才能挣得自己赖以生存的食粮。我们后来又研究到那些范围比较小的地方的地租，在那里社会状况的进步，和引进了一批农业资本家（不是一定要依靠土地维持生活的人），已经使地租只能以某一处土地上可以取得的剩余利润为限。也许正是在这种地方要注意到，似乎还是可以试图把各种地租折合为这最后的一种地租。有人说过，那些坚决认为地租总是存在于对等量资本的不相等的收益中，并且仅仅存在于这种不相等的收益中的人，可能仍然不肯承认，关于小农地租的性质和起源的历史是对他们的狭隘制度的否定。我不应该预期会有这样的一种尝试，可是我可以想象这是可能的。

在各种佃农所付出的劳役地租或者产品地租中，没有疑问常常含有由于某些土地的质量较高而产生的地租。拥有农奴佃户的地主，在同样的面积上，从优质土地取得的劳动多于从低劣的土地取得的劳动。印度农民、分成制佃农或者爱尔兰小农的地主，发现优质土地上的产品地租或者货币地租高于质量较差的土地上的地租。然而，我们已经看到，这样的差别和这种地租的起源或者形式完全没有关系，并作为那些缴出或者收入这种地租的人所不知道或者不注意的一种数量而存在，那些人处于我们已经指出的作为实际上决定这种地租的变化的那种原因的影响之下。有一种很少的和很特殊的社会形式，在这种社会里这样的差别确实为农业资本家缴纳的地租提供一种正确的计量标准，他们这些人构成租佃制度的主体。可是，从这些有限的地区中缴纳的特殊地租中，首先要给“地租”这个名词形成一种狭隘的定义，然后要硬使这个词包括土地耕种者在全面地面上所付的报酬，这是试图硬使事物的真相屈从推理的需要，把自己限制在比较容易处理但是武断的范围以内，这种范围适合我们的需要。这是放弃人们求取知识所应该做的工作，以便可以为一些理论体系编造一种不真实的基础。这种理论，尽管他们自称具有普遍性，却必然是空想的和虚伪的，只能供他们自我陶醉，并欺骗其他的人，结果一定弄得我们完全不了解全世界 99％的耕地土地主与佃户的关系的起源、发展和影响。我希望，关于这一点不需要再说什么。本书的全部内容对这方面提出适当的答案。书中未能做到——假如没有显出的话——完全不用那种幼稚的方法使推理替代知识，所以我们能够从深入研究人类大家庭的经济状况中汲取切合实际的教训。

这种从土地上取得的收入的存在，在文明的最初期，构成文明进步的最重要的因素。它是社会从而取得装饰品和力量的资源。它为国家提供战争中的指挥者，以及和平时期的统治者，创造出有用的和优美的艺术，直接或间接地产生那种悠闲生活的手段和机会，这些是产生文学以及一切积累的和流传下来的知识的根源。

如果地租的存在和普遍发展与文明来源的范围和增长是一致的，这些地租的特殊形式，对国家以及国家的各种阶级的一切最重要的显著特征，就会有同样重要的影响。这也不是仅仅在社会初期的情况。我们已经看到，除了我们英国以及一两个其他国家，所有的甚至世界上那些主要的民族，仍然是以农业为主的，就是，它们的勤劳人口中最大一部分是在农业方面就业的，并且我们也有很好的理由可以认为，它们在这方面的情况将慢慢地变化，如果会有变化的话。可是在处于这样地位的国家中（它们构成全世界居民的多数）所以是，并且一定是，它们的居民的生产能力，它们的联合财产和力量，它们的大多数政治制度的成分，以及它们的许多道德特征，只有先彻底研究由于这些人口生存在自己占有的土地上因而产生并继续保持的习惯、牵累、关系、收入，才可能了解和加以权衡。因此，我们必须从这样的一种调查研究中才能取得必要的能力，可以估计人类大多数的实际境况，或者判断他们的前途。

对于把世界上农业国家分为截然不同的集团的那些主要的类别，我曾试图划出明显的提纲。但是，在各个集团的范围内，或许有一些例外和修改的情况可能我没有注意到，而它们对个别社会的环境和规章制度产生一些影响。假如我能做到把别人的注意力引向我曾认为在农业国家的土地使用权和习惯方面重要的那些问题，今后或许会补充一些对那些修改的说明。同时，既然我意识到，我已经作出的提纲以及我所引用的那种细节是忠实的和公平的，我不能怀疑也并不怀疑，逐步地提供详细资料会证实我曾指出的那些原则，尽管这种逐渐补充的资料或许可能在某种范围内修改和纠正这些原则的局部应用。

最小的、可是对我来说是最有趣的一种佃农阶级——农业资本家或者农场主——所缴纳的地租,我曾和马尔萨斯先生以及其他的人把它简单地作为剩余利润来处理。然而,这里所采取的关于这些剩余利润可以在土地上增加和积累的看法,我认为是新颖的。确实这使人高兴,并立即剥去人们近来那样费力地给这种地租增加的原因与来源加上的虚伪外表。

在整个问题的进展中,根据地租形式的一切差别以及耕种者和土地所有者的性质和关系来推论,人们希望,一项重大的真理已经放在坚实的和资料丰富的可靠基础上。我曾随时随地采用它的根据,并将用它来作结论。没有一种社会状况下,没有一个文明发展的时期中,土地所有者的真正利益不是和耕种者的利益,以及他们双方所属的那个社会的利益相一致的。可是,甚至这一真理本身,如果我费了相当气力得来的那些观点不错的话,在我们的问题的未来发展中会被包括在一种更全面的因而更加令人鼓舞的真理中出现:那就是,一切理论体系本质上都是虚伪的和欺骗性的,如果它们假定社会的任何一个阶级的长期利得或者利益能够建立在另一个阶级的损失上。因为,用那么多共同的行动原则和幸福源泉把人类的情感和同情结合在一起的同一个上帝,在完全符合它自己的宗旨的情况,这样地安排了那些决定人类社会中不同阶级的社会状况的经济法则,可以使每个社会的长期的和逐渐发展的繁荣昌盛,主要地依靠大家的共同进步。

注:曾有人向我提意见,认为我对于把印度农民作为佃户的性质和他们作为世袭的土地占有者的权利混淆起来的可能性,讲得还不够。我已经在附录中加了一项注Ⅷ,其中考虑了这一点,特别提到托德上校晚期关于拉贾斯坦(Rajast'han)的著作。

附　　录

对序言部分的注释

赫谢尔,《论自然哲学的研究》。拉德纳的《小百科全书》,第14册,第67页——因此我们已经指出,我们对自然和自然法则的知识的重要的和唯一的最终来源是经验,这样说,我们的意思不是指仅仅一个人或者一代人的经验,而是指全体人类在各个时代积累起来的经验,在书本记录或者传统惯例中流传下来的。可是经验可以用两种方法取得:或者,第一,在事实发生时加以注意,而不试图影响这些事实发生的次数——这是观察;或者,第二,使我们可以控制的原因和力量发挥作用,有目的变化两者的组合,并注意有什么影响发生——这是实验。我们必须指望这两种来源作为自然科学的源泉。然而,这样地区别观察与实验,不是想要使两者处于任何一种相反的地位。本质上两者很相似,只是在程度上(而不是在实质上)不同;或许消极的观察和积极的观察这种名词可以较好地表示两者的区别;可是,十分重要的是要注意两者分别帮助进行的研究中不同的心理状态,以及它们在促进科学发展方面的不同效果。在前一种情况下,我们静坐不动,听别人给我们说明问题,或许说得含含糊糊地,零零碎碎地,并且往往间隔相当长的时

间，这时或多或少启发我们的注意力。只有通过事后思索，我们才了解它的全部含意；往往，在机会已经过去的时候，我们不得不后悔我们的注意力不曾更特殊地注意到当时似乎不重要的某一点，可是我们终于认识到了这一点的重要性。另一方面，在后一种情况下，我们反复盘问我们的证人，并当面和他讲道理，从而使我们能够提出中肯的和深刻的问题，对这些问题的答复也许立刻使我们能够拿定主意。因此，人们已经发现总是这样：在物理学的那些部门中，如果那里的各种现象我们不能控制，或者，由于其他的原因，对那些现象还没有进行实验性的研究，那里知识的进展缓慢没有把握和参差不一；另一方面，在那种可以进行实验的，以及人类已经同意进行实验的部门，知识的进展是迅速、有把握和稳定的。

Ⅰ.第 7 页

查尔斯·法夸尔·马西森著：《在 1821 年和 1822 年间，访问巴西、智利、秘鲁以及桑威奇群岛[①]纪事》，第 449 页。——当时国王是全面的专制君主——一切权力、一切财产、所有的人都由他随意支配：头目们接受他赐予的土地，然后把这些土地分成一块一块的再租给他们的下属，这些人耕种土地供头目使用，只保留一部分维持自己的生活。耕种者花费的劳动没有报酬收入，另一方面他们也不因为使用土地而缴纳规定的地租。头目期待他们不时地赠送猪、家禽、芋头和其他食品，连同他们可能在买卖中取得的任何

① 现今的夏威夷群岛。——译注

小量的货币，或者任何其他财物，只要可能适合这位大人物的爱好或者方便。这种专横的制度对佃户的兴旺繁荣是一种很糟糕的障碍；因为，如果佃户想要勤劳苦干，种好他的土地，或者饲养出良种牲畜，增多自己所有的东西，很快就会有人向头目报告，把这些财物拿去给他享用，那佃农则失去他的全部劳动成果。这样的情况，作为在国王和他手下的一些头目之间，不过是理论性的空谈；可是作为在头目们和他们的下属之间，却是在实际上有害地存在。因此对勤劳苦干的重要刺激没有了，人们生存，过着呆板单调的生活，用在工作上的气力不超过头目的命令和他们自己的生活需要使他们非干不可的程度。根据实际需要，每星期一次或者两星期一次佃农们必须在头目的私人田产上工作。我看到过几百人——男人、妇女和儿童——同时像这样在芋头种植园里工作：所有的人手都出动，因为他们全体互相帮助，所以工作完成得比较快又比较轻松。如果一个佃农拒绝服从头目的命令，他就会受到非常严厉的和简单化的处罚，就是，没收他的财产。我在威-阿罗纳暂住的时候，恰巧碰上发生这种事。考克斯曾命令他手下的几百人在指定的日期到林地上去砍檀香木。全体都照办，只有一个人竟然又糊涂又大胆地不肯去。这一下，他的家屋当天就被放火烧光，他还是不肯去。下一步是没收他的财物，并勒令他的妻子儿女离开这园地；这一步本来一定会实行的，假如不是他改变态度，以小心代替蛮勇，及时屈服，避免了这种绝境。前面已经说到，对工人们的工作，除了分给少量的土地以外，没有其他报酬。然而，这并不妨碍心地宽厚的头目将一批批 Maros、轻敲的工具、棉布等等免费分给他们。我听说过，克里马库有一次在他的属下居民中分发的毯

子不下 3 000 条。国王在海上和陆地上行使独裁的统治;并同样地把沿岸的捕鱼权租借给他手下的头目们。

同上书,第 382 页——六时我们到达一个距离海岸大约一英里的村庄,顺利地找到一所还算好的小屋可以在里面过夜。它属于一位英国海员所有,此人已经在这里落户。他非常有礼貌地接待我们,宰了一头猪给我们晚餐吃,猪肉烤熟了,再加芋头,提供了一顿美餐。

同上书,第 383 页——这位英国海员告诉我,他家附近所有的土地都属于国王的大臣克里马库(人们熟不拘礼地称呼他比尔·皮特),此人曾送给他 60 英亩。其中的一部分,他用来种植芋头,作为生活资料,可是余下的,他说是无用。他似乎穷得可怜,穿着一件旧衬衫和一条旧裤子,想象不到地褴褛和肮脏,已经长了几个星期的一片浓黑的络腮胡子,弄得他面目全非,看上去比岛上任何其他居民都野蛮得多。

我尽管不很信任这个可怜虫所说的一切,但对他告诉我的情况颇感兴趣,并同情他现今凄惨的处境。他在所提出的其他诉苦的原因中,激烈地并且真实地攻击头目们的专横,他们自称有权利占有在他们的地产上取得的一切私有财产,并可以任意将属于比较贫苦阶级的东西据为已有。他说,不管什么时候,如果一个勤劳的人耕种的土地超过自己的生活需要,或者饲养一批猪和家禽,头目们听到了就会毫不犹豫地据为己有。这种事尽管发生,惯例的礼物还是照常要送;甚至和陌生人做买卖得来的钱也必须全部交出,因为害怕头目生气。欧洲人也受到同样的压迫,由于这样普遍的对私有财产没有保障,人们非常缺乏勤劳苦干或者求取进步的精神，在欧洲人和本地农民中都是这样。

同上书，第 412 页——同一天的傍晚，我告别了考克斯长官（人们对他这样称呼），去拜访一个美国海员，他在这个岛上定居已经五年，种了一所属于那位头目的小农场。他的财产包括几英亩的芋头种植园，位于一所很好的面包果树和别种树的果园中间，附有可以饲养大羊群的牧草，这些东西，加上一些猪和家禽，使他在邻人的眼睛里成为富有。他的村舍建筑得很好，并备有蒲席，我们很舒服地在那里度过一宵。他喜爱目前自己的处境，认为比海员的生活可取得多；然而，还是苦于这个国家中租佃期限没有保障。他和其他一些人一样，对我说他害怕作出任何改进，以及增加耕种的土地，担心自己的兴旺会引起头目的贪欲，只要他想这样做，就会毫不迟疑地完全据为己有。实际情况是，他不得不负担头目在顾问的怂恿下，凭他自己一时的任性，随时实行的零星榨取。他本人之所以能保全现有的这些财产，全靠对头目有求必应，不断地送礼，博取这位大人物的欢心。

同上书，第 427 页——人们假定梅尼尼的财产值三、四万美元，是在这个国家定居的 30 年中积聚起来的。可是他对这笔财产的占有权颇不牢靠，就是，完全依靠国王的好感与高兴，随时可能被剥夺，而不可能取得补偿。

Ⅱ.第 9 页

1827 年 6 月的《移民报告》，第 397 页。——你知道新南威尔士殖民地的移民现今可以领得土地的条件吗？我了解最近更改过一次；这次的更改，我不知道。

现在的制度是，给土地定一个作为荒地的价格，例如，200 000 英亩按每亩 18 便士计值，授予的全部土地的价值就是 15 000 镑，然后，根据这 15 000 镑，在满 7 年时征取 5%，可以随时按若干年的收益赎回，因此，对于像你考虑的这种土地授予，就会要求每年 750 镑的地租，这项地租可以随时收回，但须偿付资本 15 000 镑；同时，按照惯例，土地授予不超过 10 000 英亩。

Ⅲ. 第 15 页

医学博士理查德·布赖特著：《从维也纳经过匈牙利南部旅游杂记》，第 114 页。——可是，如果地主有理由感到不满意，那就更不能假定农民会喜欢他们自己的境况。使社会的极大的和实际需要的一部分——劳工阶级——的生活决定于收成好坏的或然性，绝对不是好事。自己的庄稼歉收一两年，有资本的人可以受得了；可是只要一夜的寒风，一场冰雹，或者河水淹没两岸，除了田地以外一无所有的小农，就会挨饿或者成为他的地主的负担。我见到过这种情况的真凭实据，不仅在匈牙利的产酒地区，那里庄稼的收成极不稳定，而且在一些最肥沃的平原上，我知道那里的农民在收割的整整三个月以前恭顺地恳求地主们预借谷物，以即将到来的收获为担保。这些弊病总是会发生的，即使让农民不受打搅、不须中断耕种田地。可是实情是这样吗？地主依法只能每年向每个佃农要求 104 天的劳役；可是，假如他要求更多的劳役，谁能制止他呢？有许多的借口使他可以提出这种要求，并受到有关方面的支持。司法的执行权，在很大程度上，掌握在他自己手里。有许多的小过错可以使一个农民被杖责和罚款，可是往往准许他折合为劳役。实际上，这种事情常有，而农民不敢拒绝的其他强逼的劳役经常发生，我记得，在和一位很聪明的主管人员谈话中，我按104天计算每个农民的劳役时，他立刻改正我的话，说什么我可以加一倍。然而，如果地主或者他的仆人头目们觉得不应该过分违反法律的严格性，他们可以随时让那些农民改拿工资为他们服务；不是按一个仆役的通常工资，而是大约它的1/3，按估计的劳动程度计算。在所有这一切以外再加上应该对政府贡献的劳役——也要记住，有时候一个农民不得不离家六个星期，带着自己的马和车，运送皇家的物资到边境——然后评断他是否还可能没有间断地耕种他领得的土地，作为自己的劳役的唯一报酬。

Ⅳ. 第17页

伯内特的《对波兰目前状态的看法》，第85页——年轻的农民结婚时，他的主人指定给他一定数量的土地，可以够他养活自己和家庭，维持他们所习惯的那种贫苦生活。如果家庭的人口多，补助品就略有增加。同时，这年轻的夫妇也得到几头牲口，例如一两头母牛，还有公牛可以耕地。这些牲口在庄稼收割后残梗田地里饲养，或者在树林中空旷的地方，这决定于季节的情况。主人也给他们准备一所小屋，连同耕作用具，总而言之，备有各种零星的动产。作为对这些赠予的酬报，这个农民不得不用自己的劳动力的一半作为报答：那就是，每星期为地主工作三天，以及为自己工作三天。

如果他的牲口中任何一头死掉，由主人补充，这一情况，使得他不注意照料他的几头牲口，以致常常发生牲口死掉或者走失的事故。农场主租用一处农场的时候，所有农场上的村庄，连同村里的居民，都包括在契约之内；农场主因此就有权利可以利用同样多的一部分农民劳役在农场上耕作，像农民的租佃契约规定他们必须向地主提供的那样。如果卖出一处地产，当然农民和土地同样被转移给新主人，受到和以前同样的条件的约束。所以波兰的农民仍然是奴隶，相对于他们的政治存在来说，绝对从属于主人的意志，像在封建时代的野蛮状态下那样。他们没有权利离开土地，除了在少数几个获得完全释放的例子中；而且，即使他们获得完全释放，这种权利也多半是仅仅有名无实的。因为他们该到哪里去呢？不错，他们可以隐退到深山密林，在那里可以不被人跟踪发现；或许，过去曾有许多人利用这种方法逃避专制地主的残暴行为。背离一位温和的主人，显然违反他们自己的利益。离弃一位显要人物的领地到另一位的领地上去安身，通常一定是行不通的。因为，地主贪图什么而收容一个逃亡农民，从而鼓励背叛的精神呢？再则，这种农民，根据他们的处境，不应该有权力把他们的劳动力任意卖给这个或者那个主人。即使这种障碍不存在，波兰农场的范围很广，其结果缺少另一个邻近的雇主，就足以在大多数的情况下防止调换主人。

据说，有几个农民改进那些交给他们经管的少数工具，正在积累一点小财产；可是他们的行为常常是显著地粗枝大叶和没有远见。然而，这种积累的事例开始增多。这样分开的一项效果是，农民不那么容易被掠夺。一般说来，这种发给农民的土地和牲口，似乎不是有心要让他们维持生活而有余。有一次我和一位贵族一起作短程旅行,我们停下来在一处农场的主要住房里休息进食,这是波兰的一种普通惯例,我以前曾提到过。农民们听说地主来到这里,就 20 个或者 30 个人一伙集合起来,向他提出要求。我从来没有像这样地被这些可怜虫的面貌以及他们和主人之间的强烈对照所感动。我远远地站在那里,看得出那地主不同意他们的要求。在他已经遣散了这批人以后,我好奇地询问他们请愿的目的,地主回答说,他们要求增加配给的土地,借口现在配给的数量不够维持生活。他还加上一句,“我没有答应,因为他们现在的份地是通常的数量;既然向来是够的,今后也会够。再说,即使我多给他们一些,我很知道实际上也不会改善他们的生活情况”。

波兰没有产生一个具有较多博爱精神的人,他不至于拒绝这种显然合理的请求,可是必须假设这位地主有适当的理由这样做。那些堕落的和讨厌的家伙,不把生活必需品的少量剩余储存起来,而是几乎普遍地习惯于拿去狂饮一种叫做希纳普斯(Schnaps)的劣酒。不可思议,这种害人的劣酒究竟有多少灌进了男男女女农民们的肚皮。

有人告诉我,一个妇女每次入座常常会喝酒一品脱,而且不需要费多长的时间。我自己就常常看到一个这种可怜的女人由两个男人夹在当中被送回家,醉得站不住。毫无疑问,过多地饮用这种“威士忌”(给它这样的名称,难道不是对威士忌的侮辱吗),应该列为波兰人口不足的主要的近似原因之一。波兰人确实是这样考虑的。萨莫斯基公爵不久前在加利查创立了一所小酿酒厂,希望用那种对人有益的饮料,最后会纠正这一害人的习惯。

我第一次看到这种枯萎了的生灵，是在但泽。我根据书面的记述，预期会看到一种无比悲惨的景象。可是我不由自主地不敢细想现实情况，我的心情不可能由于一时的不可避免的想到我当时是在一个有着千百万那种苦恼人的地区，而得到安慰。我不禁一声惊叹，既是诧异又是同情。一个没有思想和一个没有感情的人（这是差不多同样的东西）正站在旁边。他说，“啊，先生！在波兰你会看到许多像这样的人，你可以打他们，踢他们，或者随便怎样对待他们，他们绝不会和你对抗，他们不敢”。这样，这位先生，根据他讲话的态度，似乎认为那是一种特权，他们当中有一批人，在这些人的身上他们可以随意寻仇泄愤，而不会受到处罚。我绝不能把这个人的感情归因于比较有教养和富有人性的波兰人，可是这种偶然的和轻率的语言，非常明显地泄露了这些受压迫的人的一般精神状态。

在每一所大住宅的周围总会看到有几个奴隶。他们受家仆们的差遣，干那些最肮脏的贱役。这些人从来没有床（不管是多么简陋的），以致夏天夜里他们像狗似地躺在随便什么洞穴或者角落里和衣而睡。可是冬天的严寒把他们赶进门厅，在那里他们通常总是蜷缩在火炉附近。也有几名家仆铺开草垫子，在这里过夜。常常，我晚饭后回自己房间的时候会绊倒在一个睡在楼梯脚下的农奴身上——一种古怪的和令人伤感的景象，看到这些可怜虫，极端痛苦地栖身在高楼大厦的门厅里！

在对这些麻痹迟钝的人发任何一种命令或者指示的时候，虽然发言人的心情丝毫不带有不和善的意思，惯例总是用一种巧妙的和引人注意的方式对他们讲话，好像是要刺激他们的迟钝的感觉,充分发挥作用,执行那些最普通的任务。奴隶制度中最可悲的情况是官能的完全麻痹,这使人甚至失去希望的安慰,或者使他能仅仅希望活着不受折磨,闷闷不乐地度过一生!如果你对一个靠近你的人说出什么表示同情的话,他会以极其淡漠的口气回答你,“确实是这样,可是他们已经习惯。”我曾想到,有点像黄鳝一样,习惯于被活剥。

同上书,第84页——他们的饮食是很不够的,很少有荤食吃。甚至在波兰内地,不是开设在相当好的城市里的小旅馆,也买不到什么东西。他们的最好的东西是牛奶和质量很差的奶酪,假如供应够多的话。可是他们的主要食物是上文提到的粗糙的黑麦面包,这种面包我有时尝试过,但难以下咽。

同上书,第102页——直到14世纪中叶凯西米尔大帝(Casimir the Great)的统治时期为止,波兰贵族对他们的农民掌握着不受控制的生死大权。地方官吏,甚至国王本人,都没有权力惩罚或者约束那种严重蹂躏人性的残暴行为。如果一个显贵对另一个显贵的奴隶犯了残暴行为,他就有责任向这个奴隶的所有人赔偿损失,作为对方财产的侵犯者,而不是作为犯罪者。贵族对农民的生活情况和生命的这种野蛮的权力,连凯西米尔也不得不在1366年承认。然而凯西米尔的热心肠,同情他们的苦境。他诚心诚意地努力减轻他们的痛苦。农民看出他是个朋友,受到损害时就常常向他诉苦。在这种时候他总是说,“啊!难道你们没有石头和短棒可以自卫吗?”

凯西米尔是第一个敢于规定用罚金惩处杀害农民的人。并且，因为惯例一个农民死后，主人就没收死者的微不足道的一点衣物，凯西米尔又规定农民死后，他的最亲近的继承人应该继承，如果他的主人会掠夺他，或者侮辱他的妻子或女儿，有关方面应该准许他迁移到他自己愿意去的随便什么地方。他甚至明令规定，农民应该有作为军人携带武器的权利，而且被认为是自由民。

然而，这些人道的规章，结果没有切实执行，因为，法律有什么用呢，如果权力使人必须遵守。有一句古老的波兰谚语，"没有一个奴隶能对主人进行诉讼"，因此，关于财产继承的法律被弄得不起作用。关于谋杀罪的罚款也往往不可能征收，因为对一个贵族定罪，需要积累大量证据。然而，这些毕竟是仅有的试图改善农民处境的努力，直到1768年通过了一项法令，规定"杀害农民"是可以处死刑的罪行。可是这项规定不过是对公道的嘲弄。因为要证明谋杀的事实，必需有种种情况同时发生，这些是不大可能共存的。凶手不仅要在事实中被捉住，而且这事实必须由两个有身份的人或者四个农民提出证据来证明！这些无关紧要的法令，被惯例的力量弄得不起作用，并不是妨碍把广大农民提高到人的地位的唯一障碍。波兰的法律存在着许多积极的法令，好像明显地有心要使奴隶制度永久存在。在这些法令中，最压迫人的似乎是那些授权贵族们设立简易、速决的法庭，不准上诉，这样他们就可以对那些惯于违法者或者他们认为惯于违法者处以他们认为合适的随便什么刑罚。对私自逃出自己的村庄，惩罚特别严厉，这证明常常有人试图外逃。

同上书,第 110 页——无论是谁,只须对着可怜的波兰农民看一眼,就会立刻觉得必须再过不知多少时代才可能把他们提高到文明人的地位。如果在冬季中相遇,他们好像是一群一群的野兽,而不是一队一队的人,令人意气消沉的不同之处,只是完全没有那种表示野蛮性格的狂热活动。他们的粗糙的披风;他们的瑟缩的和可怜的形态;他们的肮脏的、缠结的头发;他们的呆钝的、忧郁的神情以及没精打采的动作,这一切合在一起构成一种形象,使人类感到难受,甚至使内心由于它自己的引起反感的同情而畏缩!

同上书,第 105 页——也有个别的人同样地作了一些努力,想要废除农民的奴隶制度。1760 年司法大臣查莫埃斯基释放了马索维亚的领地范围内六个村子。这一次的实验曾受到考克斯先生的夸赞,认为取得了所希望的各种有益的效果,他说那位大臣结果释放了他所有的庄园上的农民。这两种说法都不真实。我特别就那六个村子的事询问了现在的查莫埃斯基公爵,遗憾地获悉那一次的实验完全失败了。这位公爵说,在不多的几年内他已经卖掉那处产业,因为它位于普鲁士地区,他现今和它没有关系。他还说,由于农民们给我很多麻烦,摔掉它我很高兴。这些堕落的人,得到自由的时候似乎莫名其妙地太高兴了。他们不了解自由的意义,而仅仅有一个模糊的观念,以为现在可以为所欲为,只要自己的环境许可,就可以漫无节制地大吃大喝。酒醉糊涂,不是偶然的,而是差不多长期的狂饮和胡闹,代替了安静和勤劳,必须的劳动停顿,土地耕种得不如以前,应该缴纳的地租,常常缴不出。但是,这一切证明什么呢? 奴隶制比一大部分人类的自由好吗? 多

么可怕的结论啊！可是它确实证明，像以前人们常常证明的那样，我们在改革计划方面可能操之过急，方向错误的仁慈往往会造成危害，尽管原意只是想做好事的。

在一切有关人类利益的计划失败的例子中，重大的危险是唯恐我们会放松努力，认为这种计划是不可能的，而实际上只是由于我们不够明智，以致计划不能实现。

同上书，第 109 页——现今的查莫埃斯基公爵（已故司法大臣的儿子）一点没有因为他父亲的失败而灰心，他继续考虑广泛的有关他自己的农民的改进计划。可是他现在知道必须谨慎小心地进行，想做的事不能太多，以免结果什么也做不成。他打算**逐渐地**释放自己的奴仆，最初给他们一些微小的利益，并且用可以多得一点利益的希望鼓励他们，**只须**品行端正。总之，他的原则是把赏罚的权力完全抓在自己手里，让他能够用新的小恩小惠的希望激发勤奋的劳动，以及扬言可能取消那些已经给了的优待，使人不敢为非作歹。等到他们的状况逐渐改良，给以完全自由，让他们的行为受一般法律的控制，最为妥当。

同上书，第 121 页——在波兰，土地耕种进行的办法，没有多少麻烦，费用也不大，确实，比应该有的麻烦和费用少得多。我们所看到的不过是一个犁手和他的犁，带着仅仅一对小公牛（不比英国的小公牛大）就能搞出一片休闲地。难得看到粪肥这种东西，产量也相应地小。

同上书，第 124 页——我曾有机会相当精确地调查过，一个贵族的领地的范围是大约 5 000 平方英里；这产生大约 100 000 金币，或者 50 000 英镑的收入；这样每 20 平方英里每年只产生 50 英镑。

V. 第 30 页

《从"征服"[①]到"改革"[②]穷人的境况》，F. M. 艾登爵士著，Bart. 第 1 卷——对于紧跟着"征服"之后的那些时期中大多数人民享受的家庭舒适，我们不妨作一种可以过得去的估计，尽管没有足够的证据可以说明私生活的情况，还是可以根据历史学家给我们提供的关于他们的政治地位的资料来考虑。如果我们除掉男爵身份的土地所有人，以及他们的臣仆那些自由佃农和自由农民，国家的其余的人，在这个时代以后很长一段时期中似乎曾经沦于一种奴役状态，这种状态，虽然在影响方面各有不同，在原则上却是一致的：凡是不幸生下来就是奴隶身份，或者后来沦为奴隶的，没有人可能取得对任何一种财产的绝对权利。[③]

然而，那些因此就尝不到社会福利的第一项成果的人民，在其他方面并不是同样的卑贱和苦恼，那些被统称为农奴的人，绝对任

① 1066 年威廉的征服英国。——译者

② （16 世纪欧洲的）基督教改革运动。——译者

③ Litt. 第 177 节。在苏格兰也是这样：凡是奴隶都不可以用他的牲口或者动产购买他的自由，因为一切奴隶所有的牲口和动产都被认为是在主人的权力和管辖之下的，所以没有主人的同意奴隶不能以赎买方式用财物摆脱奴隶身份。"参阅 the Regiam Majestatem；或者《苏格兰的古老法律》"，第 Ⅱ 卷，第 12 章。

听他们的主人摆布，可以通过契约、买卖或者转让证书，从一个主人转移到另一个主人手里。他们主要地被用在主人家中各种贱役方面，人数那么多，以致形成英国商业的一个相当大的部门。一位生活在亨利二世统治时代的作家告诉我们，他们中那么多被输出到爱尔兰，结果完全充斥了那里的市场；另一位作家说，从威廉一世统治时期到约翰的统治时期，在苏格兰几乎没有一所村舍里不拥有一名英国奴隶。这些大概是在对边境的掠夺性入侵中掳获的俘虏。没有疑问，英国人对他们的邻人进行了报复，并且把他们的苏格兰俘虏中付不起赎金的那些人留下来作为奴隶。在关于英格兰、苏格兰边境沼泽地的劫掠者的抢劫行动的各种记述中，"人"往往被提到作为他们获得的战利品中主要的部分。

被仔细观察的农奴是一种附属于采地的农奴，不得不干农业劳动中最卑贱的工作，这种工作在质量和时间方面原来都是无限的。但是这种农奴有时候可以占用小部分土地养活自己和家庭成员，可能凭主人的喜怒被撤换，并可能随同他们所属的土地一起被卖掉，也可能随时使他们和土地断绝关系。我对一般的农奴和被仔细观察的农奴作了这种区别，像我们的法学家和历史家所规定的那样。然而，可能有人怀疑，他们的境况方面的区别只是有名无实。被仔细观察的农奴，似乎有时候被作为家仆使用，也作为农业方面的奴隶；虽然他一般地得到主人的宽容，让他使用几英亩土地，他有义务接受差遣，做各种不管多么辛苦或者卑贱的工作。其他各种地位的人，同样的卑贱和不能自主，在古老的记录中可以看到，特别是 Bordarii 人，他们因为获准使用一所小村舍，不得不供应家畜、鸡蛋和其他食品给主人享用。那些 Cottari 或者

Coterelli,似乎和那种被仔细观察的农奴的地位十分相同,被用在铁匠、木匠和国家需要的其他手工艺方面,在这些方面,他们曾由主人资助,受过师傅的训练,并曾为了师傅的利益,干过各人专长的手艺。

威廉征服英国以后,各种原因合在一起不仅阻碍了引进一种新制度,而且也阻碍消灭那古老的农奴世族。既然人们习惯于把战争中获得的俘虏作为奴隶,或许这就是许多世纪以来这种罪恶的而且更是失策的制度的基础和支柱。因此,似乎是,不用那种古老的惯例把俘虏变为奴隶,为奴隶制的终于废除开了路,并且,虽然历史在这个问题上没说什么,我应该设想,在引进诺曼底系统以后,英国人不可能是奴隶,除非由于出身或者自己供认。这些是仅有的来源;可是,在相当长的一段时期内,这些来源仍然人数很多,以致社会中劳动阶级陷入奴役状态,呈现出奴隶制度的各种主要成分的标志。

同上书,第 13 页——在征服英国和爱德华三世的统治之间,出现了一种中产阶级的人,这种人,虽然他们并不立刻取得充分的力量可以把自己的劳动交换给出价最高的人,但是,也没有受到专横的反复无常的主人的支配,以及必须无条件地为主人服务。庄园主的奴隶般的佃户属于这一类。这些人虽然可以占用小块土地,却必须在当年的规定时期中从事于耕种主人的地产。在亨利三世和爱德华一世的统治以前,古老的记录中对他们不大注意,可是紧接着在此后的时期中,凡是主人认为有必要了解他自己的庄园及其附属的财物时,可耕地和牧场的价值、园林、鱼池、磨坊或者纺织厂，以及庄主的宅第的数目，也不过和奴隶般的佃农的人数和情况以及他们必须完成的劳役的范围与性质受到同样的调查。对他极其重要的是，必须了解清楚，他保留在自己手里的那一部分地产是否可以进行耕种，不受自由劳动者的干扰。因此，我们可以看出有此必要，为什么一个男爵，在由于购买或者继承而取得一种封地所有权的时候，以及国王的处理无继承土地的官吏，在处理一件应该归于国王的没收品的时候，很少不能取得有关庄园主权利的全部资料的，方法是利用陪审团。在后一种情况下，陪审团由本郡的不动产自由所有人组成；在前一种情况下，最通常的是由庄主的主要佃户组成。

正是从这样进行的调查报告中，我们或许能够取得关于英国古代农业状况的最好的证据。这些报告往往很具体地叙说一处庄园共有多少可耕地、牧场和草地；进行各种耕作活动的时间；农业奴仆的职责；他们的饮食；收割方面的惯例，以及许多很能说明古代农业经济的其他细节。根据这种记载，似乎在爱德华一世的统治以前，农奴的境况有了重大的改善，他们已经不是不得不干地主专横的意志硬要他们干的各种贱役和奴隶般的工作，他们已经终于取得了土地使用权，以提供服务为条件，或者服务的性质是确定的——例如收割地主的谷物，或者清洁地主的鱼池，或者限定服务时期的长短——例如每年耙地两天，或者用车运送地主的木料三天。

一个由农奴出身的佃农，在这样的情况下，就已经不是农奴。他确实不得不给地主做一些规定的工作，一般地在播种和收割时期，这是农业在原始状态中人们注意照管的仅有的季节。可是，在一年的其他时期,他可以自由发挥吃苦耐劳的能力,谋取自己的利益。早在1257年,一个奴隶般的佃农,如果在仲夏以前被雇用,领取工资,并且,在爱德华一世统治时期,他被允许为主人提供一名劳动者来顶替他自己的工作。根据这一情况,显然他一定有时候曾拥有雇用一名劳动者的财力。既然假定一个农奴出身的佃户有力量雇用纯粹的农奴(这种人,我们已经看到,是或者附加在土地上或者附加在地主个人身上)是不自然的,像这样被奴隶般的耕种者雇用的劳动者,可能或者是农奴出身的佃户,可以在空闲的日子帮助他们的邻人,在这种情况下他们不一定必须为自己的主人工作,或者是自由劳动者,这些人在议会于1350年通过《劳工法规》以前早已存在(虽然或许人数不多)。

《关于测量学的论文》(据说是某个时期由"著名师傅菲茨尔巴德汇编的",再版本第49页)——安东尼·菲茨尔巴德生活在亨利八世统治时期。这本《关于测量学的论文》,根据有力的证明被认定是他编辑的,很清楚这本书是1523年出版的,差不多是他在世的时代;它说明即使在那个时代,几乎300多年以前,在英国就有不少的农奴存在,可以形成社会构成方面一项显著的特征。

需要对通常的佃农进行调查,就是说,佃农有多少人,每个佃农能占有多少土地,他在做什么工作和遵照什么习惯行事,每个佃农的工作和习惯本身的价值怎样,在他的工作和习惯以外还须每年缴纳多少地租,他们之中有哪些人可以照地主的心意征收他们的土地税,以及哪些人不收税。通常的佃农是那些根据法庭的证件占用主人的土地的人,他们遵照庄园的习惯。并且在同一庄园的范围内可能有许多佃农，他们没有证件，可是凭同样的习惯和劳役，按地主的心意行事。照我的意见，这种情况在征服英国后不久就开始，当时威廉一世已经征服了这个国家，对那些随同他一起来的人论功行赏。对那些值得尊敬的体面人物赐以爵位、采邑、土地和房屋，连同住在里面的全体男人和女人，听任主人对他们如何处置。

那些体面的人物认为，他们一定需要仆役和佃农，他们的土地必须有人耕种。因此他们饶恕了那些人的罪过，使他们干各式各样必要的贱役，并责成他们在耕种工作中尽可能利用土地和房屋，同时任意向他们收取地租、规费和劳役，并随时一高兴就强取他们的财物，而且把他们叫做奴隶。后来许多神圣的和世俗的高尚人物，出于他们的菩萨心肠，对上面所说的奴隶实行解放，给予自由，原来的土地和住房仍然让他们占用，按各种不同的方式缴付地租、规费和劳役，这些土地和住房在许多地方直到今天还在使用。在有些地方继续还是那样，我认为这是法律所允许的最大的不方便，就是，使任何受过洗礼的人被束缚在另一个人的身上，并使他的妻子儿女和仆人为此劳动了一生的他的身体、土地和财物都被人控制，好像是敲诈勒索或者贪赃枉法的所得一般。许多次，由于肤色的关系，有许多自由民被当作奴隶，他们的土地和财物被没收，结果他们不能要求纠正，证明他们自己没有那种血统。在自由民取了和奴隶相同的名字的地方，或者他的祖先在他出生以前已经解放的情况下，那种事是非常普通的。在这种情况下惩罚不可能太重。因为我认为，没有人应该受奴役，除了对上帝和对君王与王子。因为上帝不把任何人作为例外。因此，对每一个高尚的人来

说(神圣的和世俗的)都一样,实行“己所不欲勿施于人”,就是,解放那些被束缚的人,使他们身心自由,给他们留出他们在旧时代应缴的和习惯了的地租、规费和劳役,在那里他们可能获得有关方面的祝福和宽恕他们的过错,像在福音赞美诗中那样。

这段摘录开头的一些拉丁语是爱德华一世的一项法规的一部分,可是菲茨尔巴德或者作者,无论是谁,在他的评论中不提起其中任何一部分有关过时的习惯用法或者法律。因此,et qui possunt talliari ad voluntatem domini et qui non 这些话,难道不表明这种佃农被那些居住在他们庄园里的人征税,直到他们种族灭绝吗?

Ⅵ.第 57 页

米勒(Müiller)把佩里奥西(Perioeci)作为附属的社团看待,作为一种低级盟友,并否认他们的地位曾达到个别的人身隶属关系。他说,他们的地位“从来丝毫不像奴役的地位,”(参阅塔夫内尔和刘易斯,第 30 页)。它引起我注意,好像它似乎曾引起戈特林注意那样(参阅他的《亚里士多德》,第 465 页),如果这意味着要一般地适用于希腊的佩里奥西,那就不免过分了。佩里奥西的情况似乎是各处的本地人都因异邦入侵而沦于被统治的状态,受压迫的程度在某些地区比在另一些地区较轻,可是在许多地区很像奴役状态。亚里士多德一定看到过他们处于这种状态,所以他当时暗示他们倒不如取得耕种者的地位。参阅对正文第 80 页的注。又参阅戈特林的《亚里士多德》,第 473 页。

另一方面戈特林的意见是，这一种人，既不是奴隶也不是自由民，但具有一种属于中间性质的东西，他们仅仅在多利安人的国家存在；并且他明确地说，这种人在爱奥尼亚人当中没有，参阅戈特林的《亚里士多德政治学》，第464页。……凡是发生征服的地方，总有一个阶级用这样或那样的名称建立起来，成员中有被征服的本地人，地位既不是公民也不是奴隶。这样的一个阶级，我们曾在阿蒂卡的爱奥尼亚居民中见到过。事实似乎是，虽然国中的这一批人在希腊几乎到处可以找到，但只有多利安国家中需要有他们存在和发挥作用，支持征服者所建立的一些很特殊的制度。在其他地方它可能消失或者被改造（像在古希腊雅典城邦阿蒂卡），而不会影响国家的构成。

Ⅶ.第72页

阿瑟·扬：《法兰西和意大利游记》，第Ⅱ卷，第151页——皮德蒙特的农场里显著的特征是分成制佃农，差不多是根据我在议论法国农业时叙述和谴责的同样的制度。通常由地主纳税和修理房屋，佃户提供牲畜、工具和种子，他们分享产物。凡是这种制度流行的地方，人们可以假定那里有一批无用的和苦难深重的人口。农民穷，是这种情况的根源，他们不能购置农场需用的工具，不能用货币缴纳捐税和地租，所以必须分取产品，以便分开负担。有理由相信这完全是当时欧洲各地的制度。这种制度正在各地逐渐消灭。在皮德蒙特它正在让位给大农场，占用这种大农场的人缴纳货币地租。我在从尼斯到都灵去的那一个时期，误认为有更多的农场比实际上所说的面积大,这是由于许多的小农场被集合为一所家宅(包括家宅及其周围的田地)。属于卡里南亲王的那一处(在比利亚布鲁那),看上去像是很大,可是,经过询问,知道了是由七户分成制佃农所共有。但是在山区,从尼斯到拉科里,农场范围小,可是有许多产业,像在法兰西和西班牙的山区那样。

农业协会会员 Caval. de Capra,要我相信农场联合是皮德蒙特的毁灭,奢侈的后果。分成制佃农被辞退并赶走,到处田地上人口减少。我追问这里乡村怎么会看上去开发得非常好,像是花园而不是农场,从科尼起一路来都是这样?他回答说,在过去向米兰走的时候,我会看到完全不同的情况;种稻由大农场给予补助,乡村里大片大片的地方被弄成沙漠一般。这些地方是没有耕种吗?不是,耕种得很好,可是人民全走掉了,或者苦得可怜。我们在每一个有进步的国家中都听到这同样的故事:产品被多余的游手好闲的人吃光的时候,当地是有人口的,不过那是无用的人。进步把这些懒汉排除到城市里去,在那儿他们在商业和工业中变得有用了,为原来那个农村土地提供市场,以前他们只是一种负担。除非这种情况出现,没有一个国家能真正兴旺起来;除非先消灭掉分成制佃农的制度,任何地方也不能有一种兴旺和富裕的农民,有力量缴纳货币地租。有哪个人认为,假如英国的农民变成分成制佃农,英国会更加富庶吗?毕萨蒂(Bissati)的监督人添了一条反对大农场的理由:就是,大农场比小农场要更多地种草,肯定这是对大农场有利的一项主要情况,因为草是皮德蒙特的最后的和重大的改进,以及在种草这方面带来最多好处的是对土地的安排非常有益的。他们的草地是世界上最好的和生产力最高的草地之一。他们

的可耕地怎样呢？它生产的作物仅仅五、六倍于种子。把这样的可耕地改变为这样的草地，没有疑问是最大程度的改进。看看法兰西和它的分成制佃农，看看英国和它的农民，然后得出你的结论。

凡是（我看到的）那个乡村穷苦和缺水的地方，用米兰话来说，它就掌握在分成制佃农手里。在莫查塔（Mozzata），德卡斯格里奥尼公爵把他的管家记的地租清册给我看，这是对当时流行的制度的一种奇妙的说明。在大约 100 页中，我看到很少几个人的名下不记着一大笔对公爵的负债，并且是从上年的账上转过来的。他们欠若干 Moggii 的各种不同谷物，按当年的价格计算，若干只家禽，若干天劳役，多少干草以及多少稻草和麦秆等。可是，大多数账册上在债务人的一方，除了规定的地租以外还记载着各式各样的项目，各种谷物若干，都是穷人一无所有的时候向地主借来用作种子或者食粮的。这种情况在法国很普通，凡是实行分成佃农制的地方都有。这一切证实这些小农极端贫困，甚至苦难重重，并说明他们的境况比长日工更痛苦。他们人数太多，估计每 3 个人靠 100 Pertichi 生活，全部劳动力都用于干活、并不停地用铁锹在田里种庄稼，取得的产品，除了维持自己生活并喂饱牲口以外，远远不够偿付对地主的债务，因此全国普遍贫困。

同上书，第 155 页——在波洛尼亚的地产很普遍地被租给中间人，这些人又按一半产量转租给农民，通过这种方法，地主所得的最多不超过他根据一种较好的制度可能得到的数目的一半，广大农民的境况比较好。全国按一半产量计算，农民供给用具、牛和

羊以及一半种子,地主负责修理。

同上书,第155—156页——按货币地租出租土地,在托斯卡纳不是新鲜事。说来奇怪,宝莱蒂先生,一位很实事求是的作家声明反对这样做。农场在托斯卡纳叫做“podere”,由一名管理员或者管家管理的若干所农场,叫做“fattoria”。管理员的任务是确保这些土地按照租约经营,以及地主取得他应得的那一半。这些农场往往只能容纳两头牛以及8个至12个人在一所房子里,面积大约100 pertichi(这个度量单位对英亩的比例大约是25∶38),可以容纳4头牛和20个人。他们告诉我,这些分成制佃农(特别是靠近佛罗伦萨的)生活很舒服,在休假的日子他们穿得非常好,不是没有奢侈品,例如白银、黄金和丝绸,生活得好,有很多面包、酒和豆品。在某些事例中可能是这样,可是一般的事实却相反。认为分成制佃农,靠这样的一处由两头牛耕种的田地,他们就能生活舒适,那是荒谬的。显然证明他们穷苦的是这一事实:提供一半牲畜的地主,常常不得不借钱给农民使他能够买得他的那一半,可是他们以很少的钱租用农场,这是法兰西的老故事,等等。确实,贫困和糟糕的农业必然会伴随着这种出租土地的方法而来。不在城市附近的分成制佃农穷到这种地步,甚至地主也不得不借谷物给他们吃,他们的食品是黑面包,用野菜混合在一起做的;他们的饮料是很少的酒掺上水;肉,只有星期日吃;他们的衣着很平常。

同上书,第157页——在摩德纳的山区有许多农民地主,可是在平原里没有。和在伦巴第的其他部分一样,这里的一项重大的

弊病是大地主和土地占有者把永久的管业权租让给中间人，这些中间人再转租给分成制佃农。

同上书，第158页——从勒佐到帕尔马的外貌比较从摩德纳到勒佐的外貌差得多，篱笆不那么整齐，房屋建筑得也不那么好、那么白，或者那么清洁。这里全是分成制佃农，地主供给牲口、一半种子，并缴税，农民提供用具。在帕尔马和皮亚琴察这两处全部地区，以及几乎随便什么地方，农场必定很小，我曾在其他地方注意到的那种掘地种豆，并且用多余的劳动力逐步加工的办法，明显地说明了这一点。所有的市场上一大群、一大群的人表明这同一事实。在皮亚琴纳，我看到几个男人，他们的业务只是拿来一小袋的苹果，大约有一配克（等于8夸脱），有一个男人带着一只火鸡，并不漂亮。一个壮汉干这样的工作，真是浪费时间和人力。

考克斯著：《瑞士游记》第Ⅷ卷，第145页——他们贫穷困苦的另一个原因是现今财产的状况。农民很少是土地所有者。由于以往这两个世纪中人民呻吟于不断的压迫之下，完全保有的地产已经逐渐落到贵族和 Grisons 的手里，其中后者据说拥有瓦尔特林地区中地产的一半。承租农场的佃户不是用货币缴纳地租，而是用实物，这是普遍贫穷的一种有力的证明。农民负担全部耕种费用，而将产品的差不多一半交给土地所有者。其余的一部分势将不够补偿他的劳动和费用，如果他不能得到土地肥力方面某种程度的帮助。这种土地很少休耕，本地区最肥沃的部分每年生产两次收成。第一次收成是小麦、燕麦，或者斯佩耳特小麦，其中的一半缴给土地所有者，第二次收成一般是小米、荞麦、玉米，或者土耳其玉米，这是普通人的主要营养品，这次收成的主要部分属于农民，使他们在半年能够维持一家人相当舒适的生活。居住在产酒地区的农民最困苦，因为葡萄的栽培以及采摘和榨汁等等，手续麻烦，费用很大，而且农民们在酒醉糊涂时很容易把分配给他们的一份酒喝掉，以致，假如不是因为有谷物和葡萄藤混杂在一起，他们本身和家属一定会落得几乎完全没有生活资料。

在农业工作以外，有些农民从事于发展丝绸。为了这个目的，他们从土地所有人那里领取蚕种、养蚕，可以分得一半的丝。这项工作不是没有利润的，因为，虽然养蚕有很多麻烦，需要非常小心，但由于这种工作一般地交给妇女做，并不影响男人原来的工作。

然而，尽管有土地肥力带来的各种有利条件，以及它多种多样的产品，农民不经过极度困难和不断努力，就不能维持他们的家庭，他们的处境总是非常痛苦，只要天时对农业不利。

在以上列举的下等阶级中贫穷的原因以外，还可以加上人民天生的懒惰以及容易迷信，这些使他们不积极劳动。总的来说，在我的旅程中，除了在波兰，我还没有看到过任何农民群众苦恼得像这个谷地的下等居民那样。他们确实享有一项比波兰人优越的条件——不是土地所有者的绝对财产，并且可以转卖，像牲畜似的。因此他们可以自由选择居住在哪里，离开他们本乡，在其他地区找一种较好的条件。这些困难和苦恼常常逼得他们不得不另想办法。

同上书，第 143 页——农民用石头建筑的村舍，大而阴暗，一般没有玻璃窗。我进去了几家，到处都是肮脏和穷困的样子。农民们大多数衣衫褴褛。由于生活条件恶劣，儿童通常总是一副不健康的脸色。食品如此稀少，是去年干旱的结果，可怜的居民已经沦落极端困苦的地步。面包的价格不可避免地涨得那么高，在许多地区农民买不起。他们的食物有一段时期仅仅是一种糊浆，用已经榨过的葡萄的外壳和核捣烂，掺入一点粗粉。饥荒，加上受压迫的境况，使居民们陷入人类苦难的深渊，许多人纯粹由于衣食不足而死。

《吉利在 Vaudois 人中的纪事和研究工作》，第 129 页——我们进去的其他一些村舍很差，人们在英国希望最穷的人能用上的那种微小的舒适品，那里极少。这些人的很粗糙的和不够用的设备，跟他们彬彬有礼的态度和丰富的知识，对比起来颇为令人诧异。在生活方式上，他们那样像牲口似的挤在一间简直不蔽风雨的屋里，远远不及我们自己国内的广大农民，可是在精神进展方面他们却同样地远远超过我们的人。他们的大多数人有儿“路得”[①]土地，可以称为自己的财产，范围大小不一，从 1/4 英亩起，并且，他们有办法可以弄到自己用的燃料，因为山上有丰富的木材。

租赁土地所根据的使用条件，要求租用者用实物付给地主谷物和酒的产量的一半，以及干草的价值的一半。质量不高的谷物田生产大约 5 倍，最好的生产 12 倍。他们很少让土地休闲，最普通的办法是种小麦二年，第三年种玉米。土地不时应很好地施肥，

① 路得(rocd)——英国面积单位，相当于 1/4 英亩。——译者

谷物通常在8月或9月间播种，以及在6月中收割。在圣乔瓦尼谷，和几个其他生产地点，一年中割草三次。

同上书，第128页——在一只从屋顶棚上悬挂下来的柳条箱上我们点数了有14只黑面包。在他们那里面包是一种不寻常的奢侈品，可是这所村舍的主人的境况略高于一般水平。

Ⅷ.关于印度农民地租的评注

托德上校在拉贾斯坦的工作是非常出色的。他的精辟的著作是对自己祖国的文学的一份宝贵贡献。假如我曾发现这样的一个所收集的事实确实同我得出的意见矛盾（然而和那些曾经考虑过这个问题的人的意见相同），我应该已经或许非常愿意重新研究那些意见，或许予以放弃。可是托德上校从他的事实中得出的结论，在我看来，似乎需要很多修改，然后才同印度其他地方过去的和现在的情况相符，或者同拉贾斯坦本身的情况（像他所说的那样）相符。上校认为，拉贾斯坦的王公和他们的贵族之间的关系，同欧洲的封建贵族和他们的君主之间的关系相似，以及印度农民享有对土地的权益，他称为完全保有的地产。并且，对这一点他加以扩大和详细讲述，有所偏爱，在赞美他的心爱的拉其普特人的制度时，感到由衷的高兴。

需要讨论的问题是，托德上校或者其他的人提出的事实中是不是有任何东西可以否定原文里采取的概念，认为印度的土地属于君主，占用者，实际上，从来只是君主的佃户的性质，除了在一些

小的地区，它形成人们承认的一般规律的例外。封建贵族的存在本身绝不是和君主的财产权相抵触，而是有力地肯定这种主权。这是封建制度的一项基本特征，土地应该由君主赐予，并须根据一定的条件。在欧洲，收回财产的权利不知不觉地从君主手里消失了。在拉贾斯坦，这项权利始终没有消失。仅仅一个半世纪以前，受管辖的贵族甚至连暂时占有任何一处特殊土地的权利也非常不稳定，以致他们习惯于每三年更换一次土地。“迟至马纳·辛格兰姆的统治时期(10 代以前)，梅瓦(Mewar)的封地实际上是可以移动的，这种办法停止迄今不过一个半世纪多一点。这样，一个 Rahtore 会带着家庭、杂用物品等动产和随从者从北方迁移到 Chuppun 的荒芜地区，同时那个被解除职务的 Suktawut 会占用阿拉瓦利山脚下的平原，或者一个 Chondawut 会用他在 Chumbul 两岸的住处同一个来自梅瓦的东部边界台布尔山的 Pramara 或者 Choban 交换住所。”托德先生在一处注解中说：“这种交换是持续三年的，并且，我听到那位王公本人说，这种规定符合他们的风俗习惯，不会引起什么不满意。可是关于这一点，我希望容许我们至少怀疑。这完全可以防止对当地的一切产生感情，还有，禁止建筑那种可以用于避难或者反抗的堡垒，预防万一有了这种感情以后的发展。它产生了想望的目标，对王公的服从，和团结一致对付蠢蠢欲动的莫卧儿人(Mogul)”。托德的《拉贾斯坦》，第 164 页。

甚至现在他们的权力在很大程度上仍然立足于同样的基础。在欧洲，必须得到君主的承认，以及重申敬意和效忠，至少使君主对以往的权力记忆犹新。在拉贾斯坦，每逢一位头目去世时，由王公举行实际的收回仪式：深刻地表现君主现有的权力，以及一切衍生的权益(在法律上)完全决定于他的意志。“一位头目逝世,王公立刻派遣一个代表团(称为:有争议的财产暂行保管人),团员有一名文官和几名军人,他们以王公的名义保管产业。继承人将自己的请求书送到法庭,请求确定他的产权,自愿缴纳适当数目的继承税。缴纳以后,头目被邀晋谒王公,届时他行礼致敬,重申效劳和尽忠,他获得新的赏赐,仪式结束时由王公给他佩带宝剑——古老的骑士制度的遗风。这是一种给人深刻印象的仪式,在文武官员齐集的朝廷上举行,也是始终没有放弃的几种仪式之一。继承税已经缴付,宝剑系在腰间,一匹骏马、一顶头巾和一套礼服赐予头目以后,授权的仪式完成,财产的暂行保管人回到宫廷,头目回到他的封地,接受他的属下的誓言和祝贺。”——托德的《拉贾斯坦》,第158页。在以上这些引证之后,没有必要再叙说,关于君主的财产所有权的理论没有因高贵的拉其普特人的情况而受到削弱。假如这是可以讲这种话的合适的地方,那一定是个古怪的问题,要找出那些特殊的原因,为什么拉贾斯坦的君主们会把边界的军事防御工作大部分交给那些酋长,他们简直和我们的封建贵族差不多。那些原因可以在血统关系中看到一部分,这方面的关系可以使君主和头目们同他们的部族结合起来——在他们的堡垒的山区特征方面——在经常会受到敌人的侵袭方面——以及在他们几乎长期处于守势战争状态方面,都会使他们容易结合起来。我认为,我们公正地研究了拉其普特制度的起因和结果以后,应该有更多的理由要感到奇怪,为什么君主对土地的权利没有产生更多的这种制度,而只是根据在拉贾斯坦有过这种制度,就断定没有这种所有权。

我不能不把托德上校的这部书热烈地推荐给广大读者以及历史研究者和人类研究者，就丢开这个问题的封建部分。修改过的倚靠头目而取得军事服役的制度，像在印度的这一部分实行的那样，已经造成了一种和欧洲在部落或家族世仇发展的某一个时期的情况相似的状态，这是非常引人注目、有趣味和有教益的。这种相似，在拉其普特人的土地使用条件和法律中可以看出——在这两者的混合结果中可以看出——以及在人民的精神的和几乎可以说是富有诗意的特性中可以看出——在伴随着他们的效忠观念的深挚情感中——在贵族的好胜的勇气和不顾一切的忠心中——在从骑士精神的内心深处涌现出来的许多高尚的和富于浪漫色彩的行径，一直影响 Zenana 的黑美人以及她们的武士亲属。出身高贵的少女遭逢危难时，像她们曾经在欧洲干过的那样，把纪念品赠送给自己选择的拥护者，这些人不管是不是被授予最高权力，或者处于不是那么显赫的地位，同样有义务要赶忙去援助她们，否则就会永远被诬蔑为懦夫，受人耻笑。托德上校本人可以因一项荣誉而自豪（由于热诚的献身和无私的服务而当之无愧），这种荣誉，许多 preux 的骑士一定会万死不辞地踊跃争取，作为不是仅仅被一个公主选中的朋友和拥护者，她的王室的和神圣的血统使欧洲最长久的家系显得微不足道。

托德上校的书引起的下一个问题是这样。拉贾斯坦的印度农民实际上是不是像他设想的那样的地产完全保有者，像一个英国地主被称为自己地产的完全保有者那样的意义呢？我在正文中一开始就说，印度农民很普遍地享有人们承认的权利，可以继承对他的那块土地的占用权，只须他缴纳规定的地租。问题是，在拉贾斯坦那种权利是不是实际上等于所有权。正文中以前提到的一种区别，似乎提供唯一的真正标准，可以使我们能公正地决定这个问题。那印度农民是不是要缴纳高额地租？他在土地方面是不是享有有利的权益？他能卖出这种权益取得货币吗？他能把这种权益变为地主的地租吗？按可变的高额地租给一个耕种者一种可以继承的权益，然后把他的耕地权叫做地产完全保有的权利，显然完全是嘲弄。使这样的人不得不缴纳比高额地租更多的钱，害得他个人的辛勤劳动得不到适当的报酬，而仍然称他为地产完全保有者，这比单纯的嘲弄更令人难受。用法律规定并在实践中非常严厉地执行罚金和责罚，惩戒他抛弃自己完全保有的地产，不肯为了凶狠的主人的利益而耕种，就会把他改变为隶属于土地的农奴。这，虽然是建立这种“地产完全保有权”的方式的一种很自然的结果，一定会使业主和所有人的名声简直荒谬可笑。

这里指出的标准如何使用，由 T. 芒罗爵士在《关于国家的状况和人民的处境》中 1824 年 12 月 31 日的笔记中说得很具体。“假如公家征税的估计数字，装模作样地像在圣贤的书上说的那样，仅仅是总产量的 1/6 或者 1/5，甚至仅仅 1/4，那就不会用实物缴纳规定的一部分，也不需要那些费用很大的监管机构，可能立刻就实行一种用货币征税的办法，相信每年的税收都不难准时缴纳，无论收成好坏。凡是对印度的税收情况有点了解的人，都不能相信，如果规定的税额只是总产量的 1/5 或者 1/4，印度农民无论收成好坏都不会毫无困难地缴纳，而且不仅这样做，并且在这种情况下兴旺繁荣，超过以往任何时期。假如曾做到这样公道合理的征税，没有疑问一定是用货币缴纳，因为没有理由再用征收实物那种浪费人力物力的手续。正是因为征税偏高,所以采用或者继续实行收取实物的方法。因为,变为现钱的、相当于这个数目的一笔货币地租,不可能一年和另一年相同。印度人的政府似乎往往希望土地既是世袭的又是可以变卖的财产,但是他们始终不肯采取可以做到这一点的唯一切实可行的方式——从低征税。"《芒罗的一生》,第Ⅲ卷,第 331 页。

同上书,第 336 页。——"Rayets 有时候能得到地主的地租,可是他们决不是肯定能享受这种利益的,因为他们经常会因为不符合法律地征税过高而被剥夺了这种利益。只要这种无保障的状态存在,殷实的土地所有者集团就不能产生,国家也不能进步,税收也不能有任何坚固的基础。为了使土地一般地可以变卖,鼓励 Rayets 改进土地,以及把土地看作一种永久的世袭的财产,征收的税额必须有规定,并须一般地比现在的税额较低,而且最重要的是要明确规定,不会由于无知或者反复无常而增加。"

同上书,第 339 页——"Baramahl 的土地大概总有一天会变成可以出售的,即使按目前的估价,可是,在私有地产原先不存在的国家,并且那里政府的税收差不多是产量的一半的地方,私有地产发展得慢,我们不可期望用规章条例或者种种财产授予的方式,或者用除了坚定地实行有限的税额以外的任何其他方法,使它加快。而且在取得充分经验以后,凡是发现个别地方税额仍然太高,就要减低。由于遵照这种方针,或者,换句话说,由于实行这种 Rayetwar 制度,我们就不会看到突然的变化或者改进。地产的发展是缓慢的，可是我们可以有信心地期待着它会终于普遍地建立起来。”

同上书，第344页——“如果我们希望使Rayets的土地为他们产生一种地主的地租，我们只须降低并规定征收的租额，大家总有一天会看到大多数Rayets拥有地产，生产出一个地主的地租，只是范围小。”

同上书，第352页——“可以说，政府已经规定了它自己对大地主的要求的限度以后，大地主也会限制他自己对Rayet的要求，并让他得到每一项改进的全部成果，这样使他能把他的土地变成宝贵的财产。可是我们没有理由认为问题会是这样，从那些新地主在他已经存在的20年中的做法，或者从老地主们连续多少代以来的做法来说，问题都不是这样。在老的印度大地主庄园里，不管是不是由省区的大头目占有，或者由更南面省区的小头目占有（这些庄园从遥远的时期以来占有者只须缴纳低廉的和固定的Peshcush），对Rayet绝不宽容，对他们的要求没有规定限度。按照这个国家的惯例，要求已经随着改进而增高，并且Rayets的土地没有可出售的价值。因此我们不应该感到惊奇，看到在新的大地主庄园那里征税额高得多，结果对Rayet同样不利。这些新的大地主庄园，由于继承人之间的瓜分以及债务的拖欠，会分成只有一两个村庄的农场，可是这样也不会改善Rayets的境况。它不会规定土地的地租，也不会使它成为一种有价值的财产，它仅仅会把一处大地主庄园变成几个小庄园或者Mootah，而这一种Mootahs

对 Rayets 的损害比 Baramahl 大得多。因为，在 Baramahl 方面，对 Rayets 的土地的估价征税是以前通过测量决定的，在 Circars 的新的大庄园方面，这一点没有作明确规定。小的总有一天会遭受到和那些大地主庄园同样的命运，这些小的将被分割、破产，最后依法归还给政府。那些 Rayets，经过这一番漫长的迂回的历程以后，又变成他们原来那样——政府的直属佃户。政府就有权力测量他们的土地，降低并固定对这些土地征收的税额，并奠定这些Rayets 的土地的产权的基础。只有在这里奠定基础，才能取得良好结果。”

但是，尽管对建立土地方面的私有财产的困难有这许多看法。托马斯·芒罗爵士还是说印度农民是实际的业主，占有君主没有权利作为税收而据为己有的一切。他说，这一点，一方否定大地主的产权要求，这种权利他认为被过分夸大了。“可是 Rayets 是实际的业主，因为凡是不属于君主的土地都属于他。国家税收的要求，在不同的地方和不同的时间或高或低，会影响他所得的一份，可是无论剩下给他的仅够作为他的资本的利润，或者除了作为地主的地租以外还有小量剩余，他仍然是实际的业主，占有没有被君主作为税收而据为己有的一切。”——第Ⅲ卷，第 340 页。我必须请读者阅笔记本身，其中有芒罗爵士的关于 Canara 实际存在的有益的所有权的叙述，还有一些其他地方存在的类似的可是次要的和不完备的权利。要了解南部印度的真实情况，就有必要很好地了解这些。像本书这样的著作的计划，不允许我在这些方面多说。

那么，就芒罗爵士在这里确认的事实来说，所谓尽管印度农民有世袭的权利，要看出或者甚至在耕种者之间建立一种真正有益的地主的利害关系,是极端困难的,如果同时征收的地租又高又容易变化,让我们把这种说法应用于拉贾斯坦,并应用于托德上校关于 Mewar 的印度农民地产完全保有者的说法。首先,我们来考察低级头目和他们的直属臣仆之间的关系。应该记住,这些头目在他们的庄园上代表君主。Deogurth 的臣仆们呈交给驻在当地的英国官员一件很长的禀帖,控诉他们的头目。这件事托德上校常常提起。下面是其中的几条。"每一所拉其普特人的房屋附有一种(观察野兽活动的)躲藏处,这个他已经重新占用。""他的 Puttaet 所建立的 10 个或者 12 个村子,他已经重新占用,任听他们的家人挨饿。"尽管在抱怨被赶出他们的土地,人们会注意到,他们自己把这种做法称为重新占用。"Deogurh 建立的时候,我们的配给地也同时指定了。作为他的世袭财产,也作为我们的世袭财产。我们在他的家庭中的权利与特权,和他在君主的家庭中的权利与特权相同。"——托德,第 199 页。

如果最后这几句话表明——我觉得确实是表明——他们的要求的范围和根据,我们知道怎样理解这些要求。如果他们在土地方面的权益和头目在他的产业方面权益相同,那是君主根据某些条件对他们的赐予,可以随时收回,虽然实际上很少收回的。

下一步我们来研究君主和他的领地上耕种者之间更直接的关系。以下这项法令的标题是:《授予梅瓦尔(Mewar)邦大阿科拉城镇棉布印花工人和居民的特权和豁免权》。指挥:Maharana Bhem Sing。有鉴于村庄已被放弃,因为 Mandel gurh 驻军摊派捐税,并要求居民捐献,怎样使这个村庄恢复繁荣。他们一致回答:"征收的捐税不要超过以前规定的数目,要竖立标柱,保证抽取的地租绝不超过庄稼产量的一半，或者‘绝不骚扰那些已经像这样缴过捐税的人。’”托德，第206页。

我留给读者决定，这是不是一位统治者和一群公认的地产完全保有者打交道时讲的话，或者是不是农民土地的一个印度地主讲的话，保证*减低*他未来的要求。

可是拉贾斯坦的印度农民的实标情况的最稀奇古怪的样本，在关于科塔(Kotah)的总督扎利姆·辛格(Zalim Singh)的管理的记述中可以看到。这位首领是科塔的实际君主，虽然他以王公的名义处理政事。人们认为，他管理得非常慎重和富有朝气。他被托德上校称为印度的内斯特，[①]并且约翰·马尔科姆爵士也用同样的语气评论他。以下是从马尔科姆的《中部印度》中摘录的一段。“中印度的拉其普特人主要统治者之一，扎利姆·辛格，有一套税收制度，和他的政府制度一样，完全适合他个人的性格。他管理一个王国，像管理农场一般，他是贷款给耕种者的银行家，也是他们向他纳税的统治者，他的利息条件和那些最贪婪的货币经纪人一样的高。这使得耕种者更在他的掌握之中，并且，为了增加这种依赖关系，*他自己拥有几千具耕犁*，配备有雇佣的工人，这些工人不仅用于开垦荒地，而且可以立刻派去耕种那些一般农民认为地租太高而不肯耕种的田地。”——罗尔科姆著：《中部印度》，第Ⅱ卷，第62页。

确实，读了这些摘录的资料以后，很难相信拉贾斯坦的耕种者的境况比南部印度的耕种者好得多；在后者中间，托马斯·芒罗爵

① 内斯特(Nestor)：特洛伊(Troy)战争时希腊的贤明老将。——译注

士看出，要建立土地所有权和有利的权益，一定是一种很慢和很困难的过程，虽然他承认他们是君主不要求据为己有的一切东西的拥有者。

可是在托德上校所说的情况中，还有一种需要说到。他引用Menu的法理概要为例，证明印度各地的土地属于“第一个开辟森林并耕种林地的人”，这句话，由于它关系到君主对土地的权利这一事实，而产生出较大的重要性；这句话，在引自科尔布鲁克的印度法律摘要的译本正文中，曾有人怀疑是由雇来参加编辑的那些本地人伪造的，为了迎合那些雇用他们的人的成见。但是，我仍然相信，科尔布鲁克先生翻译的这些法律，不管真伪，很准确地陈述了许多世代以来对印度土地的实际管理。

他（托德上校说，指印度农民而言）得到大自然和 Menu 支持他的要求，并可以引证原文，其中的规定对王公和农民同样有强制性。“耕地是砍掉树木的人，或者扫清和耕种土地的人的财产。”

下面是（霍顿版本）Menu 中的原文：

> 关于司法与法律（私法与刑法），以及关于商业阶级与奴隶阶级——霍顿，第 293 页。

44. 那些了解以往时代的哲人，认为这个大地（Prit'hivi）是 Prithu 王（King Prithu）的妻子，因此他们断言耕地是砍掉树林的人或者扫清和耕种土地的人的财产；以及，那羚羊应该是第一个打伤羚羊要害的猎人的财产。

假如这段话是在有关地产的法典的一部分里发现的，那就会至少具有 Menu 的权威性。在那种情况下，我就会早已使读者回忆托马斯·芒罗爵士的经验使得他认为古代印度哲人的言论没有多大价值，如果在关于印度的实际法律或者以往惯例方面发生问题。〔参阅附录第(37)页后面部分〕。可是，实际上，这段话出现在法典的一个大不相同的部分；略微进一步检查一下，就会使读者相信，这位神话似的哲人是在讲其他大不相同的问题。并且托德上校已经陷入错误，对此应该允许我们付之一笑。

Menu 事实上在判断一个已婚妇女和她的情夫通奸所生的子女应该属于谁。“现在要学习那普遍有益的高明的法则，这是由以前降生的伟大的善良的哲人们宣告的关于后嗣的法则。”他用自己特有的比喻方式将大地比作妇女，并宣称，享受到她的处女魔力的那个人应该是她可能产生的子女的所有者，不管有多么有力的情况可以证明她曾有过被发现的或者被允许的不忠行为，正如耕地属于那第一个耕者，和羚羊属于那第一个打伤它要害的猎人一样，所以“那些对妇女没有由于婚姻的所有权的男人，可是在属于别人的田地里播了种的，可以给那个丈夫养育子女，只是这种生育者不能从中得到什么利益。”

这个问题，Menu 从霍顿版本的第 291 页(31 行)到第 295 页(55 行)都在研究，并于说明之后又提出许多不同的事例，这些事例，我当然不必引述，可是看过以后就能有效地(我认为)使任何人不会再提出这段话作为有关印度的地产法律的一项严肃的权威。

在慎重地讲到君主的权利的时候，这个法典使用一种和这个国家的实际惯例完全一致的语言。“如果土地由于农场主本人的过失而受到损害，例如他未能及时播种，他所受的处罚应该 10 倍于国王在收成中应得份额可能增加的数目，可是仅仅 5 倍于这个数目，如果这是由于他的仆人的过失，而他自己并不知道。”——《论司法与法律》,第 243 页,霍顿的译本第 259 页。

然而,在满足了君主的要求以后,这同样不完整的对世袭占有的权利,各地都给与印度农民。在印度的某些部分(不是所有的地方)也仍然把荒芜的或者废弃的土地给与第一个开垦者。

摘录自 Aurenzebe 皇帝的谕旨,1668 年;巴顿先生在所著《亚洲一些王国的原则》中发表。“谕旨”由一些对政府税吏的指示构成。

第 343 页——“在一个还没有收税员或税吏被派到农业方面的地方,他们应按照法律的指示办理。如果是税吏,他们应规定一个这样的标准,使印度农民不会因土地而累垮。无论如何,征收的数目不得超过产量一半的价值,尽管有什么(特殊的)缴纳较多税收的能力。在可以规定这一种或者另一种的地方,他们应该采用已经意见一致的标准,但须税吏这方面不超过一半(产品,以货币计算),以便印度农民不会累垮,可是,如果(规定的似乎太多),他们应该减低以前的规定,使其适合这些农民的负担能力,但是,如果负担能力超过规定,他们不应该征取更多。”

第 340 页——“他们必须对农民显示各种优待和宽容,调查他们的境况,并努力用健全的规章和明智的管理使他们热诚地从事于为增进农业而劳动,使得凡是可能耕种的土地都不会被忽视。

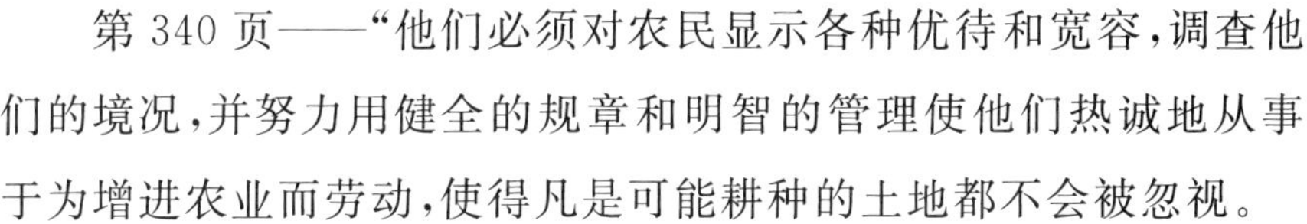

从年度开始起,他们会尽可能取得关于每一个农民的境况的资料,是不是他们已经在耕种方面就业或者忽略了这个问题,然后,对那些有能力的人,他们会加以激发和鼓励,促使其耕种他们

的土地。并且，如果他们在任何特殊的方面需要宽容，让他们如愿以偿，可是，如果经过检查，发现一些有能力的，而且在供水方面得到帮助的人，仍然不注意耕种自己的土地，他们就会告诫、恐吓并使用暴万和鞭挞。”

然而，在这个和另一个也是由佩顿先生公布的文件中，Aurenzebe很温和地议论耕种者作为业主的权利，并显然急于要用一种较为温和的管理方式来替代实际使用中的方式。

莫卧儿政府崩溃时，印度农民的境况更糟得多。

W.坦南特牧师著：《印度的娱乐》，第Ⅲ卷，第188—190页。——当地政府的这一方面应该受到更多的注意，因为它不是形成这些政府的性质中一种偶然的或者暂时的特征，而是形成一种持久的社会状态。本地的政治家中有一句格言，认为他们的“国家连续不断地处于交战状态”。因此他们的军事首领不可一刻沉湎于文明生活的习惯，他也不能连续许多年安居在一所房子里。他们的营地不撤消，他们的帐篷除了在行军中，从来不拆除，对外战争的间歇时期，用于征收国家的税入，这项措施在印度一般是由武装力量来执行，会引起较多的大规模流血事件和残暴行为，以及各式各样的苦难景象，比在对公开承认的敌人的真正战役中更胜一筹。

倔强的大地主们，害怕受到军队的蹂躏，逃避到邻近的一座泥土筑的堡垒，这种堡垒是专为提供保护而建造的，几乎每个村子附近都有。在这里居民们想办法安顿他们本身、他们的牲口和衣物，直到迫于武力或者饥饿而不得不屈服为止。这种堡垒然后被彻底摧毁，并且村子被烧掉，为了抵偿一项拖欠的债务，而这种债务往往完全是由于政府本身那种罪恶的勒索而引起的。

在这些军事行动中，有些农民被歼灭；有些成为这样人为地造成的饥荒的受害者；还有不少人和妻子儿女一起被卖掉，卖出钱来补缴他们对国库的拖欠，或者偿付土地所有者强加的负担。幸免于难的人，逃入深山密林，直到他们的压迫者离开这里，才敢回去看看自己的还在冒烟的旧居，收拾残迹。广大农民，在统治者的不公道和野蛮行为的折磨下，失去了一切是非观念。由于贫穷，他们早迟总有一天被迫成为盗贼，通过欺诈或者暴力，引起同样的无法无天的行为，以对付军队下次一年一度的光临。

安排穷苦的印度农民承担世袭的耕种工作，即使在最好的这种政府的统治下，对君主也是一项重大的利益，对农民则是一种微不足道的优惠。

（布坎南的版本）斯密的《国富论》，第Ⅳ卷，附录第 86 页——“普莱斯先生，在叙述某一种佃农时指出，通过把土地赐给他们，并永久赐给他们和他们的继承人，只要他们继续服从地区长官，并缴纳一切公正的捐税，他就能把最难对付的土地和最浓密的丛林改造为肥沃的乡村。”

负责管理几个地区的芒罗上校表示了同样的意见。他看得很清楚，对土地征税过高，抑制农业和人口，因此他竭力主张政府减免此项捐税。人们承认他的观点是公正的，可是借口国家需要，为一种税收辩护，尽管这种税的影响似乎会阻碍国家的开发。税收委员会的委员们指出：“芒罗上校公正地认为，对土地征税高，是对人口的主要控制。假如不是因为这种重地租的压力，他认为，人口应该增加得甚至比美国还要快，因为气候比较有利，而且有大片大片的良田还没有利用，这种田地可以立即进行耕种，不需要清除森林，可以节约这方面的劳动和费用，因为在让与的地区有300万英亩以上的这种土地。他的意见是，可以期待在25年内人口会大大地增加，土地税收连带地也会增加，这是由于减免的作用。可是，他理解，只对少数几个大地主减免，不能纠正这种弊病，也不能解除现在抑制人口的压力。”

“在他建议的那种制度下，芒罗上校想象到，耕种面积和人口会增加那么多，以致在25年的过程中以往耕种的土地，相当于555 962星塔[①]，将被释放和占有，连同相当大的一部分荒地。但是，耕种扩大不会使农场变得比较大，并因此方便征收。农场或者庄园扩大，现在由于缺少财产而受到阻碍，今后会由于农场分割，而不致如此。”

“这是芒罗上校的计划大纲，它同样可以适用于荒无人烟的地区，和已经让人定居的地区一样。如果政府的迫切需要容许作出这样的牺牲，把现在的标准地租减低25%，或者甚至15%，我们应该认为这种措施十分贤明，目的在于产生重大的最后利益。确实，人们不应该否认，我们向耕种者征收他的劳动成果越少，他的生活状况越是繁荣兴旺。”

“可是，如果政府的迫切需要不容许他们作那么大的牺牲，如果他们不能立刻赐予私有财产的恩惠，他们就必须满足于土地方面的个人利益，达到他们在农场制度能够做到的最有效的程度。

① 星塔(star pagoda)：印度19世纪20年代之前通用的一种金币。——译注

如果他们没有能力放弃一份地主的地租,他们就一定是一些宽容的地主。”参阅《特别调查委员会报告,附件》。

关于在温和的政府下人口和产量增加的比率,我只能建议读者参考里德上校管理 Mysore 的记述,托马斯·芒罗爵士的关于让与地区的记述,以及约翰·马尔科姆爵士对于 Mahratta 统治被摧毁以后中印度迅速复兴的描写。我认为摘录原作会使这《附录》的篇幅过多。

图书在版编目(CIP)数据

论财富的分配和赋税的来源/(英)理查德·琼斯著；于树生译.—北京：商务印书馆，2017
(汉译世界学术名著丛书：120年纪念版：珍藏本)
ISBN 978-7-100-14135-2

Ⅰ.①论…　Ⅱ.①理…　②于…　Ⅲ.①地租—研究　Ⅳ.①F301.4

中国版本图书馆CIP数据核字(2017)第137907号

汉译世界学术名著丛书
(120年纪念版·珍藏本)
论财富的分配和赋税的来源
〔英〕理查德·琼斯　著
于树生　译

商　务　印　书　馆　出　版
(北京王府井大街36号　邮政编码100710)
商　务　印　书　馆　发　行
南京爱德印刷有限公司印刷
ISBN 978-7-100-14135-2

2017年12月第1版　　开本710×1000　1/16
2017年12月第1次印刷　　印张19½
定价：95.00元